高等职业教育交通运输类专业系列教材

道路客运服务与组织

主　编　盛　梅
副主编　王　梅
参　编　韩　萍　吴剑凌
　　　　王晨龙　武　岳

本书根据道路客运服务与组织工作的典型工作任务和流程选取序化了内容，分为道路客运基础、道路客运服务、道路客运组织管理、道路客运发展与信息化四个部分。道路客运基础部分介绍了道路客运及其生产力要素、道路客运企业和客运站、旅客运输过程与运输质量等内容；道路客运服务部分介绍了道路客运服务作业、旅客意见和投诉处理等内容；道路客运组织管理部分介绍了道路客运班车运输组织、道路客运包车运输组织、道路客运安全管理等内容；道路客运发展与信息化部分介绍了现代道路客运、现代道路客运中的信息技术等内容。

本书可作为高等职业院校、高等专科院校和本科院校举办的二级职业技术学院的道路运输管理专业及其相关专业的教学用书，也可作为社会从业人士的业务参考书及培训用书。

图书在版编目（CIP）数据

道路客运服务与组织 / 盛梅主编. —北京：机械工业出版社，2021.12
ISBN 978-7-111-70023-4

Ⅰ. ①道… Ⅱ. ①盛… Ⅲ. ①公路运输—旅客运输—客运组织—高等职业教育—教材 Ⅳ. ① U492.4

中国版本图书馆 CIP 数据核字（2022）第 007546 号

机械工业出版社（北京市百万庄大街 22 号 邮政编码 100037）
策划编辑：孔文梅　　　　　责任编辑：孔文梅　张美杰
责任校对：史静怡　王明欣　封面设计：鞠　杨
责任印制：常天培
固安县铭成印刷有限公司印刷
2022 年 3 月第 1 版第 1 次印刷
184mm×260mm・14.75 印张・368 千字
标准书号：ISBN 978-7-111-70023-4
定价：49.00 元

电话服务　　　　　　　　　　网络服务
客服电话：010-88361066　　　机　工　官　网：www.cmpbook.com
　　　　　010-88379833　　　机　工　官　博：weibo.com/cmp1952
　　　　　010-68326294　　　金　书　网：www.golden-book.com
封底无防伪标均为盗版　　机工教育服务网：www.cmpedu.com

Preface 前言

在现代交通运输综合体系中，道路客运以其机动灵活的特征为其他交通运输方式提供集散运输、补充运能，在广大地域内处于运输主导地位，是综合运输体系中不可缺少的部分。

随着高铁、城市轨道运输迅速发展，私家车进入家庭，航空客运"平民化"，道路客运传统的班车运输业务受到了巨大冲击。同时人们生活水平日益提高，旅客的运输需求量不断上涨，需求层次迅速升级。国务院在《"十三五"现代综合交通运输体系发展规划》中提出要加快运输服务一体化进程（包含提升客运服务安全便捷水平）。

新形势下，道路客运行业必须有效开拓业务领域，加强信息化建设，不断创新经营和服务模式，如创新班车运行模式、开通"乡乡通"线路、发展各类包车运输、创新旅游客运等，为旅客提供满意的客运服务产品，让旅客出行更加快捷、安全、方便、舒适、经济。

本书在编写过程中，以《"十三五"现代综合交通运输体系发展规划》为指导，立足道路客运行业现状与发展，与道路客运行业企业密切合作，引入道路客运行业管理规范、企业作业标准、企业创新发展、客运职业守则等内容，力求有一定的突破与创新。

本书坚持产教融合，按照客运典型工作任务和流程选取序化了内容，符合学生认知学习规律。全书分为道路客运基础知识、道路客运服务、道路客运组织管理和道路客运发展与信息化四部分。本书从道路客运基础知识入手，介绍了道路客运及其生产力要素、道路客运企业和客运站、旅客运输过程与运输质量等内容，接着按道路客运服务、道路客运组织管理、道路客运发展与信息化的顺序展开内容。道路客运服务部分按照客运服务工作流程的顺序，分别介绍了道路客运组织服务（旅客服务、行包托运、车辆调度、安全服务、客车运输服务）及旅客意见和投诉处理等内容。道路客运组织管理部分主要包括道路客运班车运输组织、道路客运包车运输组织及道路客运安全管理等内容。道路客运发展与信息化主要介绍了现代道路客运及现代道路客运中的信息技术等内容。

本书重视立体化育人，结合道路客运建设发展和道路客运职业守则，设计了融入了爱国、敬业、遵规守纪、安全第一、旅客为本、服务至上等思政元素的拓展阅读内容，激发学生学习兴趣，培养学生职业素养。

本书编写分工如下：王梅（贵州交通职业技术学院）编写第一、二、三章，盛梅（天津交通职业学院）编写第四、五章和全书的拓展阅读，韩萍（天津交通职业学院）编写第六、七章，武岳（天津交通职业学院）编写第八章，吴剑凌（广东交通职业技术学院）编写第九章，王晨龙（天津交通职业学院）编写第十章。全书由盛梅统稿、定稿。

本书编写过程中，天津市道路运输管理局、天津市长途汽车公司、天津市滨海运输集团、天津市通莎客运站的有关部门及同志提供了大量理论与实践资料，给予了大力支持，在此表示诚挚的感谢。本书承蒙天津市长途汽车公司李俊杰同志进行了审阅，在此致以衷心的感谢。另外，本书参考了大量的文献资料和相关网络资源，对这些前辈、专家、学者致以深深的敬意。

本书配有微课和电子课件等配套教学资源，凡使用本书的教师可登录机械工业出版社教育服务网www.cmpedu.com下载电子课件。咨询可致电：010-88379375。服务QQ：945379158。

由于道路客运不断发展，客运服务与组织活动会跟随运输市场、政策的变化而适时调整及修正，加之编者水平有限，书中难免疏漏和错误之处，恳请读者批评指正。

编　者

二维码索引

序号	名称	二维码	页码	序号	名称	二维码	页码
1	道路客运特点		8	11	道路客运班线申报		130
2	道路客运分类		10	12	道路客车运行作业计划的编制		137
3	道路客运经营权		28	13	道路客运包车管理		144
4	道路客运站的功能		33	14	道路客运包车运输组织作业流程		146
5	道路客运产品属性与道路客运质量		44	15	道路交通事故的构成要素		155
6	道路旅客运输质量特性		44	16	客运企业安全生产基础保障		161
7	X射线行包安检仪图像的颜色		91	17	联运与旅客联程运输		188
8	客车运输服务基础		96	18	运输引发的环境问题		191
9	旅客心理与行为的特点		106	19	地理信息系统和全球定位系统		201
10	处理旅客投诉的程序		119	20	道路客运联网售票系统		209

Contents 目录

前言
二维码索引

第一篇　道路客运基础

1　第一章　道路客运及其生产力要素 // 002

第一节　概述 // 003
第二节　道路客运的特点、任务及分类 // 008
第三节　道路客运生产力要素 // 011
拓展阅读　中国公路史上的奇迹——
　　　　　雅西高速公路 // 021
练习与思考 // 021

2　第二章　道路客运企业和客运站 // 023

第一节　道路客运企业 // 024
第二节　道路客运站 // 029
拓展阅读　战"疫"下逆行的客运人 // 037
练习与思考 // 038

**3　第三章　旅客运输过程与
　　　　　运输质量 // 040**

第一节　旅客运输过程 // 041
第二节　旅客运输质量 // 042
第三节　旅客运输质量评价 // 048
拓展阅读　见证历史时刻，中国建制村
　　　　　全部实现"车路"双通 // 054
练习与思考 // 054

第二篇　道路客运服务

4　第四章　道路客运服务作业 // 058

第一节　概述 // 059
第二节　旅客服务 // 062

第三节　行包托运 // 075
第四节　车辆调度 // 084
第五节　安全服务 // 089
第六节　客车运输服务 // 095
拓展阅读　记首届全国汽车客运站优质服务
　　　　　竞赛总决赛冠军　张燕 // 099
练习与思考 // 100

5　第五章　旅客意见和投诉处理 // 104

第一节　旅客心理分析 // 105
第二节　旅客意见收集与处理 // 112
第三节　旅客投诉处理 // 117
拓展阅读　开行"电教大篷车"，
　　　　　农民走上富裕路 // 121
练习与思考 // 121

第三篇　道路客运组织管理

**6　第六章　道路客运班车运输
　　　　　组织 // 124**

第一节　道路客运班车业务 // 125
第二节　道路客运班线审批 // 127
第三节　道路客运班车组织 // 136
拓展阅读　国庆假期，车站调度员的
　　　　　日常工作 // 140
练习与思考 // 140

**7　第七章　道路客运包车
　　　　　运输组织 // 142**

第一节　道路客运包车业务 // 143

第二节　道路客运包车组织 // 145

第三节　道路客运包车合同 // 148

拓展阅读　全球首台无人驾驶大客车在开放
　　　　　道路交通条件下成功运行 // 153

练习与思考 // 153

8　第八章　道路客运安全管理 // 154

第一节　道路客运安全管理的基础知识 // 155

第二节　道路客运企业安全管理工作 // 159

第三节　道路客运企业安全生产标准化
　　　　建设 // 170

第四节　道路客运企业应急预案与演练 // 178

拓展阅读　安全监控全过程，行车安全
　　　　　有保证 // 183

练习与思考 // 183

第四篇　道路客运发展与信息化

9　第九章　现代道路客运 // 186

第一节　旅客联程运输 // 187

第二节　绿色运输 // 190

拓展阅读　令人期待的全国"123"出行
　　　　　交通圈 // 192

练习与思考 // 193

10　第十章　现代道路客运中的信息技术 // 195

第一节　概述 // 196

第二节　道路客运运营管理信息技术 // 200

第三节　智能客运系统 // 211

第四节　道路共享客运典型案例 // 222

拓展阅读　透过汽车客票看道路客运的发展 // 226

练习与思考 // 226

参考文献 // 228

第一篇

道路客运基础

第一章　道路客运及其生产力要素

第二章　道路客运企业和客运站

第三章　旅客运输过程与运输质量

第一章 Chapter 1

道路客运及其生产力要素

【学习目标】

1. 了解道路客运的发展过程及发展趋势。
2. 掌握道路客运特点、任务及分类。
3. 掌握道路客运生产力要素。
4. 掌握驾驶人的基本条件和职业要求等。
5. 了解道路客运中旅客、车辆及道路的基本特性。
6. 培养重视学习、努力提升自身综合素质的意识。

> **案例导入**

春运一词最早出现于1980年的《人民日报》，现已成为中国特有的文化现象。数以亿计的人口短时间内在全国各地间集中往返，形成了堪称"全球罕见的人口流动"，这需要不同运输方式充分发挥各自的比较优势及其组合效能，只有这样才能保证春运安全高效完成。

以2019年为例，春运从1月21日开始至3月1日结束，共40天。据交通运输部统计，全国旅客发送量达29.8亿人次，比上年同期增长0.33%。其中：铁路发送旅客4.1亿人次，增长7.4%；道路发送旅客24.6亿人次，下降0.8%；水路发送旅客0.41亿人次，与2018年持平；民航发送旅客0.73亿人次，增长12%。

春运期间，道路客运未发生重大及以上的事故，全国铁路、民航、水路安全运行。交通运输部重点监测的20条主要通道，总体运行顺畅。由于采取了改进售检票服务，改善候乘环境，提升服务品质，统筹道路客运、城市公交、出租汽车的旅客到站（港）接续接驳工作，提升末端出行效率等方面的措施，从第三方调查结果看，旅客满意度同比上年提升3.1个百分点。

请分析：旅客对运输服务有什么要求？道路旅客运输在综合运输体系中的地位是怎样的？说说理由。

第一节 概 述

一、道路客运定义

运输是指运输对象（人或者货物）通过运输工具（或交通工具与运输路径），由甲地移动至乙地，完成某个经济目的的行为。因此，运输是一种"衍生的经济行为"。

运输业是一个具有多重属性的行业，它既是物质生产部门，又是公共服务业，属于第三产业。

运输活动的类型非常复杂：从运输对象来看，可以分为旅客运输和货物运输；从运输主体来看，可以分为旅客自行完成的非营业性的"自有运输"和专业运输机构完成的营业性的"公共运输"；从运输方式来看，可以分为铁路运输、公路运输、水路运输、航空运输和管道运输五种；从涉及的空间范围来看，又可以分为城市内部运输、城市与其腹地之间的运输、城市间运输和乡村运输等。

道路客运，即道路旅客运输，从运输对象的角度来看，属于旅客运输；从运输主体角度来看，既包括自有运输，也包括公共运输；从运输方式上来看，属于公路运输；从空间范围来看，则涵盖了城市内部、城市及其腹地之间及城市间等不同范围。

道路客运是交通运输的重要组成部分，是指运用汽车在道路（公路、城市道路）上使旅客进行位置移动的活动。道路客运是人们为完成公务出差（生产性）或实现探亲、游览目的（生活性）而选用的主要运输方式之一，反映了人们的生产、生活和文化的交往与联系。

二、道路客运发展过程

我国道路旅客运输的发展历程可以分为古代道路旅客运输和近现代道路旅客运输。

（一）古代道路旅客运输（1840年之前）

1. 古代道路旅客运输工具变迁

在中国古代的神话和传说中，有黄帝造车之说，"昔在黄帝，作舟车以济不通"（《汉书·地理志》）；《墨子·非儒》《荀子·解蔽》《吕氏春秋·审分览》《左传》等都有夏朝初期发明和使用车的记录。总之，在夏朝就已经有车这种交通工具了。夏朝的车，早先仅有少量专供奴隶主贵族乘坐，由奴隶拉车。后来出现牛车和马车，牛车速度慢，用来载运货物，马车速度快，用来载人狩猎。

周时因青铜冶炼技术的发展，车辆制作工艺精细、外观华丽；春秋末至战国时，铁器盛行，车辆制造技术再次改良，开始由单辕改为双辕，提高了车辆转向的灵活性。至秦朝统一六国时，秦始皇统一车轨，使车辆制造标准化、规范化、简便化，为适应农村、山区需要，出现了独轮手推车。隋唐时期牛车盛行，行旅以牛车代步。至宋朝，载客工具还有驴车、轿子等。总之，古代道路旅客运输工具主要有马车、牛车、驴车、轿子等，一直沿用至明清时期。

2. 古代道路交通运输形式变迁

中国自周代就开始修建驿道，主要用于通信、使客运送和贡品等小件物资运输，为此设立了馆舍，使客主要指诸侯官员。秦王朝开辟了纵横全国的道路网，修建传舍、邮亭，提供人员车马食宿等，主要接待过往使者和官员，押送犯人。

西汉时全国驿道已约有90万km，以大城市为中心的陆路道路逐渐形成。当时的都城长安有城门12座，街道宽阔，可同时并行12辆车。汉代开辟了世界著名的"丝绸之路"，把中国与中亚、西亚、欧洲地中海沿岸的罗马帝国联系起来，全程超7 000km，是古代历史上最长的一条商路。汉代在"丝绸之路"上设置驿站、邮亭，备有车马、轿子、驴、骆驼，供商人和旅行者选用。隋唐邮驿除传递公文、书信及军事情报外，也有运送官员、僧道、贤士，押送犯人，传报首级，运输贡品，运输皇室或权贵特需小件物品等任务。元代在统一中国、率兵西征的过程中，开辟驿路，设置驿站（驿传），建立起规模庞大、四通八达的交通运输网络。元驿站系统还在交通枢纽处设有车站。明朝出现水马驿，设于京都以外交通要道，专为"递送旅客，飞报军情"。

总体来说，随着政治局势的稳定和经济的发展，这些交通设施逐渐向商人和一般旅行者开放，因而在客观上推动了经济的交流和旅游活动的开展。

（二）近现代道路旅客运输（1840年至今）

1. 近现代道路旅客运输工具变迁

1840年鸦片战争爆发，我国进入了半殖民地半封建社会。1842年，清政府被迫与英国签订《南京条约》，开辟五口通商之后，中国门户打开，火车、轮船、汽车等新式交通工具相继输入。1873年，法国人将人力车引入上海，成为新兴的城市客运主力，取代了至宋朝以来使用的独轮车、轿子等。1901年，匈牙利人黎恩斯向中国输入两辆小汽车，并于次年在上海租界行驶，这是汽车在中国的第一次使用；随后汽车成为外国官员、商人和中国豪绅的主要交通工具，替代了原来的马车。1906年、1908年，天津、上海相继通行电车；1907年，汽车成为中国城市的营业用交通运输工具。

很长一段时间，中国使用的汽车皆是从国外引入的。1949年中华人民共和国成立，汽车工业在中国慢慢发展起来。1952年，中国公路客车在上海首次设计和生产。发展至今，中国已具备独立生产客车的能力和实力，并根据用途生产出公路客车、公交客车、旅游客车、专业校车和其他专业客车等不同类型的客车。

2. 近现代道路旅客运输形式变迁

1906年，清政府成立邮传部，掌理全国铁路、邮政、电政、驿传、商轮、民船等水陆运输，驿站的作用已近消失。1911年—1949年，只有上海、天津等大城市有公共汽车和电车，大多数城市及农村地区人民出行仍以人力和畜力车为主。尽管道路旅客运输发展缓慢，但是全国统一的公路建设和交通管理规划、汽车站点建设、省市联运等都开始萌芽。

新中国成立之后，全国民用汽车共5.09万辆，客货混合运输，客车班车路线较少，受天气影响较大，不能定期定班运行；1950年，全国推行《汽车运输成本计算和账务处理办法》和汽车乘务与修理负责制；1954年4月1日起在全国试行《公路旅客运输规则》，旅客运输管理走上正轨，各地汽车运输推行定线、定班、定点的运行作业计划，增加了客车运行班次，并新建和改建汽车客运站126个；1963年，全国开展了农村客运班车；1978年，我国实行改革开放，道路旅客运输迅猛发展，建立了城乡互通、干支相连的客运网络，以及以县城为中心的农村公路客运网；进入20世纪80年代，出现了旅游客运、边境汽车客运等新形式；进入21世纪初，全国在运管部门登记注册的汽车764.4万辆，其中载客汽车255.1万辆、2 701.7万客位；全社会完成道路客运量140.3亿人，旅客周转量7 207.1亿人·km[○]，道路客运量、旅客周转量在综合运输体系中所占比重分别为91.7%、55.4%。至2020年，我国道路载客汽车量61.26万辆，旅客客运量达到68.94亿人，旅客周转量为4 641.01亿人·km。

三、道路客运业发展趋势

道路客运业是国民经济的先导性和基础性行业，具有物质生产和社会服务的双重功能，属于国民经济第三产业部门。随着我国公路建设逐渐放缓，公路养护提上日程，农村客运、城乡一体化运输等逐步发展完善，以及互联网技术和高速铁路迅猛发展，我国道路客运呈现以下发展趋势。

（一）公路客运载客汽车数量及客运量不断下滑

据交通运输部2011年～2020年交通运输行业发展统计公报，我国公路客运载客汽车数量2012年达到顶峰，为86.71万辆，2012年～2015年逐年下降，2016年有小幅度回升，但2016年～2020年以比2012年～2015年更快的趋势逐年下降，见图1-1。

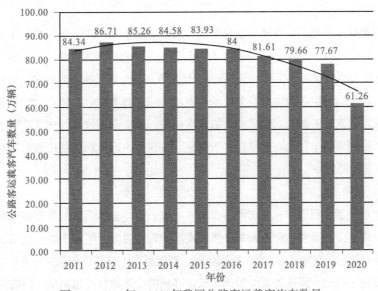

图1-1　2011年～2020年我国公路客运载客汽车数量

公路客运量和客运周转量也是2012年达到顶峰，分别为355.7亿人、18 467.55亿人·km，2013年～2014年小幅度上升，2014年后开始逐年下滑，见图1-2。

○　人·km即人·千米，也称人公里，即将一位旅客运送一公里，用于运输部门计算客运工作量。

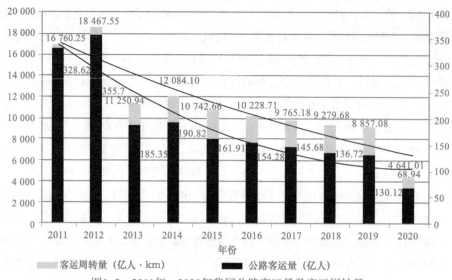

图1-2 2011年~2020年我国公路客运量及客运周转量

公路载客汽车数量及公路客运量会逐渐下滑，主要有以下两点原因：一是人们生活水平的提高，出行方式选择增多，高铁时速的增加以及民航的快捷性等，使得公路客运的市场份额变小；二是城乡公交一体化的发展，以及网约车、共享汽车、自驾游等新兴出行方式的出现，挤压了传统道路客运企业的生存空间，加速了公路客运企业中短途客运量的流失。

（二）道路客运业转型升级成为必然趋势

公路客运是道路客运的重要组成部分，其载客汽车数量及客运量的下降，意味着道路客运行业正面临新的挑战，亟须转型升级，寻求新的市场定位，提升市场份额。结合新技术的发展，道路客运转型升级可参考以下方式。

1. 实现客运信息化及智慧化

信息化、智慧化水平是衡量交通运输现代化发展水平的重要标志。为迎接互联网时代全面来临的新挑战，将"互联网+"与道路客运深度融合，依托线下独有的资源优势，建设道路客运联网售票系统，为旅客提供包括互联网、手机App、微信、代理点和自主售票机在内的多元化站外购票方式，提供出行查询、定制出行服务和旅游服务、网上商城等综合服务功能；建立智能调度管理平台，精准对接出行需求，降低企业调运、空载带来的成本损失，提高调车效率；建立监管平台，实时动态监管车内情况和指挥车辆运行，有效规避事故风险。智慧化的运营和信息化的深度渗透，是道路客运转型升级的有效途径之一。

2. 推广使用新能源汽车

结合道路客运转型升级需求和新能源客车技术特点，道路客运领域的新能源汽车未来可考虑向以下两个方向发展：①道路客运企业未来可重点发展中短途客运，实现中短途公路客运新能源化。中短途道路客运一般运距在200km以内，运距较短，新能源汽车续驶里程基本可满足车辆单趟或一个往返运营，无须途中补电，可避免新能源汽车长途客运需沿途建设充电基础设施的问题；另外，中短途客运线路首末站一般为人流较为集中的客运枢纽，具有较为完善的充电基础设施，可减少运营企业建设专用充电基础设施带来的巨大投入。②新能源汽车在旅游客运领域推广应用具有可行性。由于高铁及航空运输无法直接到达景点，因此旅游客运中的短途出行目前仍以道路客运为主，营运路线主要是"城镇—旅游景点"和"旅游景点—旅游景点",运距相对较短,新能源汽车的使用不存在续驶里程不足问题;旅游景区建设充电基础设施在土地资源、用地方式、建设规模、电力建设、用电价格、运营监管等方面具有诸多优势,可解决新能源汽车充电问题;此外,新能源旅游汽车的使用可减少车辆尾气对景区环境的污染,有利于景区环境保护。

3. 采用集约化经营模式

我国道路客运从20世纪90年代中后期开始就步入集约化发展的重要阶段,为顺应市场需求的转变,道路运输行业出现如黑龙江"龙运"、山东"全直通"、辽宁"虎跃"、湖北"捷龙"、浙江"新干线"、京沪"新国线"和陕西"平安"等规模较大、起点较高的客运集团,道路运输经营主体结构有明显改善,但当前"多、小、散"的道路客运市场格局仍然存在。与此同时,高铁技术的发展、铁路客运专线的建设不断提高铁路客运竞争力,高质量客运需求迅速增加,原本粗放型的经营模式已经不能适应新形势下的客运市场,作为基础性产业和服务型行业的道路客运必须通过提高行业集约化、规模化经营水平来充分发挥经营优势。促进道路运输业集约化经营发展任重道远,应形成"优胜劣汰"的良性机制,通过培育具有较强实力的龙头企业、取缔非法经营业户、整合并购经营不佳的小企业、鼓励多家客运企业联盟运输等措施,促进道路客运行业从分散、独立发展转向一体化、集约化发展。从逐年降低的道路客运经营业户中的个体经营业户占比也可以看出,我国道路客运市场规模化、集约化趋势已十分明显,集约化经营发展将成为我国道路客运发展的方向之一。

4. 发展客运新业态

经济迅猛发展促进了我国高速公路网日益完善,高速铁路网成为继高速公路网后交通基础设施建设的重点,而且高速铁路和小汽车的快速发展促使旅客在出行时会选择更加舒适便捷的交通工具,这些都使得客运结构进一步优化,传统的固定班次、固定线路、固定站点的单一服务模式已不能满足旅客的多样化需求,在新的客运市场竞争格局中,道路客运企业积极转型并探索出诸多新途径,使得道路客运行业不断涌现新业态。现在已经有部分企业在多样化出行需求背景下进行城际约车、运游专线、节点配载等新生产模式的探索。其中两种重要的新业态是"运游一体化"和"车头向下"接驳运输。

(1)"运游一体化"发展成新贵 定制旅游是道路客运企业为顺应旅游市场散客自由行、户外自助游的持续升温的新趋势而推出的客运产品,这种旅游与传统客运的融合不仅充分发挥了道路客运"门到门"的优势,而且能打通旅游服务的"最后一公里"。"运游一体化"成为道路客运转型发展的重要方向之一。

(2)"车头向下"接驳运输 随着城市化进程加速,我国交通基础设施的建设重点由高速公路转向高速铁路,道路客运以自身灵活便捷的优势发展接驳线路,绕过高速铁路、民航的发展优势,"车头向下"专注发展空港快线、高铁接驳专线、直达公交专线等接驳运输,实现与其他运输方式协调衔接、差异化发展。

目前,道路客运新业态的常见形式包括:通过预订方式,为旅客提供一人一座、一站直达的优质化通勤出勤服务的商务班车;无须预订,在一定时间段内采取直达或大站快车的方式运营,满足旅客快速通勤需求的快速直达专线;为满足旅客出行游玩需求而开行的景点直达线路,旅客可预订或现场购票乘车的节假日专线;为方便高铁旅客晚到站后的交通出行,依托高铁车站开行多样化服务线路的高铁专线；针对企业用户，满足企业员工集约化出行需求的多种团体形式的集体出行；市内观光游、城郊休闲游、周边省市游等休闲旅游专线。

（三）道路客运业与其他交通方式融合联动发展

道路客运业从起步至2010年左右，在我国交通运输方式中几乎一家独大，成为人们出行的首选方式；但是近些年来，受高铁、民航、网约车、共享车、自驾游等交通出行方式的影响，道路客运的客运量不断下降。因此，道路客运应该扬长避短，规避与高铁客运的正面竞争，道路客运企业应主动退出与高铁动车组开通站点重复的班次和线路，按照分工协调原则，回归中短途优势运距，寻找新的发展空间，特别是铁路干线未覆盖的地区、高铁动车组站点不停靠的城市，以及与高铁站点距离较远的客运线路，这些地区、城市和线路仍然是道路客运企业的优势所在。道路客运企业应发挥自身机动灵活的特点，大力发展与高铁沿线站点接驳的支线线路，回归自身优势运距上，将人力、物力、财力投入支线客运发展，实现与高铁协作运输。道路客运避开长途线路，重点发展中短途客运服务，较能体现出自身应有的技术经济特征和优势。

未来，民航网络覆盖日趋饱和、高铁网络建设日趋完善，道路客运适应结构化调整与转型创新，将会形成新的平衡。铁路、公路、航空逐渐融合发展，道路客运业将从资源和效率方面进一步优化，基于成本效率和网络化等维度的整合，形成更大的交通集团。

第二节 道路客运的特点、任务及分类

一、道路客运的特点

道路客运因其灵活性、分散性和经济性，成为旅客运输体系中不可或缺的一部分。区别于其他客运形式，道路客运具有如下特点。

道路客运特点

1. 运输机动灵活

汽车是道路客运的主要运输工具，受道路条件限制较少，因此灵活性是道路客运最为突出的特点。灵活性具体可分为空间、时间、批量及服务的灵活性。

空间上，由于道路已抵达千家万户，遍布全国，因此有路的地方就能实现道路运输，相对铁路运输、空运、水运等运输方式来说，地理空间的局限性较小；时间上，旅客可根据通行环境自行选择出行时间，特别是私家车、出租车等方式出行更不受时间限制；批量上，可根据运输设备及运量要求自行选择；服务上，运输部门或企业则可根据旅客的需求对客运的运输设备、输运时间、运输地点等进行自由调控。

可见，道路客运能够实现"门到门"的运输服务，其机动灵活性明显优于其他客运方式。

2. 服务面广，拥有较强的分散性与适应性

道路交通是基础性的运输形式，广泛地分布于全国各基层乡镇，具有广阔的服务面，并且具有良好的通达深度与长久的服役期，能够在日常与关键时期肩负起运输的大任。广泛的交通网使得道路系统与社会经济系统的各种子系统（企事业单位、生产生活部门等）紧密联系，也使道路系统能够应对各种运输要求，满足各种子系统的需要。伴随着道路管理水平的提升、道路质量的改善和运输车辆的不断优化，道路客运的特殊性不断增强。此外，道路客运的运输单位为单个车辆，能够很好地适应旅客运输过程中的分散性，并保证一定的规模经济效应和网络经济效益。

3. 经济性好

一般由国家总体承担对道路及其附属设施的修建任务，这为道路客运行业的正常运行提供了很好的先天条件。道路客运入行投资小，仅需对交通运输工具与司乘人员进行投资、管理；由于交通网纵横交错、分布广阔，能够满足旅客不同的交通需求，因此道路客运行业能够较快回收资金，以及更新交通运输工具和相应附属设施。道路交通高度的适应性，使得道路客运能够有效节约能源及时间，缩短旅客出行距离，保证社会效益和经济效益。

4. 中短途运输速度快

由于公路客运可以实现"门到门"直达运输，无须中途倒运，旅客在途时间短，因而在中短运输中其运送速度较快。而其他运输方式，一般都需要中途倒运、转乘，而且火车、轮船、飞机等的起运、运行和到达等都有严格的时间限制，有时甚至待运时间较长，因此这些运输方式的中短途运输运送速度较慢。

5. 时空分布不均衡

空间上，我国人口东部地区多西部地区少，因此形成了东南沿海地区经济发达、西北地区相对落后的经济格局。而经济水平、人口数量等因素对道路客运具有显著的影响，从而导致经济发达地区道路运输服务旺盛，而经济落后地区的道路运输服务相对低迷。

时间上，春节、清明节、劳动节、国庆节、学生寒暑假及外来务工人员流动所带来的季节性运输压力，使得道路客运存在明显的"淡季"和"旺季"。

6. 长途运输速度慢

道路客运车辆的行驶速度受到车辆性能及交通规则的限制，根据我国交通运行规则的要求，我国高速公路的最高速度不得超过120 km/h，因此道路客运的平均运行速度也相对较低，约为80 km/h，远低于高速铁路300km/h的平均运行速度。在长途运输中，道路客运的方便、可达性优势无法弥补其速度过低造成的运输效率损失。

7. 运力较小、环境污染较大

一般情况下，高铁动车组核定载员基本上在600人左右，飞机核定载客人数在100人以上，而客运汽车额定载客人数大多不超过50人，运力相对较小。另外，道路客运的主要燃料为汽油或柴油，其能耗相当于铁路运输能耗的10.6～15.1倍，能源价格较高，消耗较大，尾气排放不利于可持续发展。

8. 事故发生率高，安全性较差

道路客运车辆在行驶过程中由于受外在客观条件、车辆性能、驾驶人驾驶技能素养等因素的影响，交通事故率较高，尤其是在恶劣气候环境下，道路路面湿滑、能见度低，两地运输受到严重阻碍，人员伤亡率较高。

据不完全统计，我国每年大约有6万人死于道路交通事故，20多万人在事故中受伤，其中部分属于公路客运旅客。与铁运、航运不同，道路客运车辆与其他社会车辆混行，安全性受本车驾驶人或其他车辆驾驶人驾驶行为、道路交通条件及车辆自身性能影响，事故率远高于其他运输方式。

二、道路客运的任务

道路客运是一项服务性很强的工作。在我国现有条件下，必须按照社会主义市场经济的基本发展规律，从一切为人民的立场出发，通过采用先进的技术装备和科学的管理方法，周密地组织旅客运输，以最大限度地满足人民群众的旅行需求，把旅客安全、迅速、便捷、舒适、经济地运送到目的地，其主要任务是：

1）认真贯彻执行党和国家的有关方针、政策、法令及交通运输的各项规章制度，同时也要利用客运工作人员与人民群众广泛接触的机会，积极宣传党和国家的各项方针政策。

2）制订旅客运输发展规划，不断开辟、扩宽客运市场，建立和完善适应经济发展的客运网。

3）充分发挥现有交通设施的作用，合理配置运力，千方百计提供客运交通总供给。

4）为旅客服务，对旅客负责，以旅客需求为导向，积极开展营销活动，努力提高客运服务质量，做到想旅客所想、急旅客所需，以保证优质服务。

5）组织不同客运方式间的联运，做跨省跨区的联合经营，开展旅客直达运输。

6）加强科学管理，提高经营水平，在做好旅客服务的前提下，提高客运企业的经济效益。

7）根据党和国家在一定时期的中心工作以及国民经济发展的要求，完成各种临时性紧急任务。

8）加强对客运职工的业务技术培训及思想政治工作，不断提高职工素质和企业整体素质，为实现旅客运输系统的现代化而努力创造条件。

总之，客运企业要在党的方针、政策的指引下，根据客运市场经济的发展规律，以旅客需求为中心，服从并服务于国民经济可持续发展战略的需要，从基本国情出发，以运输市场的需要为依据，优化运输体系结构，合理配置资源。依靠科技进步，提高劳动者素质，加快客运事业的发展，满足全体国民出行的需求。

三、道路客运的分类与常见类型

（一）道路客运分类

道路客运可按服务性质、服务目的、服务区域等分类。

道路客运分类

1. 按服务性质分

营业性客运：如公共汽车客运及出租车客运，为乘客有偿提供运输服务，具有营业性质。

非营业性客运：如机关、企事业单位或个人自用车客运，无营业运输性质。

2. 按服务目的分

生产性客运：如运送职工上下班、办理公务及运送学生上下学等。生产性客运的主要特点是运输时间比较集中、运量大，并且要求运输时刻准确、运送迅速。

生活性客运：如运送人们去就医、购物、探亲访友和观光游览等。生活性客运的主要特点是运量和运输时间均较分散。

3. 按服务区域分

城市客运（中短途客运）：服务区域为市区与郊区。市区客运为市内居民的流动服务，郊区客运主要为郊区与市区间居民的流动服务。城市客运的主要特点是平均运距较短、旅客交替频繁、行车频率高、客流在时间及方向上的分布很不均匀。

城间客运（长途客运）：服务区域为城市间广大地区。城间客运的主要特点是客流稳定、在各较短的时间内客流往往不会出现偶然性高峰。编制行车时刻表时，应与市区、郊区各种运输方式（汽车、火车、轮船等）的运输时刻相衔接。

（二）道路客运常见类型

道路客运常见的类型有班车客运、包车客运、城市公共交通客运、出租车客运、旅游客运等。

1. 班车客运

班车客运是指营运客车在城乡道路上按照固定的线路、时间、站点、班次运行的一种客运方式。加班车客运是班车客运的一种补充形式，是在客运班车不能满足需要或者无法正常运营时，临时增加或者调配客车按客运班车的线路、站点运行的方式。班车客运的基本特征是使用大中型客车，有规定的停车站点、行驶线路、发车班次、发车时间。它是道路客运中最主要和最基本的运输方式。

2. 包车客运

包车客运是指以运送团体旅客为目的，将客车包租给旅客来安排使用，提供驾驶劳务，按照约定的起始地、目的地和路线行驶，由包车旅客统一支付费用的一种客运方式。包车客运与其他客运方式相比具有以下特点：一是由于包车客运的需求不确定，业务随机性强；二是与班车客运相比，在接洽方式、开行线路、开车停车地点、开车停车时间、乘车对象、运费结算方式等方面不同，包车客运不定时间、不定线路；三是与出租汽车客运相比，在使用车型、用车方式、使用时间、行驶距离等方面不同。

3. 城市公共交通客运

城市公共交通客运是指在城市人民政府确定的区域内，利用公共汽（电）车（含有轨电车）、城市轨道交通系统和有关设施，按照核定的线路、站点、时间、票价运营，为公众提供基本出行服务的活动。其中仅公共汽车完成的部分属于道路客运的范畴。

4. 出租车客运

出租车客运是指出租车驾驶人和其所属的出租车公司提供的服务，还包括网络预约车公司以及承揽网络预约客运的驾驶人的服务。其特点为：一是不受定线、定班、定时的限制，经营上机动灵活；二是营运时间长，同时又方便旅客要车，方便旅客的出行需要；三是载客人数较少；四是营运成本高，因此运输价格也比较高。

5. 旅游客运

旅游客运是指以运送旅游观光的旅客为目的，在旅游景区内运营或者其线路至少有一端在旅游景区（点）的一种客运方式。旅游客运和班车客运、包车客运相比具有以下特点：一是运送的旅客是旅游者；二是开行线路的起讫地一方必须是旅游景区；三是以观光为主，中途停靠点和时间服从旅游计划的安排；四是大多数情况是往返包车；五是车辆舒适、性能较高，适宜旅游休闲。

第三节 道路客运生产力要素

道路客运的实现依赖于多种要素的协调使用，具体而言，道路客运有以下六项生产力要素：道路、车辆、驾驶人、旅客、客运场站、客运企业，本节重点介绍道路、车辆、驾驶人和旅客，客运场站和客运企业将在第二章详细介绍。

一、道路

道路是汽车交通的基础。道路必须符合其服务对象——人、货、车的交通特性，满足它们的交通需求。道路服务性能的好坏体现在量、质、形三个方面，即道路建设数量是否充分，道路结构能否保证安全，路网布局、道路线形是否合理。另外，道路服务性能的好坏还与附属设施、管理水平是否配套等有关。

道路网体系一般分为公路网和城市道路网两大子体系,并且这两大子体系具有一定的关联性。公路网主要服务于区域城际及乡村的交通联系,城市道路网主要服务于城市内部及其与外部的交通联系。

公路与城市道路是支撑区域与城市经济社会发展的重要交通基础设施,既影响到区域与城市的空间布局、形态与结构的形成和演化,又影响到区域与城市经济社会活动的效率、安全、生态、环境等诸多方面。可以说,道路网体系对于区域与城市的整体"生长"来说,既是骨架,也是血脉。公路与城市道路必须是一个完整的体系,否则,必然影响其整体功能的发挥。

道路网体系的内涵主要包括道路等级、功能、布局、密度等宏观体系要素,以及道路线形、断面、结构、配套设施和管理等微观技术标准与要求。

1. 公路

公路的等级可按技术等级和行政等级划分。

(1)公路的技术等级划分 根据《公路工程技术标准》(JTG B01—2014),公路分为高速公路、一级公路、二级公路、三级公路及四级公路五个技术等级。

高速公路为专供汽车分方向、分车道行驶,全部控制出入的多车道公路,其年平均日设计交通量宜在15 000辆小客车以上。

一级公路为供汽车分方向、分车道行驶,可根据需要控制出入的多车道公路,年平均日设计交通量宜在15 000辆小客车以上。

二级公路为供汽车行驶的双车道公路,年平均日设计交通量为5 000~15 000辆小客车。

三级公路为供汽车、非汽车交通混合行驶的双车道公路,年平均日设计交通量宜为2 000~6 000辆小客车。

四级公路为供汽车、非汽车交通混合行驶的双车道或单车道公路,双车道四级公路年平均日设计交通量宜在2 000辆小客车以下,单车道四级公路年平均日设计交通量宜在400辆小客车以下。

(2)公路的行政等级划分 公路行政等级是根据公路在政治、经济、国防上的重要意义和使用性质划分,可分为国道、省道、县道、乡道四级,另外还有专用公路。

国道(国家公路)指具有全国性政治、经济意义的主要干线公路,包括重要的国际公路、国防公路,连接首都与各省、自治区、直辖市的公路,连接各大经济中心、港站、商品生产基地和战略要地的干线公路。

省道(省公路)指具有全省(自治区、直辖市)政治、经济意义,连接各地市和重要地区以及不属于国道的干线公路。

县道(县公路)指具有全县(地级市)政治、经济意义,连接县城和县内主要乡(镇)、主要商品生产和集散地的公路,以及不属于国道、省道的县际间公路。

乡道(乡公路)指主要为乡(镇)村经济、文化、行政服务的公路,以及不属于县道及以上公路的乡与乡之间及乡与外部联络的公路。

专用公路指专供或主要供厂矿、林区、农场、油田、旅游景区、军事要地等与外部联系的公路。

各类公路如图1-3所示。

图1-3 各类公路

a）国道 b）省道 c）乡道 d）林区公路

2. 城市道路

根据《城市综合交通体系规划标准》（GB/T 51328—2018），按照城市道路所承担的城市活动特征，城市道路分为干线道路、支线道路以及联系两者的集散道路三个大类。干线道路应承担城市中、长距离联系交通。集散道路和支线道路共同承担城市中、长距离联系交通的集散，以及城市中、短距离交通的组织。该标准还规定了城市快速路、主干路、次干路和支路四个中类和八个小类，应根据城市功能的连接特征确定城市道路中类。

各类城市道路如图1-4所示。

图1-4 各类城市道路

a）快速路 b）主干路

c) d)

图1-4 各类城市道路（续）

c）次干路 d）支路

城市道路网络规划应综合考虑城市空间布局的发展与控制要求、开发密度、用地性质、客货交通流量流向、对外交通等因素，结合既有道路系统布局特征，以及地形、地物、河流走向和气候环境等因地制宜确定。城市道路经过历史城区、历史文化街区、地下文物埋藏区和风景名胜区时，必须符合相关规划的保护要求。城市建成区的道路网改造时，必须兼顾历史文化、地方特色和原有路网形成的历史，对有历史文化价值的街道应予以保护。干线道路系统应相互连通，集散道路与支线道路布局应符合不同功能地区的城市活动特征。

二、车辆

（一）车辆交通特性

公路和城市道路服务各种车辆：小汽车、客车、货车、摩托车、自行车等。道路设计标准必须满足这些车辆的行驶要求。小汽车的交通特征，如驾驶人的视线高度、小汽车在高速行驶时的特征等决定了道路设计的一些指标，如竖曲线会车视距的保证，平曲线最小转弯半径、超高值的确定等。客车、货车的尺寸、重量以及其他一些特征决定了车道宽度、竖向净空、路面桥梁荷载等。车辆主要交通特性如下：

1. **车辆尺寸**

车辆尺寸与道路设计、交通工程有密切关系。在我国《公路工程技术标准》（JTG B01-2014）和《城市综合交通体系规划标准》（GB/T 51328—2018）中都规定了机动车辆外廓尺寸界限。

2. **动力性能**

汽车动力性能包括：最高车速、加速度或加速时间、最大爬坡能力。

最高车速是指在良好的平路上，汽车所能达到的最高行驶车速（km/h）。加速时间分为原地起步加速时间和超车加速时间。原地起步加速时间是指汽车由第1档起步、以最大的加速度逐步换至高档后达到某一预定的距离或车速所需要的时间。超车加速时间大多是用高档或次高档（30km/h或40km/h），全力加速至某一高速度所需的时间来表示。最大爬坡能力用汽车满载时用第1档在良好的路面上的最大爬坡度i_{max}（%）表示。

3. **制动性能**

汽车制动性能主要体现在制动距离或制动减速度上，还体现在制动效能的稳定性和制动时汽车的方向稳定性上。制动过程实际上是汽车行驶的动能通过制动器转化为热能的过程，所以温度升高后，能否保持在冷状态时的制动效能对于高速时制动或长下坡连续制动都是至关重要的。方向稳定性是指制动时不产生跑偏、侧滑及失去转向能力的性能。制动跑偏与侧滑，特别是后轴侧滑是造成事故的重要原因。

4. 快速公交车辆特性

随着城市公共交通优先发展战略的推行，城市多层次公共交通体系正在逐步建立。城市快速公交（Bus Rapid Transit，BRT）作为一种大容量、低成本、赋予专用路权或优先路权的新兴城市公交模式日益受到重视和青睐，近年来在一些大中城市得到积极推广应用。

总之，营运客车必须保持良好的技术状况，制动、转向系统，以及灯光、喇叭、刮水器齐全有效；保持车容整洁卫生；门窗座椅、行李架（仓）绳网、雨布符合使用要求；车内备有票价表和旅客意见簿；车外装置与营运方式、种类相符的标志，客运班车悬挂班车线路牌，旅游车悬挂旅游车标志牌，出租车安装出租标志灯。

（二）道路客运汽车

道路客运汽车（简称客车）是汽车运输企业进行客运活动的必备工具，也是为旅客服务的基本物质条件。它与铁运、水运、航运等客运方式相配合，共同组成多元化的旅客运输网，使城市与城市、城市与乡村、乡村与乡村紧密地联系起来，使生产和消费得到了有机结合。

1. 客车的分类

在我国目前还没有形成比较完整的客车系列的情况下，可以根据普遍使用的客车车型及其性能等具体情况，按照以下几种方法对客车进行分类。

（1）根据车长分

特大型：12m<车长≤13.7m。

大型：9m<车长≤12m。

中型：6m<车长≤9m。

小型：车长≤6m。

（2）根据使用燃料分

汽油客车：指以汽油作为燃料的客车。目前，我国公路客车主要属于此类。

柴油客车：指以柴油作为燃料的客车。

天然气客车：指以天然气为燃料的客车。

电动客车：指以电为动力的客车。

（3）根据客车的舒适程度分

普通客车：这类客车通常座位排列拥挤、座席较硬、舒适性差。

中级客车：这类客车一般座位排列为"2+2"型，座位间距较宽，而且都采用软席高靠背座椅，旅客乘坐时普遍感到比较舒适。

高级客车：这类客车装有空调设备，配有舒适座椅，设施豪华、运价较高，多用作旅游车。

（4）根据客车的营运方式分

客运班车：是指定班次、定时刻、定线路、定站点的公共客运汽车，可细分为直达班车、普快班车、普客班车和农村客运班车四种。

出租汽车：是指根据用户要求的时间和地点行驶，按里程或时间计费的客车。出租汽车租乘手续简便，可以随手招呼上车，也可电话要车或预约订车；可以任意选择路线，中途停车，提供"门对门"的全程服务。出租汽车为城市居民、出差人员、国内外旅游者提供不定线交通运输服务，是城市公共交通的一个组成部分，为发展旅游事业、促进城乡文化交流和方便人民生活起到重要的作用。

旅游专用汽车：是指专门为旅游者设计制造，具有公路运输、野外食宿、休闲娱乐等功能以及卫生、空调等旅行生活设施的车辆，主要包括宿营车、观光游览车等。

宿营车是一种由汽车拖挂而行、供旅游者野外宿营的汽车，也被称为"家庭大篷车"。宿营车的构造：前部一般为起居室，中部过道两侧为卫生间和厨房，后部为卧室，宛如民居。它一般由小汽车和吉普车拖挂牵引，在旅游景区和公园内划定的宿营区或郊野停放，主要供家庭周末度假或休闲旅游使用。

观光游览车是专供人们以游览、观光为目的而乘坐的汽车。观光游览车可分为普通型、豪华型两种类型。普通型观光游览车结构简单、乘载人数一般为8~15人，主要用于旅游景区内部游客短距离游览观光。豪华型观光游览车座位间距离大，可以自由调节坐卧，舒适，视野广阔，装有通风、取暖和制冷设备，置有带色玻璃窗，设有自动门、自动升降玻璃窗，以及隔音、防尘等设备；有的还带有卧铺、音响、卫生间、厨房、文娱室等设备与设施，使游客感到方便、舒适。

观光游览车如图1-5所示。

图1-5 观光游览车

（5）根据客车的营运分类

长途客车：是专为城市间长途公路运输旅客及其行李而设计的客车。

城乡短途客车：是运行在城乡间的中小型客车，运距短且停靠点多。

旅游客车：是长途客车的一种专供旅游的车型，其特点与长途客车相近。

特种客车：是根据特定的使用要求与使用环境，经过专门设计与改装的一类客车。

另外，可根据客车使用性质分为运营客车和非运营客车（自用客车），如学校、机关等单位的大客车属于非运营车。

2. 道路客车选型的依据

道路客运企业在选用客车车型时，一般应考虑以下几个方面。

（1）用途 一般来说，用于铁路分流和旅游线路上的客车，应该选用速度快、舒适性好的客车，长途直达线路，应尽可能选用大型高速客车。用于城郊短途运输的客车，在道路条件许可时，应选用速度较慢、载客量较大的大型通道车。在边远山区、牧区和林区，旅客比较少时，可配备一些小型客车。农村短途运输用客车，为方便旅客携带物品，可适当改装车身，增加站位。

（2）客流量的大小 一般情况下，线路日客流量（指常年运输旺季的平均量）超过500人次，且比较集中时，宜选用大型客车；客流量比较分散时，则宜选用中型客车。线路日客流量为200～500人次，且比较集中时，宜选用中型客车；如果客流分散，可视情况选用中型或小型客车。线路日客流量在200人次以下时，视客流集散程度，可选用中型或小型客车。

（3）公路的条件　通常对公路等级较高、客流量大的干线，可配备大型或中型客车。对公路等级较低的干线或支线，视客流量大小选用中型或小型客车。在偏僻的边远山区、林区和牧区，因为旅客较少，道路条件一般较差，所以宜选用小型客车。道路条件好、客流量大的短途线路，则应选用大型通道车。

（4）需要的舒适程度　凡用于旅游及长途旅行，或在人民生活水平较高的地区，应选用舒适程度较高的客车。一般短途线路，旅客对舒适性要求较低，可选用中级或普通客车。

（5）运输成本的高低　选用车型时，一般都应选用运输成本较低、单车年利润较高、投资回收期较短的客车。

三、驾驶人

（一）驾驶人的基本条件和要求

1．基本条件

在道路交通要素中，驾驶人具有特别重要的作用。这是因为除了行人和自行车交通以外，其他客、货运输都要由驾驶人来完成。汽车驾驶人是直接使用运输工具（汽车）完成旅客空间位移的生产劳动者，驾驶人的技术水平和思想动态，对汽车的寿命、汽车的行驶安全性、汽车的通过性、旅客的乘坐舒适性，都有直接的影响。客车驾驶人的服务态度、言谈举止、语言艺术，对旅客和驾乘人员的关系也有直接影响，进而影响运输企业的社会声誉。同时，行人和自行车交通也受到机动车交通的影响，因此，大多数交通事故都直接或间接地与驾驶人有关。

汽车是一种现代化的运输工具，汽车驾驶是一项紧张而又重大的工作。《机动车驾驶证申领和使用规定》（2016）年中明确说明申请机动车驾驶证的人，应当符合下列规定：

（1）年龄条件

1）申请小型汽车、小型自动挡汽车、残疾人专用小型自动挡载客汽车、轻便摩托车准驾车型的，在18周岁以上、70周岁以下。

2）申请低速载货汽车、三轮汽车、普通三轮摩托车、普通二轮摩托车或者轮式自行机械车准驾车型的，在18周岁以上、60周岁以下。

3）申请城市公交车、大型货车、无轨电车或者有轨电车准驾车型的，在20周岁以上、50周岁以下。

4）申请中型客车准驾车型的，在21周岁以上、50周岁以下。

5）申请牵引车准驾车型的，在24周岁以上、50周岁以下。

6）申请大型客车准驾车型的，在26周岁以上、50周岁以下。

7）接受全日制驾驶职业教育的学生，申请大型客车、牵引车准驾车型的，在20周岁以上、50周岁以下。

（2）身体条件

1）身高：申请大型客车、牵引车、城市公交车、大型货车、无轨电车准驾车型的，身高为155cm以上。申请中型客车准驾车型的，身高为150cm以上。

2）视力：申请大型客车、牵引车、城市公交车、中型客车、大型货车、无轨电车或者有轨电车准驾车型的，两眼裸视力或者矫正视力达到对数视力表5.0以上。申请其他准驾车型的，两眼裸视力或者矫正视力达到对数视力表4.9以上。单眼视力障碍，优眼裸视力或者矫正视力达到对数视力表5.0以上，且水平视野达到150度的，可以申请小型汽车、小型自动挡汽车、低速载货汽车、三轮汽车、残疾人专用小型自动挡载客汽车准驾车型的机动车驾驶证。

3）辨色力：无红绿色盲。

4）听力：两耳分别距音叉50cm能辨别声源方向。有听力障碍但佩戴助听设备能够达到以上条件的，可以申请小型汽车、小型自动挡汽车准驾车型的机动车驾驶证。

5）上肢：双手拇指健全，每只手其他手指必须有三指健全，肢体和手指运动功能正常。但手指末节残缺或者左手有三指健全，且双手手掌完整的，可以申请小型汽车、小型自动挡汽车、低速载货汽车、三轮汽车准驾车型的机动车驾驶证。

6）下肢：双下肢健全且运动功能正常，不等长度不得大于5cm。但左下肢缺失或者丧失运动功能的，可以申请小型自动挡汽车准驾车型的机动车驾驶证。

7）躯干、颈部：无运动功能障碍。

8）右下肢、双下肢缺失或者丧失运动功能但能够自主坐立，且上肢符合第5）条规定的，可以申请残疾人专用小型自动挡载客汽车准驾车型的机动车驾驶证。一只手掌缺失，另一只手拇指健全，其他手指有两指健全，上肢和手指运动功能正常，且下肢符合第6）条规定的，可以申请残疾人专用小型自动挡载客汽车准驾车型的机动车驾驶证。

2. 基本要求

汽车驾驶人在执行运输任务时，必须严格遵守交通法规，遵循职业道德规范，按所持驾驶证准驾车型驾驶车辆，以确保安全、及时、保质、保量地完成运输任务。具体要求如下：

1）保持良好的精神状态。在接受运输任务出车前，必须充分休息，保证充足的睡眠，加强营养，保持充沛的精力和体力。

2）严格执行安全操作规程。出车前、行车途中、收车后要对车辆进行清洁。做好车辆例行维护，以良好的技术状态投入运行。

3）驾驶车辆时，要随身携带驾驶证、行驶证、营运证、资格证等行车证件。按规定时间出车，服从调度，听从指挥，不得擅自改变行驶路线，客运班车要按规定停靠进站。不得利用开车之便私拉乱运，客车驾驶人不得私收票款，不得以任何借口或理由刁难旅客。

4）要注意检查旅客运输单证和车辆装载是否符合规定。

5）严格遵守交通法规，驾驶室内不准超额坐人。车辆行驶中，要集中精力，谨慎驾驶，做到礼貌行车。如感到疲劳或身体不适，应选择安全地点停车休息，洗脸或稍做活动，切不可勉强驾驶，以防发生交通事故。

6）在运输旅客过程中，要关心、爱护旅客，尽量给予旅客旅行上的方便。车未停稳，不得开车门，车门未关好，不得行车，做到安全、正点运行。

7）要服从交通管理人员的指挥与检查，接受商务监督和稽查人员的检查监督。

8）车辆到达目的地，要做好行包及营运单据清点、交接手续，并做好接受下一轮任务的各项准备工作。

（二）相关法律对驾驶人的要求及规定

1. 《中华人民共和国道路运输条例（2019年修订版）》的要求及规定

《中华人民共和国道路运输条例（2019年修订版）》第二章第九条强调申请从事客运经营的，应当具备下列条件：

1）取得相应的机动车驾驶证。

2）年龄不超过60周岁。

3）三年内无重大以上交通责任事故记录。

4）经设区的市级道路运输管理机构对有关客运法律法规、机动车维修和旅客急救基本知识考试合格。

2. 《中华人民共和国安全生产法》的要求及规定

1）生产经营单位的从业人员有依法获得安全生产保障的权利，并应当依法履行安全生产方面的义务。

2）生产经营单位应当对从业人员进行安全生产教育和培训，保证从业人员具备必要的安全生产知识，熟悉有关的安全生产规章制度和安全操作规程，掌握本岗位的安全操作技能，了解事故处理措施，知悉自身在安全生产方面的权利和义务。未经安全生产教育和培训合格的从业人员，不得上岗作业。

3）生产经营单位的从业人员有权了解其作业场所和工作岗位存在的危险因素、防范措施及事故应急措施，有权对本单位的安全生产工作提出建议。

4）从业人员有权对本单位安全生产工作中存在的问题提出批评、检举、控告；有权拒绝违章指挥和强令冒险作业。

5）从业人员发现直接危及人身安全的紧急情况时，有权停止作业或者在采取可能的应急措施后撤离作业场所。

6）因生产安全事故受到损害的从业人员，除依法享有工伤社会保险外，依照有关民事法律尚有获得赔偿的权利的，有权向本单位提出赔偿要求。

7）从业人员在作业过程中，应当严格落实岗位安全责任，遵守本单位的安全生产规章制度和操作规程，服从管理，正确佩戴和使用劳动防护用品。

8）从业人员应当接受安全生产教育和培训，掌握本职工作所需的安全生产知识，提高安全生产技能，增强事故预防和应急处理能力。

9）从业人员发现事故隐患或者其他不安全因素，应当立即向现场安全生产管理人员或者本单位负责人报告；接到报告的人员应当及时予以处理。

四、旅客

一个人从进入旅客运输服务系统开始，到离开旅客运输服务系统为止，即从其购买车票、进入车站乘车到下车验票出站的期间，即是一位旅客。

人们总是抱着某种目的（如上班、上学、购物、公务、社交、娱乐等）才去乘车的，为乘车而乘车的旅客几乎是没有的。乘车过程本身意味着时间、体力、金钱的消耗，因此人们在乘车过程中总是希望省时、省钱、省力，同时希望安全、方便、舒适。通路设计、车辆制造、汽车驾驶、交通管理等都应考虑到旅客的这些交通心理要求。

（一）乘车反应

不同的道路等级、线形、路面质量、汽车行驶平稳性、车厢内气氛、载客量、车外景观、地形等对旅客乘车的生理、心理反应都有一定的影响。

研究表明，汽车在弯道上行驶，当横向力系数大于0.2时，旅客有不稳定之感；当横向力系数大于0.4时，旅客感到站立不住，有倾倒的危险。汽车如果由直线直接转入圆曲线，并且车速较快，旅客就会感到不舒服。因此，在公路线形设计中对于平曲线的最小半径和缓和曲线的长度均有明确规定的标准。

道路路面开裂、不平整，引起行车振动强烈，旅客受颠簸之苦，甚至感到头晕、恶心欲呕吐。

在山区道路上或陡边坡或高填土道路上行车，旅客看不到坡脚，易产生不安全心理。如果在这种路段的路肩上设置护栏或放缓边坡，就可消除旅客的不安全心理。

乘车时间过长，旅客容易产生烦躁情绪。为此，路线的布设应考虑到美学要求，尽量将附近的自然景物、名胜古迹引入驾驶人和旅客的视野，使旅客在旅途中能观赏风光、放松精神、减轻疲惫感。

每个旅客都有一定的心理空间要求，心理空间是指人们在自己周围划出的，确定为自己领域的不可入侵区域。当个人的心理空间遭到外界不该闯入的人或物的侵袭时，人心理上会感到压力、厌恶、排斥。拥挤不但消耗人的体力，而且会给旅客心理上造成额外的压力。

由于体力、心理、生活、就业等方面的原因，城市居民对市内日常出行时间的容忍性是有一定限度的。如果他们从居住地到目的地的出行时间超出了可容忍的最大出行时间，就会对自己居住地的位置以及交通系统服务不满意。

（二）社会影响

乘车的安全性、舒适性、满意性不仅对旅客个人的生理、心理有影响，而且可能对社会产生预想不到的影响。上下班时间过长、多次换乘、过分的拥挤使旅客疲劳、压力大、心情烦躁，从而产生下列情况：

1）容易引起旅客纠纷，发生过激行为。
2）使旅客过度疲劳，劳动效率降低。
3）影响家庭和睦。
4）引起居民对运输服务系统的不满。
5）影响居民对社会生活和公共事业的态度。

（三）旅客乘车的要求

（1）乘车旅客须遵守的规定

1）旅客应自觉维护乘车秩序，服从站务及驾乘人员安排，爱护公共设施，保持清洁卫生，讲究文明礼貌。
2）旅客都应接受车站值勤人员对危险品的检查。
3）七岁以下儿童乘车应有成人旅客携带。
4）乘车时，要坐稳扶好，头、手不得伸出车外，不准翻越车窗，车未停稳不准上下，不准随便开启车门。
5）车内不准吸烟，不准随地吐痰，行车中不要与驾驶人闲谈及妨碍其驾驶操作。
6）不准从车窗向外扔东西。

（2）凡有下列情形之一者不准乘车

1）不遵守汽车客运规章，不听劝告者。

2）精神失常，无人护送或有人护送仍可能危及其他旅客安全者。

3）恶性传染病患者。

拓展阅读　中国公路史上的奇迹——雅西高速公路

雅西高速公路位于四川省境内，连接雅安市和西昌市，是北京至昆明高速公路G5线的一部分。它全长240km，跨越青衣江、大渡河等水系和多条地震断裂带，全线桥梁270座，其中特大桥23座，大桥168座；隧道25座，其中特长隧道2座，长隧道16座，桥隧比55%，是世界公认修建难度最大的高速公路之一，是中国公路史上的奇迹。

雅西高速也叫"天梯高速"，整条高速从四川盆地向攀西高原爬升，每向前延伸一公里，平均海拔高程上升7.5m。翻越拖乌山脉的一段，4km高差达500米，极为罕见。公路两次钻进山腹，又两次出洞，长隧、高桥相接实现螺旋，产生了首个双螺旋展线的高速公路案例。

双螺旋隧道中，形成螺旋之一的干海子大桥，是首座全钢管混凝土大桥、最长的钢管桁架梁公路桥之一，创造了4个世界第一。

干海子大桥是雅西高速的标志之一。高烈度地震山区高墩大跨桥梁建设、超特长深埋隧道建设、连续长大纵坡行车安全……雅西高速破解了一系列世界级技术难题，取得了40余项自主创新和统筹应用的重大技术成果，获得专利、工法近20项。

雅西高速的险、难、雄、奇，让人无法想象！许多外国专家表示，修这条路唯有中国能做到，堪称世界奇迹。雅西高速通车，使成都到西昌行车时间由9h缩减为5h，带动了主要彝族聚居区脱贫致富。辉煌成就背后，凝聚着一代代交通人的努力，向所有的交通人致敬，向老一辈交通人学习！

练习与思考

一、单选题

1. 道路客运行业，从运输方式上来看，属于（　　）。
   A. 公路运输　　　　B. 铁路运输　　　　C. 水路运输　　　　D. 航空运输
2. 中短途道路客运一般运距在（　　）以下。
   A. 100 km　　　　B. 200 km　　　　C. 300 km　　　　D. 400 km
3. 道路客运最突出的特点是（　　）。
   A. 灵活性　　　　B. 服务面广　　　　C. 经济性好　　　　D. 安全性好
4. 以下不属于营业性客运的是（　　）。
   A. 公共汽车客运　　　　　　　　　　B. 出租车客运
   C. 自用车客运　　　　　　　　　　　D. 班车客运
5. 根据用途选用道路客车时，用于城郊短途运输的客车在道路条件许可的情况下（　　）。
   A. 应选用速度高、舒适性好的客车，对长途直达线路，应尽可能选用大型高速客车
   B. 应选用速度较低、载客量较大的大型通道车
   C. 可配备一些小型客车
   D. 可适当改装车身，增加站位

二、多选题

1. 导致道路客运中公路客运量下滑的原因有（　　　）。
   A．高铁时速增加　　　　　　　　B．民航快捷性强
   C．水路影响　　　　　　　　　　D．网约车的出现
   E．城乡公交一体化

2. 客运新业态有哪些形式（　　　）。
   A．快速公交　　B．城际约车　　C．定制旅游　　D．"车头向下"
   E．私家车

3. 道路客运常见的类型有（　　　）。
   A．班车客运　　　　　　　　　　B．包车客运
   C．城市公共交通客运　　　　　　D．出租车客运
   E．旅游客运

4. 道路客运的生产力要素包括（　　　）。
   A．航线　　　　B．旅客　　　　C．驾驶人　　　D．车辆
   E．道路

5. 按使用燃料可将道路客运分为（　　　）。
   A．汽油客车　　B．柴油客车　　C．天然气客车　D．蒸汽客车
   E．电动客车

三、论述题

1. 结合实际，试论述我国道路客运的发展趋势。
2. 试论述道路客运的特点。

第二章

Chapter 2

道路客运企业和客运站

【学习目标】

1. 了解道路客运组织管理的基本内容。
2. 了解道路客运企业经营的基本条件。
3. 掌握道路客运企业经营资质等级划分的标准。
4. 了解道路客运企业的组织机构、道路运输经营权的含义。
5. 了解道路客运站的定义,掌握客运车站的分类、分级、功能。
6. 了解道路客运站的工艺流程和站务工作等。
7. 重视学习、努力提升自身综合素质的意识。

> **案例导入**
>
> 2018年6月11日，东莞五大客运站（东莞汽车总站、南城汽车客运站、东莞汽车东站、虎门高铁站、东莞火车站）在出租车候客区启用智能"道闸式"出租车通道，全市所有出租车一旦被查出有违规行为，候客区的自动栏杆就将拒绝其进场载客。
>
> 这是东莞交通管理部门对客运站出租车不规范经营行为采取的整治措施。东莞交通管理部门将全市出租车信息录入智能通道系统，一旦出租车违规，其违规记录会在24h内上传到智能通道系统，五大客运站将禁止其进场载客。
>
> 出租车不规范服务行为主要有不打表或用假计价仪表欺骗乘客，下车拉客、挑客或拒载，故意绕远路多收钱，边开车边抽烟或吃吃喝喝，等等。出租车违规一次（即被乘客投诉后查实有上述行为），禁入五大站场7天；违反两次，禁入15天；违反三次，禁入30天；违反四次，禁入1年。
>
> 请分析：从案例中可以看到，交通管理部门和运输企业都承担道路客运管理任务。说说两者之间的关系，以及其管理任务有何不同。

道路客运经营是一种为社会公众提供道路客运及相关服务的、具有营利性质的活动，包括用客车运送旅客和客运站经营提供的旅客上下车等服务的活动。道路客运服务营利性质的服务，也是有一定公益性的服务。

道路客运管理，是指交通运输管理部门运用法律、政策和经济措施对从事道路客运经营的企业和个体进行的管理。其宗旨是维护道路客运市场秩序，保障道路客运安全，保护道路客运经营者和旅客的合法权益。目标是建立统一开放、竞争有序的运输市场体系，促进道路客运行业的健康发展。管理内容是对从事道路客运经营的企业和个人的经营资格、行为、运输质量、运价和运输法规的制定及实施进行统筹、协调、服务和监督等。

（1）统筹　从宏观上统筹行业发展规划，合理安排运力的投放、站点的布局，谋求道路客运的合理结构，打破部门和地区界限，提高全行业整体的经济效益。

（2）协调　对经营者营运线路、班次、时间进行协调指导，减少互相排挤，提倡合理竞争，提高运输效率。

（3）服务　为行业提供技术咨询、信息传递、业务指导和人员培训等服务。

（4）监督　贯彻有关政策、法规，维护旅客和经营者的合法权益，取缔非法活动，制止破坏运输秩序的行为，检查服务质量。

第一节　道路客运企业

一、道路客运企业经营的基本条件

"客运"是指以旅客为运输对象，以汽车、火车、飞机为主要运输工具实施的有目的的旅客空间位移的运输活动。道路客运经营者必须办理有关手续，取得合法资格后，方准参加营业性道路客运。道路客运站方应积极组织客源，做好站务工作。运方应根据客流及其变化规律，及时提供完好车辆。站、运双方必须密切配合，科学安排班次，合理调派车辆，提供优质服务，维护运输秩序，共同做好旅客运输工作。

《中华人民共和国道路运输条例（2019年修订版）》第二章第八条强调申请从事客运经营的，应

当具备下列条件:

(1) 有与经营业务相适应并经检测合格的车辆。
(2) 有符合本条例第九条规定条件的驾驶人员。
(3) 有健全的安全生产管理制度。

申请从事班线客运经营的,还应当有明确的线路和站点方案。

二、道路客运企业经营资质等级划分和主要标准

道路客运企业经营资质等级划分主要依据企业上一年度运输能力、资产规模、车辆条件、经营业绩、安全状况和服务质量六个方面的情况。道路客运企业经营资质等级划分和主要标准见表2-1。

表2-1 道路客运企业经营资质等级划分和主要标准

资质等级	运输能力		资产规模		车辆条件			营运客车新度系数	经营业绩		安全状况			服务质量
	客运量(万人次)	客运周转量(万人·km)	净资产(亿元)	客运资产净值(亿元)	一	二	三		总营业收入	客运营业收入	行车责任安全事故率	责任安全事故死亡率	责任安全事故伤人率	投诉次数
一级企业	750	75 000	4亿元以上	3亿元以上	营运车辆200辆以上,客位15 000个以上	高级客车150辆以上,客位4 500个以上	高级客车200辆以上,客位6 000个以上	0.60以上	3亿元以上	2亿元以上	不高于0.1次/年	不高于0.02人/年	不高于0.05人/年	不高于0.02次/年
二级企业	150	15 000	4 000万元以上	3 000万元以上	营运车辆100辆以上,客位3 000个以上	高级客车30辆以上,客位900个以上	高级客车40辆以上,客位1 200个以上	0.60以上	4 000万元以上	3 000万元以上	不高于0.1次/年	不高于0.02人/年	不高于0.05人/年	不高于0.02次/年
三级企业	90	8 000	1 500万元以上	1 000万元以上	营运客车50辆以上,客位1 500个以上	中高级客车15辆以上,客位450个以上	高级客车20辆以上,客位600个以上	0.55以上	1 500万元以上	1 000万元以上	不高于0.12次/年	不高于0.03人/年	不高于0.08人/年	不高于0.04次/年
四级企业	20	1 200	300万元以上	200万元以上	营运客车10辆以上,客位200个以上	无	无	0.50以上	300万元以上	200万元以上	不高于0.15次/年	不高于0.1人/年	不高于0.12人/年	不高于0.1次/年
五级企业	不满足四级企业条件的企业													

三、道路客运企业组织机构

虽然各种运输方式的客运企业的组织机构设置不尽相同，但交通运输线长、面宽、点多的共性，决定了道路客运企业必须在系统范围内有相对统一的指挥，在设置相应的组织机构时，具有一定的共性。道路客运企业可以根据旅客运输生产过程需要和旅客运输生产管理需要这两方面来设置相应的组织机构。

（一）按旅客运输生产过程需要设置

按旅客运输生产过程需要设置的组织机构一般包括以下部门：客运计划部门、营销策划部门、客运调度部门、客运服务部门、设备及保障部门、其他部门等。各部门主要职责如下：

1）客运计划部门主要负责日常社会客流调查、客流预测，并执行（下达到基层）客车开行方案，制订运输计划。

2）营销策划部门主要负责了解并掌握社会客流对企业运输数量和质量的要求，并据此策划相应的客车开行方案。

3）客运调度部门是日常运输生产的指挥机构，它负责执行和指挥车辆的运行，对运行过程中遇到的非常情况予以及时处理。它要传达上级部门的相关命令，同时也将统计分析资料逐级上报。

4）客运服务部门负责具体执行运输计划，包括预订及发售车票、问询、小件行李寄存、旅客上下车服务，负责旅客的旅行安全及满足旅客生活、文化等方面的需要。

5）设备及保障部门负责保证运载工具技术状态良好、车站设施设备质量良好、信息设备的正常使用。

（二）按旅客运输生产管理需要设置

道路客运企业不可能只设一个机构就能完成全部管理工作，必须分级分层次按需求管理。

一般有两种管理类型：一种是分线管理，即由一家企业管理某一条或几条线路；另一种是按地域分级管理。

集团（或总公司）客运管理机构的职责是按国家有关政策，制定或修改旅客运输规程、规划、运价，跨地区的运输方案，组织车站和客车的运务工作等。

分公司客运处负责贯彻上级客运处的政策与方案，制定公司的旅客运输方案，管理并协调基层运输生产。客运站、车队作为基层生产单位，执行各级旅客运输计划并负责管理客运销售。

总之，旅客运输可以地域划分，或以交通线路划分。它必须有上层指挥，可较全面地组织和指挥跨区域的客运工作；必须有基层站、车作为运输方案的具体执行部门；必须有决策层，与执行层之间的集中协调。

四、道路客运经营权

道路客运经营权是一种特许权，是由政府主管部门根据行政法规和规章，准许道路客运企业在一定期限内依法取得的，用自己的交通工具、劳动力、资金及国家的公路、场站等基础设施和国家创造的软环境（包括公共交通意识、规范等）进行营业性旅客运输活动的一种权利。道路客运经营权是随着社会经济发展特别是道路运输的发展而产生的；企业的道路客运经营权自批准时获得，自经营权期满或违法、违规经营被取消经营资格时终止。道路客运经营权具有合法性、依附性、地域性、期限性、服务性和营利性的特征。

（1）合法性　从道路客运经营权的取得方式来看，它来源于国家对道路线路资源使用权的特别许可。客运经营业户要获得道路客运经营权，必须具备相应的资质条件，并向运管部门提出申请；运管部门根据相关行政法规和规章，行使行政审批权。班线标志牌是行政许可的标志，这种特许行为一般是通过行政许可制度来实现的。

（2）依附性　从道路客运经营权的载体来看，它与客运车辆密不可分。车辆是客运经营权的载体，车辆离开客运经营权无资格参加营运；客运经营权脱离车辆也不能产生任何经济效益和社会效益。

（3）地域性　从道路客运经营权的行使方式来看，它受严格的经营范围（区域）的限制，有严格的线路、站点、班次等。客运经营业户获得经营权后，必须组织车辆在规定的线路或区域内参加营运，不能无故不运营或长时间中断运营。

（4）期限性　从道路客运经营权的终止方式来看，它有明确的使用期限。终止方式主要有：运管部门核定的班线运营期限届满而终止；客观环境特别是地理环境发生重大变化而终止；经营业户消亡而终止；经营业户因违法、违规营运被运管机构处罚而终止。

（5）服务性　利用道路客运经营权进行经营活动的内容是为旅客提供空间位移的服务，为社会生产生活提供方便。

（6）营利性　拥有道路客运经营权的企业自负盈亏，这些企业是独立核算的经营者，其微观目的是取得更多的利润，当然也包含着亏损的风险和可能。

运输管理部门与道路客运经营权的关系：运输管理部门根据行政法规和规章，享有管理道路客运经营权的权力，享有准许或不准许客运车辆进入客运市场的权力。这种管理权是政府宏观调控客运市场的一种重要手段。

客运企业与道路客运经营权的关系：客运企业拥有道路客运经营权，仅对特定客运线路享有一定期限内的占有权、使用权和受益权，而无权决定该客运线路道路客运经营权的最终命运，无权将道路客运经营权转让、赠予或变相转让、赠予他人。客运企业对客运线路的道路客运经营权也不享有独占权。客运企业开发获得道路客运经营权后，无权阻止其他客运经营者合法进入相同的客运市场。

道路旅客运输经营申请表见表2-2。

表2-2 道路旅客运输经营申请表

道路旅客运输经营申请表	受理申请机关专用

说明

1. 本表根据《道路旅客运输及客运站管理规定》制作,申请从事道路旅客运输经营应当按照《道路旅客运输及客运站管理规定》第2章的有关规定向相应道路运输管理机构提出申请,填写本表,并同时提交其他相关材料(材料要求见第4页)。
2. 本表可向设区的市级、县级道路运输管理机构免费索取,也可自行从交通运输部网站(www.mot.gov.cn)下载打印。
3. 本表需用钢笔填写或计算机打印,请用正楷,要求字迹工整。

申请人基本信息

申请人名称_____
　　　　　　　要求填写企业(公司)全称、个体经营者姓名
法定代表人姓名_____　经办人姓名_____
　　　　　如系个人申请,不必填写"法定代表人姓名"及"经办人姓名"项
通信地址_____
邮编_____　联系电话_____
手机_____　电子邮箱_____

申请许可内容　　请在□内划√

首次申请道路旅客运输经营许可或申请扩大道路旅客运输经营范围,请选择
拟申请的道路旅客运输经营范围

	一类	二类	三类	四类(县内)	四类(毗邻县间)
班车客运	□ 省际	□ 省内	□	□	□
包车客运	□	□			

如申请扩大道路旅客运输经营范围,请选择现有的道路旅客运输经营范围

	一类	二类	三类	四类(县内)	四类(毗邻县间)
班车客运	□ 省际	□ 省内	□	□	□
包车客运	□	□			

注:源自《道路旅客运输及客运站管理规定》(2020)。

五、道路客运公司化经营

(一)道路客运公司化经营的含义

道路客运公司化经营是指道路客运企业的以现代企业制度和经营机制为基础,按照公平、有序竞争的原则,拥有现代的先进的符合市场需求的技术装备,实现安全、优质、规范的运输服务的一种管理方式。实行公司化经营是客运经营方式和管理方式的变革,有利于消除经营主体多、小、散、弱的弊端,是客运企业在市场经济条件下生存和发展的必然规律,是客运企业经营规模发展的趋势和方向。

道路客运经营权

道路客运公司化经营有五个特点:

(1)车辆产权和客运班线经营权必须归属客运企业所有,即客运车辆由客运企业统一购买或融资购买,股东见股不见车,客运班线经营权由企业中标所得,所有权与经营权可分离无须统一。

(2)客运企业统一管理车辆,并承担经营风险和安全管理责任。

（3）客运经营全部由客运企业直接进行管理，不以承包、租赁等方式转让或变相转让客运班线经营权，经营的全过程处于企业的管理之中。

（4）所有营运收入由客运企业与汽车客运站进行结算，客运企业统一核算运输经营成本。

（5）根据《中华人民共和国劳动法》规定，客运企业管理的驾乘人员必须按照公开、公平、公正的原则，向社会进行招聘，签订完善的劳动用工合同，并建立统一的考核、调配、工资发放，以及劳动、养老、医疗等保险制度。

（二）道路客运公司化经营的优势分析

1. 抗风险能力增强

与过去的国有运输企业相比，公司经营的责权利三者统一，增强了经营者的责任心，同时消除了个体的单一的经营，在一定程度上具有相当的经营规模，客运企业的抵抗风险能力和防御安全事故的能力大大增强，有利于科学调整运力，消除热线、冷线之分，促使客运企业做大做强。

2. 杜绝恶性竞争

道路客运市场放开以后，国有运输经济成分减少，个体经营、集体经营、挂靠经营成为客运市场的主体。这种主体多、小、散、弱的特点，使得一些经营者受短期利益或既得利益的驱动，目光狭隘，同一个辖区甚至同一条线路上的部分经营者各自为政，拉客、抢客、宰客，彼此恶性竞争，严重损害行业形象，破坏行业的健康有序发展。公司化经营减少了经营主体，客运企业控股掌握车辆，而且责权利统一，有利于消除恶性竞争，巩固市场份额，增大市场占有率。

3. 公司化经营是规模经济向规范经济转变的起点

公司化经营是一大进步。它增强了客运企业抵抗风险的能力，杜绝了恶性竞争，但这些仅仅是从粗放式经营向集约型经营的转变。客运企业的发展和竞争，不能仅依靠价格、数量和优惠条件等，而是要依靠非价格的条件，即良好的投资、服务质量以及企业品牌等，促使规模经济向规范经济转变。

4. 建设资源节约型和环境友好型社会的基础

公司化经营是集约型、节约型发展之路，不存在受短期利益驱动而拼设备、加速折旧、"捞一把算一把"的现象。它注重投入与产出的关系，注重效益与成本的关系，注重质量与信誉的关系，克服不利于客运企业未来发展的短期逐利行为，促使客运企业巩固现有条件，重视未来的发展，是集约型、规模型的发展之路，也是建设资源节约型和环境友好型社会的基础。

第二节 道路客运站

一、道路客运站的定义

道路客运站是道路客运企业的基层单位（车站、车队、车间）之一。在《汽车客运站级别划分和建设要求》（JT/T 200—2020）中将汽车客运站定义为：汽车客运站是具有集散换乘、运输组织、信息服务、辅助服务等功能，为公众出行和运输经营者提供站务服务的场所，是道路旅客运输网络的节点，是公益性交通运输基础设施。

道路客运站既是生产单位，又是服务部门，担负着组织生产、为旅客服务、管理线路和传输信息等方面的任务，在旅客运输工作中占有重要地位。做好站场建设，是充分发挥站场职能的重要前提，也是交通运输部门在车站工作中必须注意的问题。

道路客运站的基本任务是：按照基本经济规律的要求，从一切为旅客服务的原则出发，尽最大可能满足人民群众日益增长的旅行需要，为工农业生产、经济发展、城乡交流和促进整个社会宏观经济效益的提高服务，保证安全、及时、方便、舒适、经济地完成运送旅客的任务。

二、道路客运站分类

结合《汽车客运站级别划分和建设要求》（JT/T 200—2020）和道路客运车站的发展状况，可以将道路客运车站按照车站的产权、位置和特点、业务范围、服务方式和规模等进行分类。

（一）按车站的产权，分为自办站和代办站

1）自办站：由道路客运企业依靠国家投资或自有资金兴建起来的车站称为自办站。自办站的人、财、物权归运输企业，除少数情况外，一般都属国有企业。

2）代办站：在客运业务量较小且运输部门自行建立车站有困难的地方可设代办站。这些车站多设在农村支线终点站所在地的区、乡、村镇或干线途中。代办站一般由运输企业与邮电所、民间运输站、供销社等代办单位签订协议，委托它们代为办理客运业务。代办员由代办方根据运输企业提出的条件选派，站房由代办方解决。代办员酬金一般按多劳多得的原则从营运收入中提取。

（二）按车站的位置和特点，分为枢纽站、口岸站、停靠站和港湾站

1）枢纽站：是指可为两种及两种以上交通方式提供旅客运输服务，且旅客在站内能实现自由换乘的车站。

2）口岸站：是指位于边境口岸城镇的车站。

3）停靠站：是指为方便城市旅客乘车，在市（城）区设立的具有候车设施和停车位，用于长途客运班车停靠、上下旅客的车站。

4）港湾站：是指道路旁具有候车标志、辅道和停车位的旅客上落点。

（三）按车站的业务范围，分为客运站、客货兼营站和停靠点（招呼站）

1）客运站：是专门从事客运业务的车站，主要设在有大量旅客集散的地点，如大、中城市，政治、经济、文化中心，工业区，海、河港口和码头，风景区，疗养区等。这种车站规模较大，服务设施较全，工作人员较多，各项服务工作也有比较细致的分工。

2）客货兼营站：指既办理客运业务，也办理货运业务的车站。这类车站规模较小，主要设在旅客发送量不大的地方，如较小的县城、区、乡，一般的工业区，较小的海、河港口和码头，铁路旅客集散点等。设这类车站，主要是为了充分利用车站的人员和设施兼办客、货运业务，可以减少因专办一种业务而使人力、物力在一定程度上闲置而造成的浪费现象。

3）停靠点（招呼站）：仅供班车停靠、上下旅客用，起到集散旅客的作用。一般无正式站房，也无固定的工作人员和客运业务。这类车站通常以设置的站牌为标志，也有的建立了候车亭

（棚），使旅客免受日晒雨淋之苦。一些有条件的地方，还设置了简易座椅，供旅客候车时休息。停靠点间距离可长可短，上下旅客较多的工矿企业、农林牧场、机关、部队、学校、村、镇、交叉路口等处所均可设立。

（四）按车站的服务方式，分为公用型车站和自用型车站

1）公用型车站：是指具有独立法人地位，自主经营，独立核算，全方位为客运经营者和旅客提供站务服务的车站。

2）自用型车站：是指隶属于运输企业、主要为自有客车和与本企业有运输协议的经营者提供站务服务的车站。

（五）按车站的规模，分为等级车站、便捷车站和招呼站

1）等级车站：具有一定规模，可按规定分级的车站。

2）便捷车站：以停车场为依托，具有集散旅客、停发客运车辆功能的车站。

3）招呼站：在公路与城市道路沿线，为客运车辆设立的旅客上落点。

三、道路客运站分级

《汽车客运站级别划分和建设要求》（JT/T 200—2020）中以设施与设备配置、日发量为依据，将等级车站从高到低依次分为一级车站、二级车站、三级车站。

（一）一级车站

设施和设备符合表2-3和表2-4中一级车站配置要求，且具备下列条件之一：

1）日发量在5 000人次以上的车站。

2）日发量在2 000人次及以上的旅游车站、国际车站、综合客运枢纽内的车站。

（二）二级车站

设施和设备符合表2-3和表2-4中二级车站配置要求，且具备下列条件之一：

1）日发量在2 000人次及以上、不足5 000人次的车站。

2）日发量在1 000人次及以上、不足2 000人次的旅游车站、国际车站、综合客运枢纽内的车站。

（三）三级车站

设施和设备符合表2-3和表2-4中三级车站配置要求，且日发量在300人次及以上、不足2 000人次的车站。

（四）便捷车站

设施和设备符合表2-3和表2-4中便捷车站配置要求的车站。

（五）招呼站

设施和设备虽不符合表2-3和表2-4中便捷车站配置要求，但具有等候标志和候车设施的车站。

表2-3 汽车客运站设施配置表

设施类别与名称			一级车站	二级车站	三级车站	便捷车站
场地设施	换乘设施	公交停靠站	●	●	●	★
		出租汽车停靠点	●	●	●	—
		社会车辆停靠点	●	★	★	—
		非机动车停车场	●	★	★	★
	站前广场		●	★	★	—
	停车场（库）		●	●	●	●
	发车位		●	●	●	★
建筑设施	站房	站务用房	候车厅（室）	●	●	●	●
			母婴候车室（厅）	●	●	★	—
			售票处（厅）	●	●	●	★
			综合服务处	●	●	★	—
			小件（行包）服务处	●	●	★	★
			治安室	●	●	★	★
			医疗救护室	★	★	★	—
			饮水处	●	●	★	★
			盥洗室与旅客厕所	●	●	●	●
			无障碍设施	●	●	●	●
			旅游服务处	●	★	★	—
			站务员室	●	●	★	—
			调度室	●	●	★	—
			智能化系统用房	●	●	★	—
			驾乘休息室	●	●	●	★
			进、出站检查室	●	●	●	●
		办公用房		●	●	★	★
	辅助用房	生产辅助用房	车辆安全例检台	●	●	★	★
			车辆清洁、清洗处	●	★	★	—
			车辆维修处	★	★	★	—
		生活辅助用房	驾乘公寓	★	★	—	—
			商业服务设施	●	●	★	★

注："●"——应配置；"★"——视情况设置；"—"——不做要求。

表2-4 汽车客运站设备配置表

	设备名称	一级车站	二级车站	三级车站	便捷车站
服务设备	售票检票设备	●	●	●	★
	候车服务设备	●	●	●	●
	车辆清洁清洗设备	●	★	—	—
	小件（行包）搬运与便民设备	●	●	★	★
	广播通信设备	●	●	★	★
	宣传告示设备	●	●	●	●
	采暖/制冷设备	●	●	★	—
安全设备	安全检查设备	●	●	●	●
	安全监控设备	●	●	★	★
	安全应急设备	●	●	●	●
信息网络设备	网络售、取票设备	●	●	★	●
	验票检票信息设备	●	★	★	●
	车辆调度与管理设备	●	★	—	—

注："●"——应配置；"★"——视情况设置；"—"——不做要求。

四、道路客运站的功能

（一）道路客运站的主要功能

道路客运站的主要功能为：运输服务功能、运输组织功能、中转换乘功能、多式联运功能、通信信息功能和辅助服务功能。

道路客运站的功能

1. 运输服务功能

在运输服务方面，客运站承担了售票、行包托取、候车、问询、小件寄存、广播通信、检票、组织乘客上下车、安排运营车辆班次、制定发车时刻，以及提供车辆的安检、车辆停放等服务功能，保证了旅客运输过程的顺利进行。

2. 运输组织功能

在运输组织方面，首先客运站需要完成其各项服务功能的有序运转；其次，客运站需要根据客流变化规律，合理安排营运线路、发车班次和发车时刻，发掘新的客流班线、班次；再次，以提供客源、客流信息的方式，通过社会组织客车进行道路旅客运输，运用市场机制使客源与运力相协调，争取使运力与运量相对平衡；最后，客运站还提供营运车辆到发、维修等服务，以及为驾乘人员提供食宿服务等，并且通过通信信息渠道掌握营运路阻情况，及时反馈给驾乘人员，积极配合有关部门处理行车事故、组织救援等。

3. 中转换乘功能

在中转换乘方面，车站除合理安排和调度始发车辆外，还应利用自身优势，为无直达目的地班车线路或需要改变运输方式的旅客提供合理的运输路线及换乘方式，使其与出租、公交、地铁和轻轨等城市公共交通有效衔接，完成完全、便捷、快速、经济的旅客换乘作业。

4. 多式联运功能

多式联运包括车站为旅客提供的行包托运、"一票制"的旅客联程运输、"一单制"的货运服务。

5. 通信信息功能

在通信信息方面，车站利用先进的通信设备和计算机网络系统，与公路、铁路、邮政、银行、商贸等信息系统连接，以信息传递和设备交换的方式，实现信息互通和资源共享，使全国客运站形成网络。

6. 辅助服务功能

在辅助服务方面，车站为旅客提供全方位便民服务和餐饮服务，为运输经营者及驾乘人员提供必要的食宿服务和延伸服务（娱乐、购物等），为车辆提供停放、检修保养、清洗、加油等服务。

（二）道路客运站的延伸功能

1. 城市功能

道路客运站不仅是城市公共基础设施的重要组成部分，也是城市文明和风采的展示窗口，反映着城市的经济文化发展水平和建设面貌。一方面，客运站可联合有关部门采取积极措施疏导交通，打击取缔无运营权限交通工具，处罚乱停车和违章占用道路的车辆，鼓励乘坐公共交通，由此减小市区的车流量，从而缓解交通压力；另一方面，客运站的建设和发展势必刺激城市经济发展，商业、办公、住宅等城市设施将以客运站的发展为基础逐渐建成，与其周边城市的经济联系也将更加方便、紧密，从而带动城市经济快速发展。

2. 商业功能

道路客运站不应局限于具有单一功能的旅客集散场所，还应具备更多的服务功能，以更好地满足旅客需求。道路客运站可通过对地上、地下空间的综合开发利用，为旅客提供"站内一条龙"服务，由此形成以客运站为中心的商业发展区域。

五、道路客运站的站务作业、工艺流程和选址原则

（一）道路客运站站务作业

道路客运站一般由站前广场、站房和站内停车场三部分组成。客运站站前广场用于组织旅客流线，避免交叉和相互干扰，保证安全，方便旅客集散和乘车。站前广场地面要环境优美，为旅客和相关的交通车辆提供足够的活动余地，以利于交通管理。站房是客运站的主体，通常由售票处、候车厅、行包房、站台、服务设施（包括问询处、广播室、小件寄存处、小卖部、厕所等）、行政办公用房及司助人员食宿用房等组成。站内停车场主要停放客运车辆，并附设对车辆进行小修和一般维护作业的维修车间，保证客运车辆技术状况的良好。

道路客运站站务作业是客运工作的重要内容，它通过一系列的站务作业，保证旅客安全、及时、经济、方便、舒适地到达目的地。汽车客运站站务作业包括发售客票、行包受理、候车服务、客车准备、组织乘车与发车、客车运送、客车到达、交付行包及其他服务等作业内容。

由旅客、行包和各种车辆集散活动所形成的流动过程和路线一般称为"流线"。根据上述站务作业，客运站内的主要流线可分为客流、行包流、车流三种。

（二）道路客运站的工艺流程

合理组织与设计工艺流程，是客运站工艺设计与建筑设计的关键，也是评价客运站工艺设计与建筑设计优劣的主要因素。

道路客运站的工艺流程，是指在客运站的整个空间内，合理组织客流、行包流和车流，使之成为协调的统一体。各种流线组织合理的主要标志是不发生相互交叉，因此，在组织客运站工艺流线时，应满足以下要求：

1）正确处理客流、车流、行包流三者的关系，避免相互交叉和相互干扰，保证分区明确。

2）流线的组织要力求简捷、明确、通畅、不迂回，尽量缩短流线距离，尤其是售票处、候车厅、行包托运处和提取处、主要服务设施等部分的布局要合理，要能使各种流线既能自成体系又能与其他流线有机地联系在一起。

3）站前广场内各种流线应采用适当的分流方式，可采用前后分流或左右分流，以达到人车分流、互不干扰的目的。

4）发送行包流线与到达行包流线应分开设置，并尽量避免行包流线与旅客流线的交叉。

5）旅客流线的组织既要考虑正常情况下的客流组织，又要考虑节假日客流组织，应具备一定的灵活性。

6）车辆进出站口应沿站外主干线的顺行方向，入口位于出口之前，以减少车辆流线的交叉干扰。

通过上述分析可以看出，客运站的空间组合类型是一个个空间按一定的序列排列而成的，且空间的排列顺序完全按使用的联系顺序而定。旅客进站、问询、买票、托运行包、候车、检票上车就是在使用功能上的联系顺序。除了客流外，还要重视行包流和车流的设计。为了避免各种流线的交叉，应将旅客进、出站流线分开。

道路客运站客流工艺示意如图2-1所示。

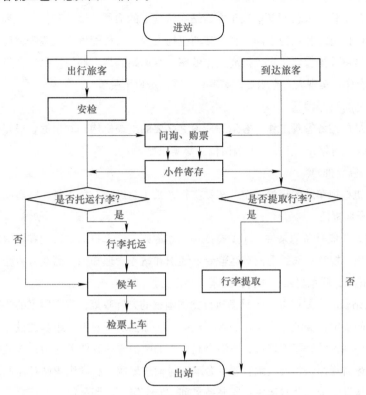

图2-1 道路客运站客流工艺示意图

（三）道路客运站的选址原则

为了最大限度地满足人民群众对于旅行的需要，合理规划和建设道路客运站是一项十分重要的工作。建设好道路客运站的重要前提之一就是选择好站址，因此在客运站站址选择时，交通运输部门应与城市建设部门和设计部门密切配合，并应遵循以下基本原则和要求：

1）便于旅客集散和换乘。中小城市和乡镇的车站应尽量靠近人口比较集中的居民点或城市公共交通枢纽。大城市由于范围大，旅客多，客运站宜适当分散。当一个城市的旅客日发送量超过10万人次时，除建设一个主要的车站外，还应根据城市的特点和旅客的主要流向，在适于旅客乘车的位置建设一个或几个客运站。

2）符合城市规划合理布局的要求。客运站的设置和建设是城市总体规划的组成部分，其位置的选择和占地面积除应符合车站技术要求外，还要符合城市布局远景规划的要求。客运站的位置应既方便旅客乘车，又尽可能地避免或减少对城市居民生活的干扰。

3）注意与其他交通工具的衔接、配合。车站的位置应处于交通便利地带，既要保证城市交通工具易于停靠，又要保证进出本站的客车行驶畅通，使车辆流向合理，方便旅客和车辆出入。因此，在站址选择时，既要考虑客运部门自身的方便，又要注意综合运输发展的需要，尽可能与铁路、水路、航空等交通工具相互衔接和联运。

4）应具有足够的场地，能满足车站建设及未来发展的需要。站址所需面积要有计算依据。首先要明确客运站的业务功能范围，其次要连同生活用房一起综合考虑，最后要适当考虑今后改建、扩建发展的需要。

六、道路客运站机构及人员配备

道路客运站的机构与人员配备取决于客运站在管理上的地位、性质和任务。客运站经营的范围和规模不同,其内部组织和机构不同。客运站的机构设置、人员配置必须遵守精简和满足生产服务需要的原则,以尽量减少管理层次,提高工作效率。客运站的每个部门、每个人员要有明确的岗位责任,既分工又合作,实现人人有职责,事事有人管,班班不脱节。

(一)客运站的机构设置

为了加强车站的站务管理工作,客运站应设立必要的组织机构,并根据各级站务作业内容,建立相应的若干班级,划分分工范围,明确岗位,落实职责。

1. 客运站的领导机构

客运站领导机构视车站的规模而定,车站实行站长(总经理)负责制。客运站站长对客运站的两个文明建设负全面责任。

(1)客运站站长应具备的条件 ①坚持四项基本原则,认真贯彻执行党和国家的路线、方针政策,遵守国家法规、规章;②熟悉汽车运输专业知识和站务管理知识,懂经营,会管理;③有组织领导能力,作风正派,联系群众;④身体健康,年富力强,精力充沛。

(2)客运站站长的主要职责 ①贯彻执行党和国家的方针政策,遵守国家的法律法规、规章和制度,执行企业的决定,保证完成企业的各项任务;②加强思想建设和组织建设,健全组织机构,建立健全岗位责任制,做好职工培训,不断提高职工的政治素质和业务能力;③开展客流调查,根据流量、流向、流时规律,积极组织客源,合理安排运输班次,科学组织站务作业,加强与有关部门的协作配合,保证安全、及时运输;④坚持贯彻"安全第一、服务第一、信誉第一"的方针,按照车站作业流程、服务规范、工作标准组织车站服务工作和车站业务工作,想方设法地提高运输服务质量,最大限度地满足旅客的需要;⑤加强营运收入和票据管理,组织好运输稽查工作,确保完成营运收入,并按规定报告,维护财经纪律;⑥做好后勤管理,关心职工生活,注意改善职工劳动条件,并注意做好行车人员食宿等工作,做好安全生产。

2. 客运服务部

1)客运服务部是客运站最重要的部门之一,主要负责客运服务和管理现场生产。

2)售票班的下属岗位为售票员,主要职能是为旅客提供站内售票服务。

3)服务班的下属岗位包括:①总台服务员,主要职能是为旅客提供各种服务工作,如接受问询、小件寄存等;②迎门服务员,主要职能是引导旅客买票、乘车,提供候车服务等;③广播员,主要职能是对旅客和驾乘人员广播信息;④候车服务员,主要职能是为旅客提供候车服务。

4)检票员,负责检票,导引旅客上车。

5)行包班,办理行包承运,组织好装车工作。

6)调度班,管理班车日运营计划,根据线路当时运行情况,进行现场调度。

3. 财务部

1)结算员负责及时准确地做好运费、站务费的结算。

2)会计应认真执行财务管理制度、办法及要求,负责客运站的财务管理工作,每月按规定做好各种记录,做到账物相符。

3)出纳员应严格按照国家有关现金管理和银行决算制度的规定,根据稽核人员审核签章的收款凭证进行复核,办理现金款项收付和银行决算业务。

4. 安保部

安保部负责管理客运站的安全保卫工作及消防工作。

5. 办公室

办公室负责管理客运站行政人事工作。

6. 营销部

营销部负责塑造企业和服务形象、收集市场信息、调研客运业务的发展、协调与行业管理部门的关系。

（二）客运站人员配置

1. 基本要求

客运站的机构确定以后，要根据国家有关劳动政策和法令，结合企业的具体情况，经济合理地配置各部门、各岗位的人员数量，保证站务工作正常有序进行，不断提高劳动生产率，确保站务服务质量。

首先，定员标准应科学合理，既要保证生产的需要，又要避免人员的浪费。其次，需要正确处理各类人员的比例关系：①合理安排直接生产人员和非直接生产人员的比例关系；②合理安排基本工作人员和辅助工作人员的比例关系；③定员标准在一定的生产基础和组织条件下制定，随着条件的变化，可做相应的调整。

2. 定员方法

1）根据生产任务和有关的劳动定额，计算配备人员数量。

2）根据机器设备的数量、人员看管定额和设备开动班次，计算配备人员数量。

3）根据工作岗位的多少、各岗位的工作量大小、工作量的班次和出勤率等因素计算配备人员数量。

4）按照人员总数或某一类人员所占比例，计算某一类人员的配备数量。

5）根据企业组织机构、职业范围、业务量大小等因素来确定配备人数，这适用于确定管理人员和工程技术人员的配备数量。

拓展阅读　战"疫"下逆行的客运人

2020年年初，面对突如其来的新冠肺炎疫情，湖北公路客运集团股份有限公司（以下简称湖北公路客运集团）全体职工逆行向险、勇揽重任，为全面做好疫情防控工作做出了重要贡献。

疫情期间，离开武汉的通道暂时关闭，所有客运都停运了，但离开武汉的通道关闭并不意味着客运人就可以休息了。作为疫情防控的中坚力量，湖北公路客运集团始终战斗在抗击疫情的一线，为全面做好疫情防控工作贡献"湖北公路客运"力量。

抗击疫情中，湖北公路客运集团组建了党员突击队25个、党员志愿者服务队25个、青鹰突击队27个，由102辆大巴车、504名驾驶员组成了应急车队，负责部队和驰援湖北的医疗队伍转运，医护人员的通勤，方舱医院人员运送，中央有关部委和省市在武汉的卫健专家的交通出行，返武汉人员接转，外国侨民撤侨接送，以及重要医疗物资运输等。

疫情之初，防疫物资紧缺，湖北公路客运集团投入抗击疫情一线的500余名驾驶员面临着被病毒感染的风险，在人身安全、身体健康受到威胁的情况下，他们不计得失、不讲条件，坚决地完成了各项运输任务。

抗击疫情期间，湖北公路客运集团做到了"一流应急响应、一流交通保障、一流运输服务"，提供交通运输保障车辆安全运行1.8万车次，运送医护人员等各类人员22万人次，医疗用品及生活物资852.6t。疫情是一次大考，湖北公路客运集团交出了一份人民满意的答卷。

练习与思考

一、单选题

1. 三级客运企业运输能力需达到上一年度完成客运量（　　）万人次。
   A. 750　　　　　　B. 150　　　　　　C. 90　　　　　　D. 20

2. 按旅客运输生产过程设置道路客运企业组织机构，则客运调度的作用是（　　）。
   A. 主要负责日常社会客流调查、客流预测，并执行（下达到基层）客车开行方案
   B. 了解并掌握社会客流对企业运输数量和质量的要求，并据此策划相应的客车开行方案
   C. 负责具体执行运输计划，包括预订及发售车票、问询、小件行李寄存以及旅客上下车服务，负责旅客的旅行安全以及满足旅客生活、文化等方面的需求
   D. 作为日常运输生产的指挥机构，负责执行和指挥车辆运行，对运行过程中遇到的非常情况予以及时处理

3. 道路客运公司化经营模式下，企业获得的收益为（　　）。
   A. 承包费　　　　　B. 全部营运收益　　　C. 租赁费　　　　D. 挂靠费

4. 枢纽站是指（　　）。
   A. 可为两种及两种以上交通方式提供旅客运输服务，而且旅客在站内能实现自由换乘的车站
   B. 位于边境口岸城镇的车站
   C. 为方便城市旅客乘车，在市（城）区设立的具有候车设施和停车位，用于长途客运班车停靠、上下旅客的车站
   D. 道路旁具有候车标志、辅道和停车位的旅客上落点

5. 道路客运车站一般由站前广场、站房和（　　）三部分组成。
   A. 候车厅　　　　　B. 售票室　　　　　C. 检票处　　　　D. 站内停车场

二、多选题

1. 道路客运经营服务包含（　　）等服务内容。
   A. 道路车站经营　　B. 道路客运经营　　C. 客车运送旅客　　D. 客运站旅客服务
   E. 道路经营

2. 道路客运企业经营资质等级划分的指标有（　　）。
   A. 运输能力　　　　B. 资产规模　　　　C. 车辆条件　　　　D. 经营业绩
   E. 安全状况　　　　F. 服务质量

3. 道路客运经营权的特征包括（　　）。
   A. 合法性　　　　　B. 地域性　　　　　C. 依附性　　　　　D. 期限性
   E. 服务性　　　　　F. 营利性

4. 道路客运站按车站的产权分类，包括（　　）。
   A. 等级站　　　　　B. 停靠站　　　　　C. 招呼站　　　　　D. 自办站
   E. 代办站

5. 道路客运站分级的影响因素有（　　　）。
    A. 车站设施配置情况　　　　　　　B. 车站设备配置情况
    C. 地理位置　　　　　　　　　　　D. 设计年度平均日旅客发送量
    E. 车站功能
6. 道路客运站的主要功能有（　　　）。
    A. 运输服务功能　　B. 运输组织功能　　C. 中转换乘功能　　D. 多式联运功能
    E. 通信信息功能　　F. 辅助服务功能

三、简答题

1. 道路客运企业经营的基本条件有哪些？
2. 道路客运经营权的含义是什么？
3. 道路客运站的基本任务是什么？
4. 道路客运站选址的原则有哪些？

第三章

旅客运输过程与运输质量

【学习目标】

1. 掌握旅客运输过程。
2. 掌握旅客运输质量的含义及特性。
3. 掌握旅客运输质量评价的指标。
4. 了解旅客运输质量评价的方法。
5. 培养重视学习、努力提升自身综合素质的意识。

> **案例导入**

某地交通管理部门对其管辖区内的某道路客运站进行检查,检查内容如下:
1)客运站服务项目是否完善,是否包括旅客服务、行包托运、车辆调度等。
2)客运站服务质量和检查重点包括:①安全性,具体包括营运车辆、驾乘人员、服务场所的安全状态,检查重点是营运车辆和驾乘人员的证照检查、例检、行包检查、出站口稽查等方面;②快捷性,检查重点是发车的正点率、工作差错率、服务规范执行情况的有效性和效率等;③舒适性,检查重点是站内服务设施是否配置齐全并处于完好状态,候车环境(温度、湿度、噪声)是否适宜,车容车貌是否整洁、卫生。

通过检查发现:
1)车站进出站检查登记表与发班记录中车辆班次的统计不相符,且出站口检查的班次少于实际发班班次,这意味着部分班次车辆没有进行出站安全检查,存在较大的安全隐患。
2)检查班线天津—北京、车牌号津A×××××车辆,其实际驾驶人是刘某,但站场管理系统的记录显示该车的驾驶人为秦××、徐××,车站不能提供该班驾驶人代班的证明。
3)车站现场检查发现,候车厅悬挂的班车时刻表较陈旧,询问现场服务人员、拨打电话服务热线及查询网络时刻表证实,部分营运线路和班次发生了变化,客运站未及时更新班车时刻表的相关信息。

交通管理部门对客运站提出定期整改要求,评价为不合格。
请分析:道路客运站在运输过程中的作用是什么?道路客运质量包括哪些内容?

第一节 旅客运输过程

一、旅客运输服务环节

旅客运输服务是紧紧围绕旅客乘车流程,即"来、乘、走"三个主要环节进行的。这三个环节是为旅客服务的全过程,并且不断循环反复。

"来"是指旅客上车前的准备和迎接工作,从接触旅客直到车辆启动,属于客运服务前(进站),主要包括购票、候车等环节。

"乘"是指旅客上车后,从车辆启动到抵达目的地这一运营过程中的全方位服务工作,是客运服务的核心,属于客运服务中(运输途中)。

"走"是指旅客下车后的服务收尾工作、延伸服务工作以及恢复整理工作,以迎接新旅客的到来,属于客运服务后。

二、旅客运输生产流程

旅客运输的任务是安全、方便、舒适、准时地将旅客运达目的地,因此旅客运输的生产流程包括客运服务前、客运服务中(运输途中)、客运服务后三大环节。对客运生产部门而言,表现为客流组织(客运计划与站车组织)、客运调度、信息传递与反馈(统计分析与信息传递)三大环节,如图3-1所示。每一生产环节内都有相应的组织分工,组织者必须加强指挥与协调工作,使之环环相扣,人行其畅。

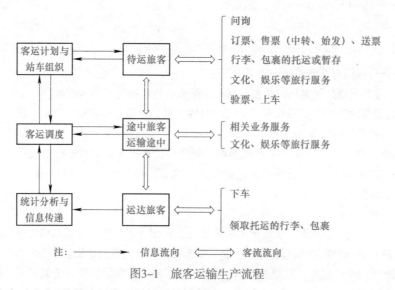

图3-1 旅客运输生产流程

旅客运输除了准确无误地运送旅客外，还要做好各项相关服务，满足旅客在订购票、候车及旅行途中餐饮、通信、文化、娱乐等需要。这会起到良好的吸引客流的作用，能收到良好的经济效益和社会效益。

道路旅客运输过程一般包括以下三个阶段。

（1）准备阶段　准备阶段包括发售车票、接收托运的行李包裹和调派车辆等始发作业。车票是旅客乘车的凭证，也是汽车运输企业给予旅客的收费收据和核算营运收入的根据。通过发售车票可以了解旅客的流量、流向、流时。通过整理和分析有关售票的统计资料，还可以认识和掌握客流变化的规律性，为更好地组织旅客运输提供依据。

（2）运行阶段　运行阶段包括组织旅客上车及装载旅客随车运送的行李包裹，车辆运行，旅客下车等作业。这是道路客运过程中的重要阶段，旅客能否安全、及时、舒适地到达目的地，在很大程度上取决于这一阶段的工作效率和质量。

（3）结束阶段　结束阶段包括卸下并交付行李包裹和送客出站等终到作业。

组织道路旅客运输，首先要进行客流调查，掌握旅客流量、流向和流时，研究分析每条运营线路上的客流变化规律，然后据以编制客运班车班次表及行车时刻表，在预测客流量的基础上编制旅客运输量计划和车辆运用计划，并按月、旬、日编制汽车运行作业计划，组织车辆运行。

第二节　旅客运输质量

一、旅客运输质量概述

（一）交通运输质量

质量指反映产品或服务满足明确或隐含需要能力的特征和特性的总和。质量的定义由两个层次构成：第一层讲的是产品或服务必须满足明确或隐含的需要；第二层次讲的是在第一层次成立的前提下，质量由产品或服务的特征和特性的总和来表示。

交通运输业作为服务行业，其产品是指在客货运输过程中产生的人或物的位移，行业内的计量单位为人·km或吨·km。根据质量的定义，交通运输质量可以定义为"反映交通运输业满足明确或隐含需要能力的特征和特性的总和"。结合运输生产的实际，可将交通运输质量按阶段分为计划质量、生产质量和产品质量。

1. 交通运输的计划质量

决策者们通过运输市场调查，根据旅客的需求而提出质量规划。计划质量的目标是尽量满足市场需求。因为交通运输作为服务性行业，其生产不改变运输对象的属性或形态，只改变对象的空间位置，并且其生产过程和消费过程同时进行。交通运输的产品不能作为独立的实体存在于生产过程之外，既不能调拨、预制，又不能存储，基础设施不能移动。运输生产过程中的一次性博弈现象表明，交通运输计划的好坏是决定运输供给的关键，计划与市场需求越一致，对计划质量的评价就越高。

2. 交通运输的生产质量

生产质量是指运输企业在实施计划的过程中实际形成的质量，其目标应是实现计划质量。由于企业提出的质量目标只是一个计划要达到的水平，而旅客最关心的却是这一质量目标的实现情况，即生产质量。生产质量关心的是如何遵照计划质量实施生产以达到计划质量的要求，因此评价生产质量的标准是计划质量，生产质量与计划质量越一致，对生产质量的评价就越高。

3. 交通运输的产品质量

交通运输的产品质量指运输产品所包含的体现社会和经济效益的服务特征的总和，它可以用指标直接进行综合评价。

（二）道路客运产品属性与道路客运质量

1. 道路客运产品属性

运输产品是一个整体概念，它包括核心产品、形式产品、延伸产品三个层次。运输核心产品，是指所提供的运输服务保证旅客或货物安全到达目的地，使旅客或托运人实现既定的利益目标；运输形式产品，是指提供的运输工具和运输方式；运输延伸产品，主要是指围绕位移衍生出来的有价值的劳动，包括企业形象和产品品牌特色的创造。

客运产品属于运输产品，也包含三个层次：核心产品、形式产品和附加产品。其核心产品是旅客的位移，是所有运输方式都必须具备的基本产品；形式产品是运载旅客产生位移的客车等；附加产品是指购票、候车等旅行服务及其他延伸服务。

客运产品具有以下属性：

（1）产品的无形性　道路客运是借助运输工具（车辆）、线路来实现旅客的空间位移的活动是无形的，属于服务范畴。产品的区域性运输需求作为一种派生需求，具有明显的区域性特征。不同地区经济发展水平、资源配置不均匀状况影响到不同区域运输需求的差异。

（2）产品的方向性　客运需求的产生以及客运服务的提供必须基于一定的道路网络，受生产力布局、社会文化等因素影响较大，这就会产生某个时期同一线路上的正反方向运量差异较大的现象。

（3）产品的公共物品属性　客运产品具有一定的公共物品属性。通常的情况下，在未达到拥挤点时，几乎不存在竞争性和排他性，客运服务具有公共物品性质。但是当接近和到达拥挤点时，竞争性和排他性就会凸现出来，这时客运服务带有明显的私人物品属性。因此，需要适当的政府介入，以保证该服务的公共物品的社会效益。

（4）产品的外部性　道路客运行业在提供客运服务时会产生许多外部成本和外部利益，这些都难在市场中得到体现，这时更需要政府的管制。

2. 道路客运质量

客运的服务对象是人，客运工作就是直接为人民服务，全体客运职工应该有高尚的职业道德和高品位的职业素质，并采取相应技术组织措施，提供高质量的服务。道路客运质量是指旅客对客运过程组织与服务工作的满意程度，是反映道路运输业运输设施水平和运输组织水平的标志之一。道路客运对于旅客需求的满足包括物质和精神两个方面，或者说包括道路客运经营者的服务条件和服务态度两个方面。

所谓满足旅客的物质需求，是指客运服务的项目、时间、设施、设备及运输线路安排等，都应该从旅客的需要出发。高质量的道路客运能够做到服务设施设备齐全与完好、适用、舒适、安全，车站环境雅观，车容整洁卫生，站台设计合理，线路四通八达，服务项目齐备，服务时间合理，旅客办理旅行和托运手续简便，费用结算迅速无误，节约候车中转时间，减轻旅客旅途疲劳，最大限度地为旅客提供方便的乘车条件等。

所谓满足旅客的精神需要主要是指要实行文明服务，用热情诚恳、礼貌尊重、亲切友好、体贴周到的运输服务，使旅客精神愉快。文明服务要求道路客运从业人员遵守法律，讲究职业道德，恪守旅客至上的准则，做到文明用语、文明待客、文明装卸、文明经营等。文明优质服务，是客运质量的重要特征。通过优质服务及自身美的状态、方式、行为给旅客心理、生理带来愉悦。所以，道路客运服务具有鲜明的社会公益性和社会效益，其服务质量评价的基本标准就是旅客能够满意。道路客运服务是以旅客为中心、以旅客消费主权为转移的，因此必须提供能够让旅客满意的服务。有没有能力提供这种质量的服务，取决于道路客运基础设施的功能，车辆性能，驾、站、乘人员素质，抗意外风险能力，网络经营水平等。

道路客运产品属性
与道路客运质量

二、道路客运质量特性

客运的产品，虽然不具有实物形态，但和工农业产品一样，也有其质量特性。客运也是根据这些质量特性能否满足需要或者满足的程度来判断产品好坏的。由于客运的生产过程只改变旅客的空间位置，这种位置的改变必须安全、迅速、及时，同时由于旅客的位移是有具体条件要求的，因此要求客运在时间和空间上准确无误，在费用方面力求经济节约。另外，客运产品的生产过程与产品的消费过程是融合在一起的，产品不能存储，不能调拨。道路必须有足够的能力，保证满足旅客的需求，为旅客提供便利的条件和文明服务，所有这些都决定了客运产品的质量特性。由此可见，客运产品的质量特性应该是安全、准时、迅速、经济、便捷和舒适，旅客就是根据这些属性来判断客运产品的优劣的。下面分别对这些质量特性加以说明。

道路旅客运输
质量特性

1. 安全

确保人身安全，是客运工作的头等大事。目前在世界范围内每年因车祸造成的伤亡人数以百万计，是众所瞩目的"公害"。各国政府和客运企业采取了许多确保安全的措施，但旅客运输中仍可能产生火灾、爆炸、跳车、坠车、挤伤、烫伤、摔伤、击伤、轧伤、砸伤等旅客伤亡事故。因此，千方百计保证旅客的人身安全，是客运人员的最基本的职责。

在客运过程中，除了要保障旅客人身安全外，还应确保旅客的财产安全，如保证旅客携带的行李在旅行过程中完好无损。

2. 准时

在客运过程中，广大旅客都希望在保障安全的前提下，准时到达目的地，以便安排接送，以及与其他客运交通方式接续等。因此，准确、及时就成了广大旅客对客运工作的共同要求之一。准确是指运送班次和时间准确，还包括旅客行包的完整性，即行包在数量、结构、形状、外观、色彩等方面，均与托运时一样，未发生差错。及时是指满足旅客所需要的最佳运输时间。客运企业必须采取一切措施，准时发车，正点运行，准时到达，以满足旅客对准确性方面的要求；如班次取消、晚点等，需要提前向旅客说明原因。

3. 迅速

输送速度，是客运服务最重要的质量指标之一。旅客在旅途中的各种消耗时间，是评价旅客旅行质量和运输服务水平高低的主要影响因素之一。迅速具体包括：①主体旅行时间要快；②效率要高；③运行要规范。

4. 经济

在完成同样运输任务的条件下，应尽量节约运输过程中的物化劳动和活劳动，以减少旅客的费用支出，这也是旅客普遍关心的问题。在其他质量特性大致相同的条件下，旅客对不同客运方式的选择主要考虑的问题之一就是经济。经济具体包括：①提供同样运输服务的运费的高低；②行包损失情况；③旅客的经济损失情况。同时，票价要合理，票价上下浮动要在一定的范围内，因为班次取消、车辆运行不当导致的旅客损失要给予补偿等。

5. 便捷

客运的便捷是一种机能性服务，主要评价的是提供给旅客候车、乘车的设施、设备及使用是否方便。便捷具体包括：①设施、设备都是为方便旅客而设计和设置的；②缩短辅助旅行时间；③途中服务，包括道路行驶服务、途中停靠服务、后续服务（指住宿、旅游等），服务项目如提供膳食、报纸杂志等；④重视投诉。

6. 舒适

随着物质文化生活水平的提高及交通运输业的发展，人们对旅行中的舒适性的要求不断提高，因此，客运企业要不断完善道路客运车辆的技术性能和车辆内部设备、客运站服务设施等，最大限度地满足旅客对舒适性的要求，以全面地提高客运质量。

提高客运质量是客运工作的根本要求。服务质量的好坏，不仅直接影响客运业务的开展，而且关系到客运企业的信誉和形象。因此，必须加强客运职工的职业道德教育，使大家认识到，良好的职业道德既是讲政治的需要，也是抓效益的需要，既是完善自身的要求，也是竞争取胜的要求，要通过客运职工的文明服务来弘扬社会主义的精神文明。

三、客运质量保证体系

（一）客运质量保证体系概述

客运质量保证体系是指道路客运企业为保证客运质量，在运输准备过程、运输生产过程、辅助生产过程以及运输总结过程等方面所建立的一套质量管理系统、管理标准、管理任务、职责、权限以及质量信息反馈系统。

1. 对客运产品的质量保证

从管理思想看，任何企业生产出来的产品都要为顾客提供质量保证。客运的质量保证，就是客运企业对旅客进行旅行服务的质量保证，保证旅客安全、方便、迅速、准时到达旅行目的地，并满足旅客在乘车旅行过程中的旅行需求。这是客运由卖方市场向买方市场转变过程中出现的一种全新的又是必然的经营观点。在客运企业管理中，由"以生产者为中心"发展到"以消费者（旅客）为中心"，对旅客实行质量保证，是在经营思想和经营观念上的一大进步，反映了现代企业管理的客观规律。在市场经济条件下，任何企业都必须把自己的生存和发展与企业产品能否满足用户需要这个问题紧密地联系在一起。也可以说，产品的结构、品牌与质量能否满足用户需要，是企业生存和发展的前提。客运企业对旅客实行质量保证与企业对用户实行质量保证一样，是市场经济发展的必然。由于客运企业的生产过程与产品的消费过程是融合在一起的，其质量控制和质量保证过程也完全与生产过程结合在一起，两者同时进行、密不可分。由于客运产品中的任何"废品"和"次品"都必须要"出厂"，而且涉及每位旅客的切身利益，因此在经营管理中必须强调运输生产过程控制和质量保证，这也是客运企业"对人民负责"的宗旨的具体体现。

2. 对客运生产过程的质量保证

客运系统可被看作是一架多部门、多工种共同完成生产任务的联动机，其生产过程是在长距离的连续空间带上进行的动态加工。客运生产具有全程、全网联合作业的特点。旅客在经由的运输线上的任何一个点、任何一个环节出了问题，都会对客运质量产生影响，甚至会影响到国家的声誉，所以不仅要抓好某一点的质量管理，而且要着眼于做好整个客运系统的质量控制。

从"质量保证"的角度看，客运产品质量的形成过程是：从客流调查、客流组织、编制运输计划、编制客运规程和规则等技术文件开始，直到完成运后服务，旅客离开终到站的全部过程。这一过程，不仅与直接参加运输生产的基层客运站有关，更涉及制定运输产品方针目标的负责决策和调度指挥的部门。客运企业的质量保证工作应当是系统性的。客运企业质量管理保证体系也应该在车辆、车队、车站、后勤保障等整个系统上建立。

3. 对下道工序的质量保证

质量保证体系的含义：就外部而言，是企业对用户的"质量保证"；从内部来说，也包括上道工序对下道工序实行"质量保证"。

"为用户服务"是全面质量管理最重要的一条基本原则。现在客运企业推行的社会服务承诺制，是新时期服务行业实行的改善社会服务工作的一种服务机制（也是对内约束机制）。社会服务承诺制的含义包括为旅客服务、上道工序为下道工序服务以及职能部门为生产现场服务等。鉴于客运生产具有连续性特点，在整个运输过程中除了旅客之外，每个环节都应该把其所有后续过程所涉及的有关单位都视为用户。从进行质量保证的角度看，质量保证的含义应当是：在运前服务、运输生产和运后服务的各个阶段中都要保证质量。做到对旅客负责，对所有后续过程负责，使旅客满意，使所有后续过程的有关单位满意。

上述三个方面的质量保证中，最基本、最本质的还是对用户，即对旅客的质量保证。它是客运企业考虑问题的出发点和归宿。全部过程的质量管理则是客运质量保证的手段。

（二）质量保证体系的基本内容

质量保证体系一般应当包括以下基本内容。

1. 要有明确的目标和目标值

按照系统理论，每一个质量保证体系都可以被视为一个人造系统，或称目的性系统。人造系统总是要根据某一特定目标来构筑的，即系统的目标是规定该系统的特定功能的根据。因此，客运企业在建立质量保证体系时，首先要明确质量保证体系所要达到的目标和目标值，即首先要明确建立质量保证体系要"保什么，保到什么程度"。比如：确立了某车上客运服务的质量目标要达到民航服务标准时，便可以围绕这一具体质量目标，从对工作人员素质的要求、餐饮供应，包括如遇晚点对旅客的食宿安排等建立一个质量保证体系。为了便于衡量和考核，目标项目必须以目标值来反映，目标值一般应当对标国内外同类服务的先进水平。

2. 规定标准程序

根据客运产品产生和形成过程的要求，合理规定质量保证体系各项业务的工作流程，即技术作业过程的标准化。这就保证了每项技术作业和生产过程的服务质量到位，不会因工作人员的素质差异而影响产品质量。

3. 健全组织机构，形成组织保证系统

质量保证体系要求对整个体系中的各级组织乃至每一个人，都要规定其在质量管理活动中的责、权、利。每个作业、每一个管理点，都要明确所有人的责任，标准清楚，能够考核，形成严密的组织保证系统。

在建立质量保证体系时所强调的组织保证系统，与设立组织机构虽有联系，但也有不同。设立组织机构仅是组织形式上的保证；而组织体系上的保证要求各级组织、各部门、各工种都按规定的标准开展工作，并协调好作业之间、单位之间、个人之间的关系和衔接，真正从组织体系上形成质量保证活动的有机整体。

4. 建立信息传递和信息反馈系统

旅客的流动是客运系统中的基本运动过程。伴随着旅客流动，会产生有关客流信息规划和调节旅客车辆等客运运能的数量、分布、结构、开行方案等。因此，可以透过各种客流信息去分析和掌握客流的规律，从而组织好客流和客车的运行。

在信息化时代，信息是一种能创造价值的企业资料，也是影响生产力、竞争力和社会经济的重要因素。交通运输的生产力配置、安全和效率在很大程度上取决于信息的获取、处理和利用。在现代化大生产中，信息流具有越来越重要的作用，只有信息流畅通无阻，运输系统才能很好地运行。因此，保证信息流的畅通无阻，是质量管理体系的有效保证。客运过程是一种长距离的动态加工过程，因此，站、车等之间的信息传递和旅客信息反馈的作用就显得更加重要。

在建立质量管理体系的活动中，除了要强调客运站、车辆间这种运输企业内部的信息流以外，同样重要甚至有时更加重要的是来自客运市场的以及来自旅客的信息反馈。这种外部的信息反馈特别是来自旅客的有关服务、质量的反馈信息，是客运企业改进工作，提高客运服务质量的基础。

5. 提高客运人员素质，建立保证人员质量的保证体系

人员质量的保证体系的研究对象是人，涉及提高人的政治素质和业务素质两个方面，它是质量保证体系的一个重要组成部分。

提高客运人员的素质也要有明确的目标，即要围绕客运企业发展方向的要求和实现方针目标去培养人才，提高客运职工和各级干部的政治素质和业务水平。客运人员的质量是客运企业的基础质量，因此建立强有力的思想政治工作体系和技术教育体系，是质量保证体系中基础的基础，是必须充分重视的重点工作。

第三节 旅客运输质量评价

一、构建评价指标体系的原则与方法

（一）构建评价指标体系的原则

为了使所建立的评价指标体系能够综合反映道路客运质量评价的各个方面，在评价指标体系构建过程中就需要遵循以下基本原则。

1. 科学性原则

科学性原则主要体现在：指标体系要求严密，不能相互矛盾；指标概念和含义明确、肯定，不能含糊不清；对道路客运质量的评价要具有科学性；评价模型框架的建立要有具体的理论依据，参考现有评价模型，结合实际；计算公式要科学合理，所有评价方法都需要依照科学研究的要求。

2. 系统性原则

在设计评价指标时必须考虑道路客运的综合情况，要经过系统分析，全面把握道路客运系统的构成及影响道路客运系统运输质量的各个因素，保证指标体系的系统、全面，这样才能得出全面、客观的评价结果。

3. 针对性原则

在道路客运质量评价过程中需针对研究目的与问题，结合道路客运质量现状及特征，针对影响道路客运企业的主要因素，选取具有代表性的评价因子，进而获取相适应的评价指标体系，建立起具有针对性的道路客运质量评价模型与评价指标体系。

4. 一致性原则

道路客运质量评价模型、评价指标体系必须与评价对象、评价目标相一致，各级指标应与评价模型相一致。所有指标与评价目标之间的关系明确，同时指标体系内各个指标之间也要保持一致性，各指标均与评价模型与评价目的统一，不能出现相互对立的指标。

5. 目的性原则

目的性原则即每一个评价指标必须与道路客运质量综合评价这一目的相结合，要反映评价目的的某一个独立的方面，最终使评价结论真实可靠地反映道路客运企业的运输质量。

6. 实用性原则

实用性原则是指所设计的指标体系要具有良好的适用性、可行性和可操作性。首先，评价指标体系要繁简适中，计算评价方法简便易行，即指标体系不可设计得太烦琐，在保证评价结果的客观性、全面性的条件下，评价指标体系应尽可能地简化。其次，数据要易于获取。无论是定性评价指标还是定量评价指标，其信息来源渠道必须可靠，并且易于取得。否则，评价工作难以进行或代价太大。最后，整体操作要规范，各项评价指标及其相应的计算方法、各项数据都要标准化、规范化。

（二）构建评价指标体系的方法

评价指标体系的构建主要是指标选取及指标之间结构关系的确定。对道路客运质量的评价，需要把握指标体系构建的相关原则，结合道路客运系统实际情况，进行确定。评价指标体系的构建过程可分成两个阶段，即指标体系的初选和指标体系的完善。

1. 指标体系的初选

目前国内外建立指标体系有以下几种方法，即范围法、目标法、部门法、问题法、因果法、复合法、分析法、专家咨询法等。道路客运质量评价涉及面广、内容多，评价指标选取考虑的因素也多。所以应从道路客运系统整体结构分析出发，通过收集资料，建立可选指标集，采用层次分析法建立树状关系结构，运用目标层次分类展开法，将目标按逻辑分类向下展开为若干子目标，再把各子目标分别向下展开成分目标，依此类推，直到可进行定量或定性分析（指标层）为止。

2. 指标体系的完善

初选后的指标体系未必是科学的，因此，需要请多位不同地域、不同研究领域的专家对各方面的指标进行筛选，优化道路客运评价指标体系。同时对初选的指标体系应当进行科学性测验：单体测验和整体测验。

（1）单体测验　单体测验是指测验每个指标的可行性和正确性。可行性是指该指标的数值是可获得的，那些无法或很难取得准确资料的指标，或者即使能取得但费用很高的指标，都是不可行的。正确性是指指标的计算方法、计算范围及计算内容是正确的。

（2）整体测验　整体测验主要是测验整个指标体系的指标的重要性、必要性及完备性。

二、质量评价指标体系分析

（一）术语解释

根据上一节对道路旅客运输质量的含义及特性等分析，可以从道路客运质量特性的角度考虑构建道路客运质量评价指标体系，在构建道路客运质量指标体系前，先对指标中涉及的相关术语进行解释。

（1）班车　班车是经过运输管理部门批准，按固定线路行驶的定班次、定时间、定站点、定价格、定载客量运行的客车。

（2）车次　车次是车站根据运行作业计划和线路，编排的班车运行的序号。

（3）班次　根据运行作业计划，将班车从始发站至终点站，再从终点站返回始发站，称为一个班次。

（4）正班　班车按运行作业计划发车、运行称为正班。

（5）正点　正点是指班车按规定在允许的时间误差范围内发车、运行、停靠及到达。

（6）正运数　正运是指运送旅客总人数（或行包总件数）减去旅客误乘、错乘人数（或行包损坏件数）后，余下无差错的人数（或行包件数）。

（7）死亡人数　死亡人数是指行车责任事故致死人数。

（8）重大运输质量事件　重大运输质量事件是指在地级以上新闻媒体上曝光的运输质量问题，或由当事人投诉并经查情节确实十分恶劣的运输质量事件。

（9）重大事故　重大事故是指一次造成死亡1至2人，或者重伤3人以上10人以下，或者财产损失3万以上不足6万元的事故。

（10）特大事故　特大事故是指一次造成死亡3人以上，或者重伤11人以上，或者死亡1人，同时重伤8人以上，或者死亡2人，同时重伤5人以上，或者财产损失6万元以上的事故。

（二）道路旅客运输质量评价指标

道路客运质量的特性包括安全、准时、迅速、经济、便捷和舒适六个方面。但目前并未制定出统一的客运质量评价指标。一般认为，以下一些指标可以作为客运质量特性的评价指标。

1. 衡量道路旅客运输质量安全性的指标

（1）行车责任事故频率　行车事故按其造成的损失大小分为轻微事故、一般事故、重大事故和特大事故四类。每类事故又按责任大小分为责任事故和非责任事故两种。行车责任的划分，以交通监管部门的裁定为准。计算行车事故频率的范围，是以一般以上的责任事故次数为应考核。行车责任事故频率是营运车辆在报告期（年、季、月）内发生的行车责任事故次数与营运总行程之比。计算单位为：次/百万车·km。

$$行车责任事故频率 = \frac{报告期内营运车行车责任事故次数}{报告期内营运总行程} \qquad (3-1)$$

道路客运企业行车责任事故频率高于3次/百万车·km的，质量信誉考核为不合格。

（2）特大行车责任事故次数　责任≥50%的特大事故，即认定为特大行车责任事故。计算单位就是案发次数。发生特大行车责任事故的道路客运企业，其质量信誉考核为不合格。

（3）安全行车间隔里程　安全行车间隔里程是指报告期内两次行车事故之间的行驶里程，即报告期内营运总行程与报告期内行车事故次数之比。计算单位为千米。如果报告期内未发生一般以上的责任事故，可不计算此项指标，即同期行车事故次数为零。对单车考核时，可跨期计算。

$$安全行车间隔里程 = \frac{报告期内营运总行程}{报告期内行车事故次数} \qquad (3-2)$$

（4）行车责任死亡频率　行车责任死亡频率是道路客运企业在报告期（年、季、月）内发生的行车责任事故致死人数与总行程之比。计算单位为：人/百万车·km。

$$行车责任死亡频率 = \frac{报告期内行车责任事故致死人数}{报告期内营运车总行程} \qquad (3-3)$$

道路客运企业行车责任死亡频率高于0.5人/百万车·km的，质量信誉考核为不合格。

（5）旅客安全运输率　旅客安全运输率是指报告期内安全运送的旅客人次与同期客运总人次的比值。报告期内安全运送的旅客人次可用报告期内客运总人次减去同期旅客伤亡人次来计算。

$$旅客安全运输率 = \frac{报告期内客运总人次 - 报告期内旅客伤亡人次}{报告期内客运总人次} \times 100\% \qquad (3-4)$$

2. 衡量准确性的指标

（1）客车正班率　能够按照线路计划当班的班次是正班班次；客车因待修、待料、待驾、待乘或驾乘人员不服从调度安排而造成停车的班次为缺班班次。因季节变化或因旅客流量减少而有针对性调整并经行业主管部门批准后而减少班次数不列入缺班班次，但应从批准之日起在计划班次内减除；加班车、包车、因自然灾害被迫停车的不列入考核。客运正班率是正班班次与计划班次的百分比。报告期内正班班次可用报告期内计划班次减去同期缺班班次计算。

$$客车正班率 = \frac{报告期内计划班次 - 报告期内缺班班次}{报告期内计划班次} \times 100\% \qquad (3-5)$$

（2）定点停靠率　这是一项反映正班客车按照线路规定的车站（包括代办点）停靠，使旅客得以上下车、休息、食宿以及客车修整的质量指标。审批线路时规定的班车停靠站数为计划停靠站数，运行途经车站在路单上签章的为实停站数，凡不按规定线路运行或路单上未签章的应停靠站数为未停站数。定点停靠率是实际停靠站数与计划停靠站数的百分比。报告期内实际停靠站数可用报告期内计划停靠站数减去同期未停靠站数计算。

$$定点停靠率=\frac{报告期内计划停靠站数-报告期内未停靠站数}{计划停靠站数}\times 100\% \quad (3-6)$$

（3）发车正点率　这是一项反映正班客车按照班次时刻表要求而正点发车的指标。发车正点率是实际正点开出客运班车次数与应开出班车次数之比。

$$发车正点率=\frac{报告期内班次数-报告期内误点班次数}{报告期内班次数}\times 100\% \quad (3-7)$$

（4）旅客正运率　这项指标反映了站场工作人员、驾驶人、乘务人员具体服务工作质量，体现旅客正常旅行的情况，即在旅客运输全过程中对发生的任何影响旅客安全、准班、正点、误乘、漏乘等事故的考核。凡发生的责任性车辆损坏或旅客伤亡、越站下车、错乘等均为事故，影响旅客正运率。旅客正运率的计算有客车和旅客两个基点或考核角度。因此有两种计算方法。

1）按客车计算，旅客正运率是正运班次数与总班次数之比。报告期内正运班次数可用报告期内总班次数减去同期事故班次数。

$$旅客正运率=\frac{报告期内总班次数-报告期内事故班次数}{报告期内总班次数}\times 100\% \quad (3-8)$$

2）按旅客计算，旅客正运率是正运人次与发运总人次之比。报告期内正运人次可用报告期内发运总人次减去同期事故人次。

$$旅客正运率=\frac{报告期内发运总人次-报告期内事故人次}{报告期内发运总人次}\times 100\% \quad (3-9)$$

（5）售票差错率　售票差错事故包括手写或计算机机打错时间、错班次、错线路（不同线路上的同名中途站售错）、错款、错张数、超售、短售、有票不售等。售票员有售票记录，检票员有登记，应该将差错票堵在上车前。售票差错率作为质量控制指标，是售票差错张数与售票总张数的万分比。

$$售票差错率=\frac{报告期内售票差错张数}{报告期内售票总张数} \quad (3-10)$$

（6）行包正运率　旅客托运的行包应随车运达。无差错为正运行包。发生差错的为事故行包，包括承运期间行包、邮件的违章收运，夹带危险品和禁运物品，制票错项、错件、错号、收错运费、错发、错卸、漏卸、延期到达、丢失、污染、损坏等。凡发生行包事故，车站都要做差错通知单、商务事故记录单。行包正运率是正运件数与收运件数之比。报告期内正运件数可用报告期内收运件数减去报告期内事故件数。

$$行包正运率=\frac{报告期内收运件数-报告期内事故件数}{报告期内收运件数}\times 100\% \quad (3-11)$$

3．衡量迅速性的指标

运送速度　旅客在途时间是指旅客从检票上车开始到抵达目的地下车为止所用的时间。运送速度即旅客运送距离与旅客在途时间之比。

$$运送速度 = \frac{旅客运送距离}{旅客在途时间} \quad (3-12)$$

4. 衡量经济性的指标

（1）责任经济损失率　责任经济损失率是指旅客运输中行车责任事故造成的损失金额（万元）与总行程之比，计算单位为：万元/百万车·km。

$$责任经济损失率 = \frac{报告期责任事故损失金额}{报告期营运总行程} \quad (3-13)$$

道路客运企业责任经济损失率高于4万元/百万车·km的，质量信誉考核为不合格。

（2）行包赔偿率　这是一项反映承运行包（包括邮件）发生丢失、损坏、污染等商务事故，进行赔偿损失的质量指标，目的是保护旅客的合法权益和减少商务事故的发生。属于车站责任的则应由车站赔付；属于客车责任的则应由客车经营者赔付。行包赔偿率是行包责任赔偿金额（包括损坏修复费）与行包营运总收入（其中包括装卸费、旅客自理行包收入）的千分比。

$$行包赔偿率 = \frac{报告期内行包责任赔偿金额}{报告期内行包营运总收入} \times 1\,000‰ \quad (3-14)$$

（3）始发车座位利用率

始发车座位利用率是始发车实际上车旅客人数与客车定员的百分比。

$$始发车座位利用率 = \frac{始发车实际上车旅客人数}{客车定员} \times 100\% \quad (3-15)$$

5. 衡量便捷性的指标

（1）旅客意见处理率　如何对待旅客的意见是考核客运企业和客运站的重要质量指标。对客运企业没有批评、表扬、建议等方面的意见，是不正常的；有这方面的意见，客运企业应及时处理并反馈给站、驾、乘人员和旅客。旅客意见处理率是意见已处理件（条）数与意见总件（条）数的百分比。

$$旅客意见处理率 = \frac{意见已处理件（条）数}{意见总件（条）数} \times 100\% \quad (3-16)$$

（2）原始记录完备率　原始记录是指用数据和文字逐日逐月记录客运企业各项工作情况的卡片、日志、记录和报表。它既是道路客运服务管理规范化的基础工作，也是质量管理工作的真实写照。它作为考核、分析客运企业工作情况、服务质量和管理水平的系统性基础资料，应该根据交通运输部颁布的各类考核指标，对服务岗位分类、编号，进行统一规格编制。一般情况下，客运企业的原始记录应该有生产调度、驾驶、乘务、车辆技术、安全检查、车内设施及卫生、商务事故等几大方面的细化，各项记录的内容、项目、规格应符合统一的要求，要分类成册，实行档案化管理。原始记录完备率是已记录表数与规定记录表数之比。已记录表数可用规定记录表数减去未记录表数计算。

$$原始记录完备率 = \frac{规定记录表数 - 未记录表数}{规定记录表数} \times 100\% \quad (3-17)$$

6. 衡量舒适性的指标

（1）进站客车整洁率　进站客车整洁率是整洁客车数与进站客车总数之比。整洁客车数可用报告期内进站客车总数减去报告期不整洁客车数计算。

$$进站客车整洁率 = \frac{报告期内进站客车总数 - 报告期内不整洁客车数}{报告期内进站客车总数} \times 100\% \quad (3-18)$$

（2）优质服务率　优质服务率是符合优质服务标准的数量与优质服务标准总数之比。

$$优质服务率 = \frac{符合优质服务标准的数量}{优质服务标准总数} \times 100\% \quad (3-19)$$

（3）旅客满意率　旅客满意率是客运服务质量综合指标项目，它反映旅客的满意程度。旅客的满意可能以自己的感觉为判断尺度，未必是以部颁标准来衡量的，但是它是服务对象自己的评判，因而具有最终评价意义。旅客满意率一般通过调查表和随机抽样调查取得，调查范围大小和旅客的多少决定了其代表性。旅客满意率是报告调查感到满意的旅客人数与报告调查旅客总人数之比。

$$旅客满意率 = \frac{报告调查感到满意的旅客人数}{报告调查旅客总人数} \times 100\% \quad (3-20)$$

综上所述，道路客运质量评价指标体系见表3-1。

表3-1　道路客运质量评价指标体系

道路客运质量特性	评价指标
安全	行车责任事故频率
	特大行车责任事故次数
	安全行车间隔里程
	行车责任死亡频率
	旅客安全运输率
准时	客车正班率
	定点停靠率
	发车正点率
	旅客正运率
	售票差错率
	行包正运率
迅速	运送速度
经济	责任经济损失率
	行包赔偿率
	始发车座位利用率
便捷	旅客意见处理率
	原始记录完备率
舒适	进站客车整洁率
	优质服务率
	旅客满意率

拓展阅读　见证历史时刻，中国建制村全部实现"车路"双通

2020年6月30日上午，印有"四川乡村客运"字样的乡村客运小巴驶进四川省凉山彝族自治州布拖县阿布洛哈村，至此中国建制村全部实现"车路"双通。

阿布洛哈村是中国最后一个不通公路的建制村，坐落在金沙江畔西溪河峡谷中，三面环山，一面临崖，常住人口不足200人。以前进出这里只有两条路：一条是往上翻越落差约1 000m的陡峭山崖路，要走四五个小时，且稍有不慎就会坠崖；另一条是往下走水路，通过溜索到对岸，然后徒步2h到达通车的公路，且水位涨落不定，溜索常常被淹。2018年9月，交通部门启动了通村公路项目，通村公路全长只有3.8km，位于平均海拔1 500m的峭壁上，穿越一个大峡谷，施工难度极大。此项目动用了米-26重型直升机，克服了高山峡谷、天气多变等困难，历时8天，飞行16架次、26h48min，空运大挖掘机、空压机等大型施工机械，以及发电机、桶装柴油等设备和物资50.1t进村，保证了施工进度。乡村客运班车开进阿布洛哈村，既见证了乡村民众的生活巨变，也是中国坚定不移推进脱贫攻坚的生动写照。

小康路上一个都不能掉队，党的十八大以来，全国交通运输系统坚定不移地实施"两通工程"（通硬化路和通客车），全面发展和提升农村客运服务，形成了村村全覆盖的农村客运网络。几十年的不懈奋斗、攻坚克难，充分展现出中国以人民为中心的发展思想和决心，让更多的老百姓享受发展红利。

练习与思考

一、单选题

1. 下列工作中，（　　）是在道路客运过程的运行阶段完成的。
    A. 发售车票　　　　B. 托运行李　　　　C. 组织旅客上车　　　　D. 送客出站
2. 道路客运产品层次中，核心产品是指（　　）。
    A. 运载旅客产生位移的客车等　　　　B. 旅客的位移
    C. 购票、候车等旅行服务及其他延伸服务　　　　D. 提供的运输工具和运输方式
3. 正运指的是（　　）。
    A. 运送旅客总人数（或行包总件数）减去旅客误乘、错乘人数（或行包损坏件数）后，余下无差错的人数（或行包件数）
    B. 班车按规定在允许的时间误差范围内发车、运行、停靠及到达
    C. 客运班车按运行计划发车、运行
    D. 不按计划发车
4. 以下属于衡量道路客运质量迅速性的指标有（　　）。
    A. 客运正班率　　　　B. 运送速度　　　　C. 优质服务率　　　　D. 发车正点率
5. 原始记录完备率指的是（　　）。
    A. 开出客运班车次数与应开出班车次数之比
    B. 报告期内安全运送的旅客人次与同期客运总人次的比值
    C. 正运件数与收运件数之比
    D. 已记录表数与规定记录表数之比

二、多选题

1. 客运服务的三个环节是（　　）。
   A. 购票　　　　　B. 安检　　　　　C. 进站　　　　　D. 运输途中
   E. 出站

2. 结合运输生产的实际，可将交通运输质量按阶段分为（　　）。
   A. 计划质量　　　B. 生产质量　　　C. 产品质量　　　D. 运输质量
   E. 企业质量

3. 道路客运的质量特性有（　　）。
   A. 安全　　　　　B. 准时　　　　　C. 迅速　　　　　D. 经济
   E. 便捷　　　　　F. 舒适

4. 衡量道路客运质量经济性的指标有（　　）。
   A. 旅客安全运输率　B. 责任经济损失率　C. 旅客满意率　　D. 行包赔偿率
   E. 始发车座位利用率

5. 衡量道路客运安全性的指标有（　　）。
   A. 行车责任事故频率　　　　　　　　B. 安全行车间隔里程
   C. 行车责任死亡频率　　　　　　　　D. 旅客安全运输率
   E. 售票差错率

三、论述题

1. 道路客运质量的含义是什么？
2. 选择道路客运质量评价指标的原则有哪些？

第二篇

道路客运服务

第四章　道路客运服务作业

第五章　旅客意见和投诉处理

第四章 Chapter 4

道路客运服务作业

【学习目标】

1. 掌握道路客运服务的任务、流程,熟悉其主要服务工作内容、岗位规范。

2. 掌握道路客运站迎门服务、售票服务、广播服务、检票服务等典型旅客服务活动的工作内容及要求。

3. 掌握道路客运站行包受理、计重收费、行包保管与配装配载、行包交接交付与赔偿等典型行包服务活动的工作内容及要求。

4. 掌握道路客运站营运客车报班、调度、出站检查等典型车辆调度活动的工作内容及要求。

5. 掌握道路客运进出站旅客及其携带或托运物品、运营车辆等典型安全检查活动的工作内容及要求。

6. 掌握道路客运乘务服务、在途突发事件处理等典型活动的工作内容及要求。

7. 具备旅客为本、服务至上的职业素养。

案例导入

临沂汽车客运总站隶属于山东省临沂交通运输投资集团有限公司,是全国设计规模最大的客运站之一。总站的站房楼是临沂的地标性建筑之一,总建筑面积30 166m^2,由售票大厅、候车大厅、检票大厅(三个空港码头式发车岛)、彩虹拱组成。其中:售票大厅东西长168m,跨度24m,建筑面积4 340m^2;候车大厅东西长336m,跨度24m,建筑面积19 243m^2,设有省际、省内和区内旅客候车区;三个空港码头式发车岛建筑面积6 583m^2,设有发车位120个,设计日发班次4 000个;设有重点旅客、母婴、军人、残疾人专用候车室,贵宾室,盥洗室,卫生间,滚动式电子信息屏,公告栏,宣传栏,阅报栏,旅客留言板,自动取款机,行李手推车,交通及导向指示牌,无障碍通道以及3 000个高档候车座椅等便民服务设施。

该站有客运线路292条,其中省际线路115条、省内线路108条、区内线路69条,覆盖全国19个省、4个直辖市和2个自治区;日发总班次2173班,其中省际班次303班,省内班次669班,区内班次1 201班;进站营运车辆1 799辆,中高级车辆比例达98%以上;年发送旅客1 200余万人,客运收入5亿元。

车站还建立了计算机网络、多媒体信息发布、数字背景音乐(公共广播)、有线电视、现代通信和客运站务管理、智能远程联网票务等智能化子系统高度集成的计算机平台,提供安全可靠的远程联网售票、数据调用、车辆调度等网络应用。

请分析:旅客对道路客运站的服务有什么要求?道路客运站应提供哪些服务?

第一节 概 述

道路客运服务是指道路客运中所提供的各项服务工作的总和,其主要任务是安全、迅速、有秩序地组织旅客乘车、下车,方便旅客办理一切旅行手续,为旅客提供舒适的候车条件。按照服务的场所不同,可分为道路客运站服务和客车运输服务。

一、道路客运站服务

道路客运站是旅客集散、中转、车辆运行组织的基地。道路客运站服务工作集中体现为旅客服务、客运经营者(参营者)服务及与客运服务相关的车站业务管理,具体包括旅客服务、运营服务、安全服务、环境服务和信息工作。

1. 旅客服务

旅客是客运站服务的主要对象,通过为旅客提供各种便利、舒适的条件以及周到热情的服务,使旅客进站时感到"宾至如归",离站时感到"满意惜别",具体服务工作如下:迎门服务;救助服务;咨询服务;广播服务;始发售票、退票、中转签证;小件寄存;行包托、取、中转;候车服务;检票、验票、组织上下车;其他服务,如商业、饮食、订票、医疗、通信等。

2. 运营服务

运营服务工作主要有:接收经营者进站;签订进站服务合同;组织运输;应班管理;后勤保障和辅助服务。

3. 安全服务

安全性是运输的首要特性,客运站作为运输的起讫点,是运输安全管理的源头,主要安全服务工作包括:组织保障;设施安全;运营安全;现场安全;应急预案和演练;等等。

4. 环境服务

环境服务是客运站服务的硬件条件，主要包括：站容；车容；消毒；疾病防控；环境保护；等等。

5. 信息工作

客运站在企业管理信息系统中起着重要作用。客运站具有收集和传输外源及内源信息的重要功能。其主要信息工作有：开展网上售票、联网售票，客运站售票窗口实行双屏显示售票；采用计算机管理系统，实现站内相关部门之间信息共享，进站经营者网上结算；采用智能系统设备，实时发布道路通阻、气象等信息，公布客车的班车类别、客车类型等级、运输线路、进站经营者、起讫停靠站点、车次、发车时间、票价等信息；通过网络公布动态信息、基础设施信息、客运信息、换乘信息，提供出行常识、旅客运输规则、行业新闻等相关服务；除发布本站班次时刻等信息外，还应在显著位置公布同城其他客运站的班次时刻情况等。

二、客车运输服务

客车运输服务作业基本上是在行驶的客车车厢里进行的，没有客运站服务那样较为宽敞的固定场所、较为完备的设施设备、较为稳定的服务环境、较为齐全的多岗位分工协作。与客运站服务相比，客车运输服务有其明显的特点。

1. 服务场所的运动性

客车从始发站驶出后，除途中必要的停歇外，一直处于不停的运动过程中。这种运动过程短的有数十分钟，长的达数小时，甚至10多个小时。长时间的运动状态，会给人带来一系列身心不适的感觉，如烦躁、紧张、疲惫、头晕、头痛、呕吐等，对旅客、司乘人员来说都是一种折磨。尤其是对驾乘人员来说，更是如此，他们要忍受长时间的车辆颠簸，同时还要为旅客提供满意的服务。在始发站出发前、目的地到达后，他们还要完成运输准备、整理整顿和其他运输服务工作。

2. 服务条件的局限性

客车运输服务作业的场所是车厢，其空间狭小、服务设备有限，因此服务作业难度增大，服务内容和服务质量也受到了制约。在局限性较大的车厢里，要为旅客提供满意的服务，需要司乘人员更多的体力和脑力付出。

3. 服务对象的复杂性

一辆客车一般要乘坐数十名旅客，他们来自不同的地区，有不同经济条件、文化素养、旅行目的和需求、身体条件和适应能力等。服务对象的复杂性以及服务条件的局限性，对司乘人员的服务意识和服务能力要求更高。司乘人员应善于观察、适应形形色色的旅客，能与他们进行妥善的交流和沟通，得到他们的理解、配合和支持，能协调、平衡好与旅客的关系，争取旅客对服务的广泛认可和满意。

4. 服务内容的多样性

司乘人员在客车运输服务中是独立操作的，他们既是操作者，又是检验员、服务员，集多种职能于一身。其服务内容包括客运站服务中几乎所有的内容：组织上下车、问询服务、安检服务、售票服务、行包托运、站点介绍、保持清洁、提供帮助等；保证客车安全行驶、准时到达；随时处理途中可能发生的各种突发事件和紧急情况，如路阻、车辆抛锚、交通事故、旅客生病等。

5. 服务环境的艰苦性

目前公路条件、客车技术性能和技术装备已经大为改善，但与客运站、其他运输方式（铁路、航空、水路）相比，客车运输的服务环境还是非常艰苦的。特别是在低等级公路或农村支线公路运营的客运班车中，司乘人员的心理压力、劳动强度和体力消耗大，有的班车还要中途停歇、夜宿农村，吃住等条件相对较差。此外，为适应班车正点运行，司乘人员需调整作息习惯。

6．服务责任的重大性

《中华人民共和国道路运输条例》第十六条规定："客运经营者应当为旅客提供良好的乘车环境，保持车辆清洁、卫生，并采取必要的措施防止在运输过程中发生侵害旅客人身、财产安全的违法行为。"客车运输服务是旅客运输服务的中心环节，司乘人员独立地完成在途运输过程，无疑服务责任重大，特别是运输安全责任。驾驶人的驾驶操作、途中"三品"检查等直接关系旅客人身和财产安全，而且运输途中存在的偶然或意外因素会对旅客安全造成威胁，如自然灾害、不法侵害等。司乘人员都负有保护旅客人身财产安全的责任，而道路客运企业的"巨大风险"也主要体现在这里。因此，客车运输服务责任重大。

三、客运服务岗位规范

1．服务人员形象规范

服务人员仪表形象应做到精神饱满、仪表端庄。在岗服务时举止文雅、站坐有形、规范有礼、微笑服务，并按规定统一着装，服装款式、标志符合客运服务行业要求，上岗时佩戴岗位臂章、工号牌等标志，衣帽整洁、修饰得体。

2．服务岗位语言规范

服务人员在与旅客、参营者沟通时应做到语言简洁、准确。在服务过程中使用文明礼貌用语，不得使用否定、厌烦、命令、挖苦、质问、推脱等用语。客运企业应确定服务人员的服务语言内容与标准。

3．工作程序

客运服务工作过程应程序化，根据道路客运作业之间的内在联系和工艺流程，明确各岗位及其服务内容、标准要求、工作程序，保证客运站各项服务工作环环相扣、节节相连、顺利有序进行。

4．工作标准

道路客运服务过程标准具体见表4-1：

表4-1　道路客运服务过程标准表

序号	道路客运服务过程工作指标	工作标准
1	年安全责任事故次数（不因车站的原因发生安全事故）	0
2	行包差错率	5‰以下
3	售票差错率	0.5‰以下
4	客运班车正班率	99.9%以上
5	发车正点率	98%以上
6	旅客正运率	99.5%以上
7	行包正运率	99.9%以上
8	运费结算履约率	100%
9	旅客满意率	98%以上
10	进站经营者满意率	95%以上
11	旅客意见处理率	100%
12	司乘人员意见处理率	100%

第二节 旅客服务

道路客运服务工作是由多服务环节和多服务岗位共同完成的系列活动。不同服务环节和服务岗位的服务项目、服务要求，既有不同之处，又是相互关联的。汽车客运站旅客服务作业流程见图4-1。本节按旅客进站服务流程，分别介绍迎门服务、售票服务、广播服务、检票服务等典型服务。

图4-1 汽车客运站旅客服务作业流程图

一、迎门服务

（一）主要工作和岗位职责

迎门服务是客运站在旅客进站后为其提供的导乘服务，主要工作和岗位职责见表4-2。

表4-2 迎门服务主要工作和岗位职责表

主要工作	岗位职责
向旅客介绍车站服务项目与服务场所的位置，引导旅客购票、候车、托运行包 热情回答旅客的问询 宣传车站新开辟的线路和新增班车情况 宣传班次变更情况 宣传汽车客运法规的有关规定和车站卫生管理规定等	旅客进站要笑脸相迎，站姿端正、主动、热情 主动向旅客介绍售票、候车、行包托运、小件寄存等位置和办理程序 掌握车站班次变化和道路通阻情况，及时向旅客做好宣传 维持旅客进站秩序，做好旅客疏导工作 向售票、服务、检票等下道工序介绍重点旅客情况，以便主动帮助旅客排忧解难 观察旅客情况，察看携带物品，制止"违禁"物品进站 虚心听取旅客意见，不断改进服务工作

（二）服务礼仪

迎门服务是客运站第一道服务作业，也是客运站留给旅客的第一印象。客运服务员除做到业务熟练、有问必答外，在服务过程中的举止、行为、语言等还应符合道路客运的职业礼仪，这也是整个道路客运服务过程中各个岗位人员都必须遵守的行为规范。

1. 服务礼仪的含义

礼仪是人们生活和社会交往中约定俗成的行为规范与准则，具体表现为礼貌、礼节、仪态、仪表、仪式等。人们可以根据各式各样的礼仪规范，正确把握与外界的人际交往的尺度，处理好人与人的关系。同时，礼仪也是塑造形象的重要手段。

服务礼仪是指服务人员在工作岗位上，通过言谈、举止、行为等，对旅客表示尊重和友好的行为规范和惯例。简单地说，服务礼仪就是服务人员的在工作场合适用的礼仪规范和工作艺术，是体现服务的具体过程和手段，使无形的服务有形化、规范化、系统化。其基本内容包括：服务人员的仪容规范、仪态规范、服饰规范、语言规范和岗位规范。

2. 服务礼仪的原则

服务礼仪中的仪容规范、仪态规范、服饰规范、语言规范和岗位规范具有的普遍性、共同性、指导性的礼仪规律，即服务礼仪的原则。服务礼仪原则是更好地学习和运用礼仪的重要指导思想。

（1）尊重原则 "礼者，敬人也"，这是对礼仪的核心思想的高度概括。所谓尊重原则，就是要求在服务过程中，要将对旅客的重视、恭敬、友好放在第一位，做到敬人之心常存，时时处处不可失敬于旅客，不可违背旅客的意愿，不可不顾及旅客的感受，更不可伤害旅客的个人尊严，不能侮辱旅客的人格。只有这样才能赢得旅客的好感和信任，取得旅客的支持和配合，实现服务过程中的良性互动，从而达到更好的服务效果。而且，只要不失敬人之意，服务人员具体言行的一时失当就容易获得旅客的谅解。尊重原则是首要的、核心的原则，其他原则都是从这一原则中引申出来的。

（2）真诚原则　真诚原则就是要求服务人员在服务过程中，待人以诚，发自内心，言行一致，表里如一。只有如此，才能更好地被旅客理解和接受。仅把礼仪作为一种道具和伪装，实际上却口是心非、言行不一，这是有悖礼仪的基本宗旨的，不能达到礼仪的预期效果，往往可能适得其反，引起旅客的反感。

（3）宽容原则　宽容原则的基本含义是要求服务人员在服务过程中严于律己、宽以待人。服务人员应多体谅他人，多理解他人，学会与旅客换位思考，千万不要强人所难，咄咄逼人，得理不饶人，伤人自尊，等等。这实际上也是尊重对方的一个主要表现。

（4）从俗原则　"十里不同风，百里不同俗"。由于国情、民族、文化背景的不同，旅客们在风俗习惯、喜好禁忌等方面不可避免地存在差异。服务人员应理解、尊重、顺应和服从旅客不同的礼仪要求，切勿目中无"俗"、自以为是，而伤害了旅客的感情和尊严。因此服务人员要较全面和准确地了解各国、各民族、各地区的礼仪文化、礼仪风俗及宗教禁忌等，这样才能在服务过程中得心应手，避免出现差错。

（5）适度原则　凡事过犹不及，礼仪也是如此。适度原则是指服务人员在运用礼仪时，要把握好尺度，掌握好分寸，做到认真得体，做到位又不过头，展示服务礼仪的和谐自然之美。服务过度，给人的感觉是矫情做作，缺乏诚意，使本来应有的美感走了形，变了味。

3. 服务礼仪的内容

服务礼仪主要包括仪容礼仪、服饰礼仪、仪态礼仪、语言礼仪、行为礼仪等。

（1）仪容礼仪　仪容指人的容貌，是仪表的重要组成部分。人际交往中，一个人的仪容往往是其身体上最受对方注意的部位。客运服务人员应关注自己的仪容，自觉维护和修饰形象，把最好的一面展现在旅客面前。这也是优质服务的基本要求。仪容礼仪主要包括的内容如下：

1）头发的修饰与卫生。头发长短适宜，保持清洁。发型美观大方、富有时代感，不能过于新潮、怪异，更不应该染发或剃光头。女服务员长发要束发，不要佩戴花哨的发饰。

2）面部的修饰与卫生。保持面部清洁，女服务员应化素雅的淡妆，男服务员应将胡须剃净；注意口腔卫生：讲究礼仪必须保持口腔清洁。班前忌喝酒，忌吃大葱、韭菜、臭豆腐等气味浓烈的食物，以免口腔产生异味，影响对旅客的服务。

3）注意手部卫生。保持双手清洁，不留长指甲，上班时不应涂有色指甲油。

4）注意身体卫生。应勤洗澡，勤换衣服，班前忌剧烈运动。工作时最好不用香水，尤其不要用气味浓烈的香水。

服务人员上岗前，应细心在镜子前面检查一次仪容卫生，在服务过程中，应注意修饰避人，不能当着旅客的面梳头、化妆、挖鼻孔等。服务人员注重仪容卫生，不仅尊重了旅客，同时也体现出敬业爱岗的精神。

（2）服饰礼仪　服饰礼仪包括两个方面。第一，工作服装的穿着要求。工作服装是一个人从事某种职业的统一服装。客运服务人员穿着整体、统一、美观的工作服装，不仅能表达对旅客的尊敬之意，也可以通过制服的规范穿着，提高服务人员素质，树立良好的个人形象，从而树立良好的企业形象。穿着工作服装的总体要求是整齐美观，清洁规范。第二，饰物的佩戴要求。客运服务人员在工作中除可戴手表外，一般不宜佩戴耳环、手镯、戒指、手链、胸针等饰物。客运服务人员看上去珠光宝气，环佩叮当，往往会影响客运企业的服务形象，易使旅客产生不快。

（3）仪态礼仪　仪态是指人在行为中的姿态和风度。姿态是指身体呈现的各种样子。风度是指人在行为举止中流露出的气质和风格。心理学家艾伯特·梅拉比安提出：人类全部的信息表达=7%的语言+38%的声音+55%的体态语。在客运服务中，客运服务人员在旅客面前的一举一动，不仅关系到个人形象而且直接影响服务质量和服务形象。优美的姿态能给旅客以悦目、舒适的感受，不雅的姿态会使旅客反感、厌恶。

客运服务人员的仪态礼仪主要包括站姿、坐姿、蹲姿、行姿、指引手势等。

站立是客运服务人员的主要姿势。因为站立服务传递着随时为旅客服务的信息，能体现出对旅客的尊重。保持优美的站姿是服务人员的基本功之一。对站姿的要求是"站如松"，即站得像松树一样挺拔：面朝正前方，双目平视，嘴唇微闭；面带笑容，下颌微收，颈部挺直；胸部微挺，腹部自然下收，双肩微往后拉，自然舒展；腰直肩平，双臂自然下垂（或背后交叉或体交叉）；双腿立正并拢，双膝与双脚跟部紧靠，两脚呈"V"形分开，两脚之间相距约一拳宽度。

坐姿是客运服务人员的主要仪态之一。女服务员穿着裙子时，腿部应并拢直放或斜放；男服务员入座，双腿可张开放置，与肩同宽。入座要轻而稳，女服务员着裙装要先轻拢裙摆，而后入座。对坐姿的要求是：面带笑容，双目平视，嘴唇微闭，微收下颌；双肩平正放松，两臂自然弯曲放在膝上，也可放在扶手上；立腰、挺胸、上体自然挺直；双膝自然并拢，双腿正放或侧放；至少坐满椅子的2/3，脊背轻靠椅背；起立时，右脚向后收半步而后起立；谈话时，可以侧坐，此时上体与腿同时转向一侧。出于礼貌需要与旅客一起入座时，应该请旅客先入座，切勿自己抢先入座。

蹲姿是人在处于静态时的一种特殊体位。蹲姿要领：下蹲时一脚在前，一脚在后，两腿向下蹲，前脚全着地，小腿基本垂直于地面，后脚脚跟提起，脚尖着地；女服务员靠紧双腿，男服务员则可适度将其分开；臀部向下，基本上以后腿支撑身体。下蹲的注意事项是：不要突然下蹲；不要距人过近；不要方位失当；不要毫无遮掩；不要蹲着休息；不随意滥用；等等。

服务中走路时应注意步速，要使旅客感到安定。男服务员行走时步伐应该刚健有力，女服务员行走时应该轻盈、柔美。忌步态不雅，走路时横向摇摆、蹦蹦跳跳或手插裤袋，忌制造噪声，行走时脚步过重、声音过大、穿有金属掌的鞋子行走或拖着脚行走，都会发出令人厌烦的噪声；忌不守秩序，行走时横冲直撞，与人抢道，阻挡道路等，这些行为既妨碍他人行走，也有损自身形象。

客运服务中介绍旅客、为旅客指示方向、引导旅客等时，需要使用规范的指引手势。具体要求是：伸出右手，五指并拢，掌心向上，上臂自然下垂，以肘关节为支点，由内向外自然伸开小臂。当指明方向后，手应暂时停留片刻，回头确认旅客认清后将手放下，不要随便横挥手后就立即放下。掌心向下、攥紧拳头、伸出手指点、手持物品指示方向等，都是对人不敬的手势。与人交往时，手势不宜过多，幅度不宜过大；手舞足蹈，动作夸张，也会引起别人的反感。

（4）语言礼仪　言谈是人们表达意愿、交流思想感情和沟通信息的重要形式。语言是人类重要的交际工具，不同的语言表达方式标志不同的文明程度。服务人员应遵循以下语言礼仪原则：

1）时间原则。客运服务人员见到旅客时应该主动使用礼貌服务用语。在服务中，使用礼貌用语应成为服务人员主动自觉的行为,并贯穿对旅客服务的全过程。

2)机智原则。机智原则要求服务人员以诚实为前提,根据具体的对象和场合,灵活运用服务语言。服务人员在任何情况下都应该做到以诚为本,以实为要,以真为先。在服务语言中,礼貌用语往往都是约定俗成、沿用已久的,客运服务人员应该认真、灵活运用。

3)言辞的礼貌性原则。言辞的礼貌性原则主要体现为客运服务人员对敬语的使用。敬语主要分为四类。问候型敬语,即在彼此见面的时候,相互问候的敬语,可用"您好""很久不见了""最近还好吗?"等。致歉型敬语,服务人员与旅客之间难免会发生摩擦,为了缓和彼此间的矛盾,致歉时可说"对不起""请多包涵""给您添麻烦了""非常抱歉"等。请求型敬语,服务人员在服务中请求旅客帮助或协助时使用,"请"字当头。道谢型敬语,服务人员得到旅客帮助、关照时,使用道谢型敬语,以表示自己的感激之情,如"谢谢""承蒙夸奖"等。

4)称呼的恰当性原则。称呼是指服务人员在服务过程中对服务对象所采用的称谓语。称呼礼节是指服务人员对旅客应采用恰当的称呼,做到及时、准确、恰当。"先生""夫人(太太)""女生""小姐"是国际上最常用的称呼。

旅客在旅行活动时需要得到物质上和精神上的享受,礼貌服务用语伴随着主动、热情、耐心、周到的服务,会使旅客感到礼遇和受尊敬,同时也能显示服务人员良好的素质,反映出客运企业的服务水平。

(5)行为礼仪 服务人员应注意以下行为礼仪:

1)接物和递物。为了表达出对旅客的恭敬与尊重,服务人员应当双手递物、双手接物,注意两臂夹紧,自然伸出双手。递剪刀、刀子等尖锐物品时,尖部或刀刃部不应当朝向旅客,注意所有的物品都要轻拿轻放。

2)目光的作用。"眼睛是心灵的窗口",眼睛最能倾诉感情、沟通思想、表达人的喜恶情绪。服务人员与旅客谈话时,目光应亲切注视对方眼睛。东张西望、心不在焉或继续手上工作、头也不抬,这些都是缺乏诚意和藐视别人的表现,极为失礼。目光注视旅客时,应该注意保持和悦的眼神,以表示对旅客的尊重和关注。但一般不要长时间凝视旅客,更不能长时间盯住旅客某个部位,可以把目光投向旅客额头至上身第二颗纽扣以上或两肩之间的区域,以免长时间直视对方,使其难堪。

二、售票服务

(一)主要工作和岗位职责

售票服务是客运服务中的关键,其主要工作和岗位职责见表4-3。

表4-3 售票服务主要工作和岗位职责表

主要工作	岗位职责
为旅客熟练办理售票、补票、退票手续 解答旅客关于班次、线路、时间、购买优待票等方面的问题 填报售票日报表、交款凭证、交款封条,按规定管理备用金 使用售票设备,排除简单故障 根据售票信息,分析客流情况,及时组织团体售票、上门售票等业务,提出加班车建议等	掌握客运站班次时间、道路通阻,以及旅客流量、流向变化情况,及时掌握班次增减信息,向旅客解释说明 严格执行运价政策,售票细致、快速、准确 遵守售票操作规程,做到"一会、二清、三问、四唱、五快",减少错售错款现象 票面信息填写要清晰、完整、准确,退票、改签按规定签章 认真填写售票记录,准确反映售票情况 有问必答,百问不厌,重点照顾重点旅客,帮助旅客选择经济线路 执行票据管理规定,实行日清日结,做到票、款、账相符

计算机售票要做到"一会、二清、三问、四唱、五快"。一会,即会普通话和当地方言;二清,即车票日期、车次、时间、序号清,售票记录清;三问,即问到站、日期,问车次、时间,问购票张数、是否携带免票儿童(如代理旅客意外保险业务,还需问是否购买保险);四唱,即唱到站,唱车次、时间,唱购票张数,唱收找钱数;五快,即计算快、打票快、收钱找钱快、递票快、退机快。手工售票做到"一会、二清、三问、四唱、五不、六快"。五不,即不跳号、不重号、不漏号、不错号、不错款;六快,即抽票快、打号快、计算快、写票快、收找钱快、递票快。

(二)客票知识

1. 客票的含义

客票是旅客乘坐交通工具旅行所持票据的总称。它既是道路旅客运输合同的基本形式,也是旅客乘车、托运行李、享受旅客待遇的凭证,确定了旅客和承运方之间的运输权利与义务关系。客票还是承运方向旅客收取运费的"发票",是旅客乘车和报销旅费的凭证。

客票是具有鲜明行业特点的一种凭证,道路客运企业必须使用交通主管部门统一规定的客票和收费凭证,任何单位和个人不得私自印刷和伪造。

客票按不同的营运方式分为班车客票、旅游客票、出租车客票和包车票。

1)班车客票是最普遍使用的客票,是起止站点或中途停靠站固定的班线所使用的客票。

2)旅游客票是旅客游览地乘车、住宿时收包干费用的票种。

3)出租车客票是为乘坐出租车出行的旅客出具的客票。

4)包车票是道路客运企业将客车包租给包车人,按行驶里程或包用时间结算出具的票据。

2. 班车客票

(1)班车客票种类　班车客票是最普遍使用的客票,由于乘坐线路不同或购票及乘车的地点不同,班车客票会有不同的种类。

固定客票:根据旅客乘车需求,车站出具的供旅客站内乘车使用的客票。

定额客票:旅客乘坐直达班车,车站出具的票面价格固定的客票。

补充客票:由随车乘务员出具给沿途上车旅客使用的票据。

以上三种客票,传统上均为纸质车票。随着互联网及信息技术的快速发展,电子客票出现并迅速普及。电子客票是"无纸化"车票,功能与纸质车票一样,二者的区别在于一个有形、一个无形,电子客票为旅客带来便利,提高运输企业工作效率,减少纸张消耗,将会得到广泛使用。

(2)班车客票票面内容　目前客运站普遍采用计算机系统发售班车客票。班车客票使用交通运输主管部门统一客票底票,售票员根据旅客的乘车时间、班次或站点等需求信息,在客票底票上填制相关信息后打印出票。客票底票信息包括客票名称、必要说明和其他信息。客票名称为"全国统一客票";必要说明宜为"限乘当日车次";其他信息包括箭头、表格框。表格框内为乘车日期、发车时间、检票口、车牌号、座位号、车辆车型/等级、售票方式、上限票价、客票类型、执行票价等信息。

条码单联式客票正面式样及尺寸如图4-2所示。二维码双联式客票正面式样及尺寸如图4-3所示。

(3)班车客票的售票方式　客运企业采取多种形式售卖班车客票,常见的方式有窗口售票、车上售票、预约售票、网络售票等。

1)窗口售票是一种常规售票方法,客运站设置售票厅,采取分线路专用窗口或全线路售票窗口的形式发售班车客票。较大型、客流较多的客运站,设置独立的售票处,也有的客运站把售票处设置在候车室内。

2)车上售票,一般指向中途停靠站上车的旅客售票,或在车上向始发站没买到票的旅客售票。司乘人员备有补充客票,可以随乘发售。

3)预约售票是指为方便旅客安排旅行计划,由旅社、宾馆、会议场主办方或旅客本人预订特定日期、特定班次的班车客票。预约车票可用电话预约、可派人预约,对集体预约还可以提供上门送票服务。预约售票的方式既方便旅客,又减轻车站售票的工作压力,是一种有效有利的方式。

4)网络售票是依托互联网,旅客先在网上订票,然后从车站现场取票或使用电子客票的一种售票模式。旅客准确提供有效身份证件信息,采用网上支付方式支付票款。

图4-2 条码单联式客票正面式样及尺寸

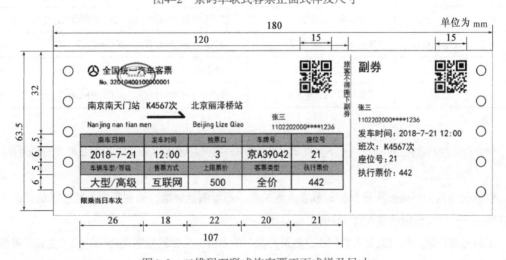

图4-3 二维码双联式旅客票正面式样及尺寸

(4)关于全票、免票、儿童票、优待票、半票的规定

1)成人及身高超过1.50m的儿童乘车购买全票。

2)身高1.20m以下、不单独占用座位的儿童乘车免票。每位持有全票的成人可携带1名免票儿童,携带免票儿童超过1名或需单独占用座位的需购买儿童票。旅客携带免票儿童在购票时应提前申报说明。

3）身高1.20~1.50m的儿童乘车购买儿童票。

4）革命伤残军人、因公致残的人民警察分别凭中华人民共和国残疾军人证、中华人民共和国伤残人民警察证购买优待票。

（5）班车客票的其他规定

1）旅客应按规定购买与所要乘坐的班车类别、客车类型相符的客票。需要躺卧的伤、病旅客，应按实际占用的座位购票。

2）凡持有证明，执行防汛、抢险、救灾等紧急任务的人员，以及新闻记者、伤残军人可优先购票。

3）客票以票面制定的乘车日期、车次，一次完毕行程为有效期限。旅客中途终止旅行，客票即行失效。旅客因急病、伤或临产必须中途终止旅行时，凭医院诊断证明和原客票，退还未乘区段票款，免收退款票。

4）对无票乘车但在出站时主动补票的旅客，客运站除补收自班车始发站至旅客到达站的票价外，应另加收补票手续费。对出站时经检查发现无票或持无效客票乘车的旅客，除需办理补票手续外，还应按票面金额的50%~100%罚款。补票手续费、罚款收入归客运站。

3. 退票规定

客运站办理退票向旅客收取退票费。由于客运站或承运人的责任造成延误发车或脱班，应允许旅客退票，并免收退票费；开车后不办理退票。目前有些客运站在开车后1h内仍可以办理退票。班车退票费收取标准见表4-4。

表4-4 班车退票费收取标准一览表

序号	乘车类型	退票时间	退票费标准
1	客运班车	开车2h前办理退票	按票面金额10%计收，不足0.5元按0.5元计算
2	客运班车	开车2h以内办理退票	按票面金额20%计收，不足1元按1元计算
3	旅游客车	开车12h前办理退票	按票面金额10%计收，不足1元按1元计算
4	旅游客车	开车12h以内办理退票	按票面金额50%计收，不足1元按1元计算

（三）班车旅客配载规则

售票员应按照客运站的班车配载规则售票。旅客配载规则包括限额配载和公平配载两方面的内容。

1. 限额配载

限额配载是指严格按照班车核定载客人数配载，不得超额售票，但在载客人数已满的情况下，允许再搭载不超过核定载客人数10%的免票儿童。

限额配载控制"核定载客人数10%的免票儿童"的方法是，要求旅客在购票时说明是否携带免票儿童，若携带，则售其"特票"，即在客票上加"特"字印记。检票时，凭"特票"上车的旅客可携带一名免票儿童上车。因此，可以通过控制每车"特票"数来控制免票儿童数量不超过规定的限额。

2. 公平配载

公平配载是指公平地对所有班车配载，不能对某一班车倾斜配载或拒绝配载。公平配载的要求如下：

1）旅客购买车票时，如指定班次，按"旅客优先"的原则为旅客所指定的班次配载。

2）旅客购买终点站车票时，如未指定班次，按"时间优先"和"终点站优先"的原则为终点站班车配载。时间优先是指对终点站相同的班车，先发班的先配载。如果发班间隔时间不超过15min，则尽量做到均衡配载。终点站优先指的是先为终点站班车配载，当终点站班车满员后再为途经站点的班车配载。

3）旅客购买非终点站车票时，如未指定班次，按"时间优先"和"里程利用率优先"的原则为相应的班次配载。"里程利用率优先"指的是将中途站旅客向该中途站前方最近的终点站班车配载。

三、广播服务

（一）主要工作和岗位职责

广播服务以客运作业为中心，传播相关信息，其主要工作和岗位职责见表4-5。

表4-5 广播服务主要工作和岗位职责表

主要工作	岗位职责
向旅客宣传党和国家方针政策、中心任务及重大时事新闻 向旅客宣传国家交通运输方面的法律、法规、政策和规定 向旅客介绍安全乘车的规定及一般常识，介绍站内环境、服务项目和客运班次情况 向旅客通报道路通堵、班次变更以及到发情况，通知旅客及时检票乘车 向到站旅客介绍本地火车、轮船、飞机的情况，以及旅社、公交线路、风景名胜、文化古迹等的分布情况 广播音乐和文艺节目，宣传表扬好人好事；代旅客（或接站人）广播找人、失物招领等 通知客运服务人员客运作业有关事项等	广播用词标准规范、语言流畅、通俗易懂、播报准确及时 爱护广播器材，严格备品整理，保管好所用播音材料，按规定做好广播设备的检查、保养和维护工作，保证广播器材完好 掌握客运服务工作的特点及规律，采用适宜的广播形式（转播、播放录音或自编节目等），提高播音质量和效果 认真搜集相关播音资料，做好整理、加工工作，播报内容丰富，气氛轻松、愉快 做好播音室对外服务工作，主动热情接办站内或旅客广播事宜

（二）宣传广播的作用

宣传广播，就是由宣传者、宣传内容、宣传媒介和宣传对象等诸因素所组成的一种传播信息的活动方式。客运宣传广播包括客运站宣传广播和客运车辆宣传广播两部分，主要作用是围绕客运作业过程，配合各项作业程序，进行内外协调，指导旅客有秩序地进行旅行活动。

1. 规范作用

道路客运生产过程离不开旅客的参与和配合。通过广播宣传国家道路客运法律、法规、政策和规定，如购票、禁止携带物品、行包托运、物品寄存、乘车安全、公共卫生、公共秩序等规定，让旅客知晓其在乘车旅行中的权利、义务及应遵守的行为规则。这样可以促使旅客配合客运服务工作，起到规范客运过程、保证客运秩序、提高客运质量的作用。

2. 指导作用

旅客是客运生产活动的中心，也是客运站和客车共同的服务对象。旅途中的旅客众多，客车服务人员随时与其沟通的最有效的方式就是广播。通过广播，及时通知客运站、客车、旅客三者间的服务活动信息，可指导旅客及时、方便、安全、有序乘车，完成旅行。对于规模较大、班次较多、客流量较集中的客运站，此项工作尤为重要。

3. 协调作用

旅客运输是多环节、多工种的生产过程，其站务工作分布在较广区域内。通过广播，可以大范围沟通站内各岗位之间以及客运站与客车服务人员之间的业务信息，协调相互作业关系。尤其是在发生例外或意外情况时，正常站务作业活动被打乱，通过广播能迅速传达上级指令，以保持站务活动整体协调和相互衔接，也可以及时发布站务活动调整、进展情况，可以在一定程度上缓解旅客的抱怨和不满，协调客运站、客车与旅客的关系。

4. 宣传作用

通过广播，宣传党和国家的方针、政策及重大时事新闻，宣传公共卫生、公共秩序和公共道德，宣传好人好事，插播文艺节目等。广播既能调节候车乘车气氛、丰富旅客旅行生活，又能进一步发挥客运文明窗口作用，促进旅客文明乘车和良好社会风气的形成，推动社会主义精神文明和和谐社会的建设。

5. 协助作用

客运站、客车是比较复杂的公共场所，人员数量多、成分杂、流动性强。旅客在出行过程中往往会出现一些意想不到的问题，如物品丢失、儿童走失、同伴失散等。通过广播发布寻物、寻人等方面的公告，可以为旅客提供有效帮助，为其排忧解难。

（三）客运宣传广播用语的特点

客运宣传广播用语，是民族语言系统中行业语言系统的一个子系统，它除具有语言、行业语言的特点外，还具有与道路客运行业特定环境、条件和人员相适应的特点。客运宣传广播用语具有行业性、主动性、通用性（标准性）、规范性、咨询性和重复性等特点。

1. 行业性

所谓行业性是指宣传广播用语要适用于道路汽车客运行业。客运行业的服务对象是旅客，服务场所是客运站、客车车厢，服务功能是完成旅客位移，服务要求是安全、准时、迅速、经济、便捷、舒适。客运宣传广播用语的适用范围和内容，必然呈现行业性，如候车区域、售票窗口、售票时间、检票地点、检票时间、上车地点、发车时间等方面有自己的行业专业语言。

2. 主动性

旅客来自四面八方、各行各业，不少旅客缺乏乘车经验或存在某种程度的沟通障碍等。因此，客运企业要主动宣传客运信息，主动做好向导，宣传旅行常识、乘车路线、发班时间等。

3. 通用性（标准性）

旅客的人员结构复杂，在宣传广播时要使用通俗易懂的通用性（标准性）语言，即普通话，还应避免使用生僻难懂的专用术语。

4. 规范性

客运工作日复一日、年复一年。根据积累的经验和旅客的普遍要求，形成了规范化、标准化的行业服务语言系统。有些行业性简称、俗称已被人们接受，成为客运服务用语的组成部分，如"三品"检查、"客规"等。

5. 咨询性

客运过程中，旅客经常会咨询以下旅行问题：客票、行包的具体规定；换乘飞机、轮船、火车等其他交通方式的时间、班次、地点；旅游区的旅游路线、风景古迹情况等。可将此类问题汇编成客运播报内容，主动宣传介绍。这使得客运广播用语具有鲜明的主动咨询性的特点。

6. 重复性

重复性是客运作业的一大特点，旅客是批量流动的，一批旅客走了，新的一批旅客又来了。因此，要使过往旅客及时听到客运信息，在广播信息的向导下进行乘车活动，客运广播就要在每一客运班次的始发与到达前不断重复地播放固定广播词。为了保证旅客都能听到客运信息，也要反复广播检票、发车等信息。

（四）广播词示例

1）旅客朋友们，你们好！欢迎您来××汽车站乘车旅行。××汽车站所属国家二级客运企业××市汽车运输总公司，成立于××××年，主营旅客运输，承担我县跨区以上长途旅客运输业务，现有发往北京、上海、苏州、无锡、南京、宁波、武汉、安庆、合肥、芜湖、马鞍山等大中城市的客运班车。我们将以优质的服务、完好的车辆设施、合理的运价向您提供安全、便捷、经济、舒适、可靠的旅行服务。

2）各位旅客，欢迎来我站乘车。当您购票后拿到车票时，请核对一下客票上的到达站点、乘车日期、开车时间和找回的零钱，如有不符，请当面向售票员核实更正。

3）各位旅客，为了保证您的旅行安全，根据国家相关规定，严禁携带易燃、易爆、有毒等危险品进站、上车，如有携带火药、汽油、酒精、"香蕉水"⊖、导火线、炸药、枪支弹药、农药、剧毒品、鞭炮、烟花的旅客，请向我站工作人员说明，以便帮助您妥善处理。在旅途中如发现故意携带或伪装夹带危险品并隐瞒不报者，工作人员有权处置物品，由此带来的费用由旅客承担。对导致安全事故，造成人身伤亡和财产损失的要依法追究刑事责任。

4）各位旅客，车站是旅客的"临时之家"，为了使大家有一个良好的旅行环境，除了服务人员努力做好卫生工作外，也请各位旅客协助我们。请不要乱丢垃圾，随地吐痰，带小孩的旅客不要让小孩随地大小便，感谢您的支持。

5）各位旅客，车站是公共场所，往来旅客众多，人员复杂，请您在候车、乘车时提高警惕，妥善保管好自己随身携带的行李物品，不要委托不认识的人看管，不要参与赌博，以免上当受骗。

6）各位旅客，为了您的旅行顺利，途中停车休息或进餐时，请您不要远离停车地点，听从司乘人员的开车时间安排。中途下车时，请您在车辆停稳后再下车。车辆行进中，请不要抽烟，不要将头和手伸出窗外。带小孩的旅客请照管好自己的小孩。您如果晕车，车上备有晕车药，请您早做准备，预防呕吐。

四、检票服务

（一）主要工作和岗位职责

检票服务是指检验旅客车票，组织旅客按其所购车次上车。组织旅客按先后次序上车，对客流较大的车站尤为重要，检票人员必须认真负责，做好服务。检票服务主要工作和岗位职责见表4-6。

表4-6 检票服务主要工作和岗位职责表

主要工作	岗位职责
负责检票 引导旅客上车 处理失班、误点、坏车等班车的旅客改乘、特检、拼班 填写打印结算单 签发路单等	上车前查验旅客车票、计数并做好检票记录 按车次组织旅客依次有序乘车，防止漏乘、错乘、误乘和超员 查验车票的有效性，劝阻人票不符的旅客乘车 协助核查旅客是否携带超重行包，是否随身携带违禁物品上车，阻止禁运、限运物品上车 正确填写打印结算凭证、行车路单 保证正点发车等

⊖ 香蕉水又名天那水、梨油，是由多种有机溶剂配制而成的无色透明易挥发的液体。

（二）查验车票要点

检票工作的核心是查验车票，即查验车票的有效性，保证旅客按正确的时间、车次、票种乘车，防止漏乘、错乘、误乘和超员。旅客车票查验只有短短数秒，快速、准确核查每位旅客的车票，需掌握验票要点。查验车票，应做到"三看、一唱、四不检"。

三看：看到讫站，看客票种类，看票面车次、日期。

一唱：唱到达站名。

四不检：票种与使用者不符不检，行包超过携带重量未办理托运者不检，携带儿童超过规定高度的未购儿童票者不检，客车超员后不检。关于票种、儿童身高及客车配载的相关规定见本章售票服务部分，行包携带重量的相关规定见本章第三节行包受理部分。

（三）客运结算

班车客票收入是道路客运企业营业收入的主要来源，是由分布在广阔营业区域内的基层营业站点（如客运站、各网点售票处）通过发售客票等业务活动取得的。道路客运企业的经营线路一般都比较长，很难全部自设站点，企业之间通常需要合作，为其他企业提供运输服务并代收运输收入。这样，道路客运企业的收入就有"地区收入""经营收入"之分。所谓"地区收入"是指企业通过基层营业站点提供所在地发出客车的运输服务而取得的收入，既包括自有客车（含具有管理权的客车）的运输收入，也包括为合作企业及其他客车运输经营者代收的运输收入。所谓"经营收入"，是指企业自有客车的运输收入，包括去程和回程的收入之和，或者说，既包括企业自设站点取得的自有客车运输收入，也包括合作企业代收的自有客车运输收入。通常所说的收入主要指企业的"经营收入"。运输企业之间存在大量的相互结算问题，即从对方企业的地区收入中结进属于己方的经营收入，同时从己方的地区收入中结出属于对方企业的经营收入。

1. 客运结算方法

客运收入的结算，是指相互合作的客运企业之间为对方代理客运业务所取得的客运收入的相互结算与划拨。客运收入的结算比较复杂、方法较多、程序较多。正确选择结算方法（需经结算双方共同认可，并签订协议），严格控制结算程序，以保证企业经营收入完整、及时入库，是企业收入管理的重要内容，因此有些大型客运企业专门设立结算中心负责此项工作。客运收入的结算方法主要有以下三种。

（1）互不结算 当两家客运企业在同一条线路上对开等量客运班车时，如果双方各自经营的路段里程和站点设置数量大致相等，双方车辆在对方经营站点所完成的客运周转量和客运收入基本接近（即双方地区收入中为对方代收的经营收入基本接近），经双方协议，各营业站点的客票收入和行包收入，不管旅客和行包是由哪个企业的车辆承运的，均作为各站点主管客运企业的客运收入处理，双方不做补差结算。这种结算方法最简单，但要求双方代收的收入基本接近，因此局限性较强。

（2）差额结算 客运合作企业同一线路上的对开客运班车，双方各自经营的路段里程、站点设置数量往往不同，双方车辆在对方经营站点所完成的旅客周转量和客运收入相差较大时，为使双方车辆所完成的运输工作量与其收入相一致，客运合作企业签订协议，规定采取差额结算的办法。道路客运企业大部分采用这种结算方法，差额结算是应用最多的方法。差额结算的方法可分为据实补差和固定补差两种。

1）据实补差。据实补差是指按双方地区收入中对方代收的经营收入的实际差额进行结算。依法独立经营的客运站经营者与客车运输经营者之间的结算，可视为据实补差的特例，即一方代收经营收入为零的情况，这时只存在客运站经营者对客车运输经营者的单向结算。

在具体的做法上，可根据不同的结算依据来进行，主要有：

① 以售票月报为结算依据，即相互代售客票，双方根据售票月报的数据进行收入结算或补差。

② 以行车路单（或结算单）为结算依据，即根据行车路单（或结算单）的记录，双方各自计算本企业车辆在对方站所完成的旅客周转量，按标准客运费率计算应得收入，月终进行收入结算或补差。

③ 以客票副券为结算依据，即在客票上印制副券（副券上印有起讫点和票价），副券由检票员撕下，或者旅客上车后由随车乘务员或驾驶人撕下，双方根据客票副券汇总后的数据，月终进行收入结算或补差。

2）固定补差。固定补差是指在一定时间内，双方按照事先约定的固定差额进行收入结算。"固定差额"的确定方法是：按双方车辆每月计划总行驶座位千米数（座位公里数）乘以双方协定的实载率，再按标准费率计算应得全程全月客运总收入，以总收入的50%作为平均每车客运收入，然后根据双方各自负责经营路段里程占整个路段里程的比重，计算双方辖区客运收入，平均收入与辖区收入的差额即为固定补差金额。在对开班车数、车辆座位、站点设置、实载率等不变时，补差金额可以长期固定不变。

固定补差的方法相较于据实补差的方法，其结算操作简单得多，不存在结算依据的保管、统计、审核等烦琐程序，以及由此而可能存在的结算误差和漏洞，所以应用成本要低得多。但固定补差的方法也有不足之处，实载率的波动较大时则难以应用。

上述两种方法在结算差额时，都需从中扣除车站客运代理费。

（3）包干实载率结算　包干实载率结算是指某客运企业车辆定期开往对开联运公司所辖营运区域，去程由该客运企业自行售票，回程由联运公司代理售票，事先经双方商定，联运公司按固定实载率计算客运收入并按月付给该客运企业，实际收入多于包干实载率收入或少于包干实载率收入，双方不增补也不扣减。客运代理费一般在议定实载率时考虑，故结算时不再重复扣除。

例如甲公司有40座客车一辆，每天固定开往乙公司所属车站，回程全部由乙公司售票，如果双方商定的包干实载率为60%，则不论实载率是多少，乙公司都必须每天按40座的60%（即24个座位）回程票款结算给甲公司，超过24个座位的票款收入全部归乙公司。

2. 行车路单

行车路单是道路客运的重要凭证。对于客运企业来说，行车路单的主要作用是：

1）行车路单是车辆调度运行的命令。司乘人员必须无条件地执行，严格按路单指定的时间和要求发车、运行。

2）行车路单是车辆执行任务的原始凭证，是统计和考核车辆运行的原始资料。客运服务人员（检票员、乘务员）应当按实际情况（上车人数、起讫站点、发车时间等）逐项填写清楚。

3）行车路单是车辆营运收入的结算凭证。有的公司使用专门用于结算的凭证（结算单）作为站运之间或客运企业之间结算的依据。

4）行车路单是对司乘人员考核和计发行车补贴的依据。

行车路单由调度人员签发，司乘人员领用，站务人员填写，统计人员保管。行车路单应通过严格的管理制度，规范领用、填写、回收、统计、保管等程序，保证其准确无误、完整无缺。表4-7为省内道路客运行车路单样例。

需要说明的是，随着信息技术在道路客运管理中的广泛应用以及车辆运行方式的改变，行车路单的功能、使用、管理等方面都发生了明显的变化。比如：行车路单的调度命令功能大大削弱，逐渐由计算机取代人工操作完成行车路单的数据生成和统计，行车路单的领用、回收、保管等程序的重要性也日渐淡化。

表4-7 省内道路客运行车路单

×××省省内道路客运行车路单

车号：　　　　　座位：　　　　　驾驶人：

车属单位：　　　　编号：××—××××　　　　印刷单位：

车次	发车时间	起点	止点	里程	旅客运输量		邮件·包裹·行李					车站签章	总结	行驶里程	合计	
					人次	人·km	件数			运输量						
							邮件	包裹	行李	kg	kg·km				重驶	
															空驶	
														旅客运输量	人次	
															人·km	
														汽（柴）油耗（L）	定额消耗	
															实际消耗	
															节约（−）	
															超耗（+）	
														机油实际消耗（L）		
													备注			

路单签发单位：（业务章）　　　　路单签发人：　　　　　　年　月　日（有效期　　天）

　　　　　　　　　　　　　　　　路单回收人：　　　　　　年　月　日

3. 客运结算单

客运结算单是车站出具给营运客车载客情况的清单，是客运企业内部经济核算的重要依据之一。结算单一般由车站的检票员签发，主要内容包括该班车实际上车人数、起止站、票种、金额、车辆牌照号、班次、车属单位、签发人及签发时间等信息。

车站调度组指定专人收回结算单，按时将每日的跨区单送交结算部门；结算部门将结算单按线路分类集中，月底将线路的收入、人数结出；结算部门根据经营合同的规定结算后将款项拨给车队。表4-8为客运站结算单样例。

表4-8　客运站结算单

×××客运站结算单

结算单号：　　　　　　　　班次：　　　　　　　　车辆牌照号：
发车时间：　　　　　　　　终点站：　　　　　　　车属单位：

序号	到站	上车人数		票种票价		金额
		旅客（全票）	旅客（半票）	全票	半票	
1						
2						
3						
4						
合计						

说明：
1. 请驾驶人核对路单人数是否相符，注意保存，遗失不补。
2. 车属单位凭结算单结账。
3. 结算单人数不能涂改、加减，如涂改、加减则无效。

签发人：　　　　　　　　　　　　　　　　签发时间：

第三节　行包托运

行包是旅客托运的行李、包裹的简称。行李是凭有效客票托运的旅行必需品；包裹是由旅客汽车运送或按客运速度办理承运的行包专车运送的货物。但是，随着客车行李舱容积的扩大和高速客运的快速发展，行包不仅仅限于"旅客托运"了，还包括非旅客（货主）托运的适合在客车行李舱运输的小件货物。为了区别，我们称前者为旅客行包，后者为小件货物。

行包具有批量小、到站分散、种类繁多、性质复杂、包装规格不一等特点，因而运输组织工作复杂，作业环节多，需要较多的劳力、设备和机具，运输成本较高。运输企业采取了集中化、集装化运输等多项措施，建立了独立的行包运输系统。

汽车客运站行包托运作业流程见图4-4。

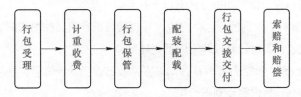

图4-4　汽车客运站行包托运作业流程图

一、行包受理

行包受理包括托运申请、托运行包检查与处理等环节。其中，行包托运单是重要的运输单据。

1. 托运申请

托运申请时，托运人应确认行包终到站在客运站线路的承运范围内，托运物品符合客运规定，不含违禁物品。

（1）道路客运行包　道路客运中，旅客乘车可携带随身物品，每张全票（含半价优待票）免费携带10kg，每张儿童票免费携带5kg，体积不得超过$0.02m^3$，长度不能超过1.8m，并以能放置于本人座位下或车内行李架上为限。超过规定时，其超过部分按行包处理并收费。

按计量方式不同，可将行包划分为普通行包、轻泡行包和计件行包。普通行包指每千克体积不超过$0.003m^3$的行包或每立方米重量超过333kg的行包；轻泡行包指每千克体积超过$0.003m^3$的行包或每立方米重量不足333kg的行包；计件行包指按规定以物品件数为单位托运的行包。

（2）行包托运中的禁运和限运规定　为了保护国家政治、经济、社会及文化的发展，保证行包运输过程中的人身安全、行包安全及行包操作设备安全，防止不法分子利用行包网络渠道从事危害国家安全、社会公共利益或者他人合法权益的活动，国家对禁限运物品做了规定。禁运物品是国家法律、法规明确禁止托运的物品；限运物品是指有价值和数量上限制的个人托运的物品。具体禁运限运物品规定见本章第五节安全服务部分相关内容。

（3）托运单填写　托运单是运输企业准备的，在办理托运业务时由托运人或其代理人及运输企业共同签发的重要运输单据。它是运输企业与托运人之间的托运合同，是一种格式合同。运输企业根据行业标准中推荐的格式，结合本企业托运服务产品类型设计托运单格式。各个企业使用的托运单格式存在一些差异，但其设置的栏目内容基本相同。

托运人办理托运申请，需按要求填写托运人应填写部分的内容：起运站、终到站、托运单位（人）、收货单位（人）、电话；货物名称、包装、件数、重量、体积；货物价值，是否保价、保险等。

2. 托运行包检查

（1）检查行包起运地、终到地是否在企业运输线路范围内　行包起运地、终到地应在运输企业运输线路范围内，否则将不能受理。当行包起运地、终到地不在运输企业运输线路范围内时，运输企业可能在部分线路上提供中转运输服务，这时需征求托运人意见后再酌情办理业务。

（2）检查行包包装　行包必须包装严密、捆扎牢固，外包装不得破损，不符合要求的物品不受理托运。行包的单件体积一般不超过$0.12m^3$，单件重量一般不超过30kg。如超重量或超体积，根据情况加收适当的运费，或不予受理托运。还要注意以下两点：

1）托运物品是否有内包装，如有内包装，检查内包装是否完好。

2）内包装是否适合运输，如果不适合运输，需对行包进行外包装，保证行包在运输途中的安全，以及不被污损。

在行包包装检查过程中，常采用的方法有以下几种。

1）看：各交接环节对于拿到的行包，应检查外包装是否有明显破损或撕裂。若有明显破损或撕裂，则必须进行重新包装，不可让其继续流向下一环节。

2）听：用手摇晃包裹，听是否有声音。如果有异常已破损的声音等，则须打开包装检查，不可放任不管而致使尖锐物在包装内窜动划伤行包。

3）感：用手晃动包裹，感觉运输物品与包装物壁之间有无摩擦和碰撞。如有，则需要打开包装进行充实缓冲。

4）搬：搬动一下行包，看是否有重心严重偏向一边或一角的现象。如有，则需要打开包装重新定位运输物品在包装内的位置。

（3）检查托运物品　一般采取验视的方式检查托运物品，验视托运物品时：

1）检查托运物品是否属于违禁物品。检查托运物品时如发现禁限运疑似品，站方工作人员应会同托运人开包检查。如托运人拒不检查的，可拒绝托运该行包。对不能识别性质的物品，应要求托运人提交有关部门出具的确非危险物品或非妨碍公共卫生物品的鉴定证明后，方能办理托运。

托运人违反规定托运或在行包中夹带违禁物品的，客运站有权限根据不同情况分别做出处理。一是在承运前发现了违禁物品，可以不予运输；托运人的行为触犯其他法律、行政法规规定的，应将托运人和违禁物品交由相关部门处理；托运人坚持托运或夹带违禁物品的，可以拒绝运输。二是在承运后发现了违禁物品，运输方可以在任何时间、任何地点将违禁物品卸下、销毁或者送交有关部门处理，由此所产生的额外费用应由托运人承担。

2）检查托运物品的实际数量，确保实际数量与运单上注明的数量一致。如托运单上没有写数量，则与托运人当面确认行包的数量。

3）检查托运物品的名称，确保托运单上的托运物品名称与实际托运物品名称一致。

3. 行包托运单

（1）托运单的作用

1）托运单是托运人与运输企业之间缔结的行包托运合同，在双方共同签名后产生法律效力，行包到达目的地并交付给托运单上所标注的收货人后，合同履行完毕。当托运人办理行包托运业务，以物品所有人或代理人的名义填写并签署行包托运单后，即表示接受和遵守相关运输条款。行包托运合同保护并约束承托双方及第三方的权利与义务。

2）托运单是行包收据，是运输企业签发的已接受行包证明。托运人将行包交接后，运输企业将其中一联（客户联）交给托运人，作为已经接收行包的证明。

3）托运单是运输企业内部业务处理的依据。托运单随行包同行，证明行包的"身份"。

（2）托运单各联的功能　托运单一式多联，各联内容和版式完全相同，通常包括留存联、客户联、到达站联、随车联等。由于不同企业行包递送环节不完全一致，因此相应的托运单联数及版式也不同：常用的有一式三联、一式四联、一式五联、一式六联等。随着信息技术的发展，电子托运单已广泛使用，其功能与纸质托运单相同。

1）留存联。行包员成功收取托运人的行包后，将留存联留存在托运站点，并以此将托运信息录入信息系统。它是托运站托运行包的记账凭证，是营业收入的原始依据，是收货票数统计的依据，也是托运信息录入系统的源头，托运人可通过网络查询行包状态。

2）客户联。行包员将该联交给托运人保存，它是收取运费（运费现结及运费月结款）的依据，托运人可凭此联查询行包状态。当行包在托运过程中损坏或灭失，托运人凭此联投诉和理赔。

3）到达站联。行包到达目的地后，运输车辆驾乘人员将行包连同该联交给到达站保存，它是到达站收到行包的证明。

4）随车联。该联托运单是托运车辆运输行包的依据，到达目的站后，目的站相关业务人员签字，表示行包已正常运送到目的地车站，运输车辆将该联托运单带回交给托运客运站，表示此票行包已完成托运的整个流程。

5）其他托运单联。各运输企业根据行包业务实际需求设计、用作其他用途的托运单联。

（3）托运单的主要内容

1）托运单须填写的内容包括：托运单位（人）、收货单位（人）、电话；车次、承运单位、车牌号；货物名称、包装、件数、重量、体积；装货地点、卸货地点、运距；起运站、到达站；托运日期、交货地点、交货时间；货物价值、是否保价、保险；运输费用的结算方式；托运人、承运人签字等。

2）托运单印就条款是运输企业提前印制在托运单上，和托运人共同承认、遵守，具有法律效力，自签字之日起确认生效的条款。行包员有义务在托运行包时提醒托运人阅读印就条款。一般印就条款包括以下内容。

① 托运单是运送协议的组成部分：协议自托运人、托运服务组织的托运人员在托运单上签字或盖章后成立。

② 应依法组织托运行包，对信件以外的行包按照国家有关规定当场验视，对禁运物品和拒绝验视的物品不予托运。

③ 托运人不得托运国家禁止托运的物品，不得隐瞒托运行包的内件状况，应当依照相关规定出示有效证件，准确、工整地填写托运单。

④ 在托运过程中造成行包延误、毁损、灭失的，应承担赔偿责任。双方没有约定赔偿标准的，可按照相关法律规定执行。既无约定也无相关法律规定的，按托运服务标准规定执行。托运服务组织有偿代为封装的，承担因封装不善造成的延误、毁损、灭失责任。

⑤ 托运人违规托运或填单有误，造成行包延误、无法送达或无法退还，或因封装不善造成行包延误、毁损、灭失的，由托运人承担责任。

表4-9为客运站行包快运托运单样例。

表4-9 客运站行包快运托运单

托运日期： 年 月 日					编号：	
起运站×××	到达站		查询电话：××××××××			
收货单位（人）		电话			托运人注意事项：	
托运单位（人）		电话			1. 托运人必须详细填写托运单。	
货物名称	包装	件数	重量	体积（长×宽×高）	2. 收货人或被委托人提货时必须持本人身份证。	
					3. 不得谎报货名，不得在托运货物中夹带危险、禁运等物品，否则一切后果由托运人负责。	
					4. 托运人应提前通知收货人接货，如因接货不及时而造成的损失由货主自负。	
					5. 承运车辆（人）在运输中发生的一切责任事故由承运车辆（人）负责赔偿。	
					6. 承运车辆（人）在收货人签收后应将第四联在两日内交回起运站备查，否则一切后果由承运车辆（人）承运。	
合计					7. 收货人未能按期接货，可在货物发出后三日内电话查询。	
货物价值	保价	保险	预付运费	到付运费		
（如不保价运输可不填）	（在选择项下打"√"）					
托运人声明：我/我们已详细阅读了本运单上的协议内容，承运人已将该协议的条款做了说明和解释，我/我们完全同意运输条款。如未选择保价运输，一旦发生货损、货差或丢失，每票最高赔偿500元。如选择保价运输，一旦发生货损、货差或丢失，按保价运输条款赔偿。 托运人签名：						
车次		承运单位			车牌号	
交货地点		交货时间		承运人签字		行李员

注：第一联，留存；第二联，交客户；第三联，到达站留存；第四联，承运人交起运站。

（4）托运单的签署

1）称重计费完毕后，需将行包的重量和资费写在托运单相应位置内。行包员在相应栏目内写上工号或名字。

2）托运人在签署栏用正楷字体写上托运人的全名。如客户的签名无法清晰辨认，则行包托运员应该再次询问托运人的全名，并用正楷字体在客户签名旁边注上托运人的全名。

如托运人选择用盖章替代签字，则在托运单的托运人签署栏盖上代表托运人身份的印章。应注意：每一联托运单都必须在托运人签署栏盖章，且是同一个章，即确保每一联托运单的盖章保持一致。如盖章内容不清晰，行包托运员应该询问托运人的全名，并用正楷字体在盖章旁边注上托运人的全名。

3）托运单签署应注意，任何时候行包托运员都不得代替托运人签字，不得涂改托运人的签名或盖章，旁注托运人姓名时，只能在托运人签字、盖章内容的旁边写，不得覆盖或涂改托运人原有的签字或盖章内容。

二、计重收费

（一）行包运费

道路客运中的行包运费包括运费和其他费用。运费是指承运人在运输行包时按照所运行包的种类、重量、距离而收取的费用。其他费用是指除运费外，与行包运输有关的杂费，如装卸费、装卸落空损失费、延滞费等。运费以元为单位，不足一元时，四舍五入。行包员在托运现场需要准确计算行包运费。

1. 确定计费重量

行包可按照实际重量、体积重量、起码重量、计件重量确定计费重量。

（1）实际重量　实际重量是指需要托运的一票行包包括包装在内的实际总重量，即计重秤上直接读取的重量。

（2）体积重量　体积重量是利用折算公式以货物体积进行折算的货物重量，单位为千克（公斤）。用行包包装的最长、最宽、最高相乘计算货物体积，然后乘以折算系数求得体积重量。

运输行业内由于运输工具载容量有限，需运物品体积较大而实重较轻时，采取计算体积（轻泡行包）重量的方法。在道路客运中，轻泡行包是指每千克体积超过$0.003m^3$或每立方米重量不足333kg的行包。可按体积每$0.003m^3$折合1kg，或每立方米折合为333kg的标准将测定的体积折算为体积重量。

（3）起码重量　起码重量是运输企业规定的最低计费重量，起码重量所对应的资费为起码运费。起码运费又称最低运费，是运输企业办理行包运输所能接受的最低运费。托运行包的起码重量为10kg。

（4）计费重量　计费重量是行包运输计算运费的重量。计费重量确定有两种方法：

1）从行包实际重量、体积重量、起码重量中选取较高者作为计费重量，也称为"取大"方法，即：行包体积小、重量大时，按实际重量计算，计费重量=实际重量；行包体积大、重量小时，按体积重量计算，计费重量=体积重量；行包体积和重量都小，计费重量=起码重量。

2）运输企业将部分物品按件折算计费重量。计件行包规定的折算量表样例见表4-10。

表4-10 ××客运站计件行包折算量表

序号	品名		计量单位	计费重量（kg）
1	未拆散的自行车（20in或51cm以上）		辆	30～50
2	折叠自行车（20in或51cm以上）		辆	25
3	残疾人车		辆	50～100
4	各种儿童座车		辆	20～40
5	儿童脚踏车（20in或51cm以上）		辆	20～30
6	未拆散的缝纫机		台	50
7	摩托车		台	250～400
8	洗衣机		台	50～100
9	电风扇		台	10～40
10	台式计算机（主机+显示器）		台	20～60
11	微波炉		台	15～30
12	分体式空调		台	50～100
13	窗式空调		台	30～50
14	电视机	54cm（21in）及其以上	台	30～50
		67～76cm（25～29in）	台	60～80
		76cm（29in）以上	台	90～100
		液晶屏电视机按上述电视机一半折算计费重量		

注：其他物品可比照电视机体积折算。

2．确定计费里程

以里程为单位的计费方法是以运距的远近为依据，按行包装运地点至卸货地点的实际运输里程计算的，以千米为单位，尾数不足1km的，进整为1km。各运输企业根据企业的具体位置，编制计费里程明细来进行费用的结算。营运里程以交通运输部和各省、自治区、直辖市交通行政主管部门核定、颁发的《中国公路营运里程图集》为准。图集里未核定的里程由承、托双方共同测定，或经协商按车辆实际运行里程计算。

3．行包运价

旅客行包运价实行政府指导价格。各省、自治区、直辖市根据国家颁布的《汽车运价规则》，结合各地区具体情况制定《道路旅客运价实施细则》，规定行包运价。有的地区规定了行包运价基准价和上下浮动的界限；有的地区规定行包每100kg·km运价按旅客车型基准运价的2倍计算等。大部分的小件货物运价实行市场调节价，由承托双方协商定价。

4．其他杂费

其他杂费包括调车费、延滞费、装货（箱）落空损失费、道路阻塞停运费、车辆处置费、车辆通行费、运输变更手续费等。

5．运费计算方法

行包运费=行包运价×计费重量×计费里程+其他费用

（二）保价运费

托运人托运行包分为保价运输和不保价运输，按哪种方式运输，由托运人选择，并在托运单上注明。保价运输是指托运人向运输企业声明行包价值，按照保价费率向运输企业支付保价费用，运输企业以行包声明价值为限承担行包在运输过程中发生的遗失、损坏、短少等赔偿责任。保价服务是一项附加服务，是运输企业争取客户资源，应对竞争和开发中高端市场的一项重要举措。它既可以满足客户中高端服务需求，也是运输企业收入增值的渠道。

保价运输时必须声明价值，可分件声明价值，也可按一批全部件数声明总价值。保价运输的行包按声明价值核收保价运费，保价运费一般按声明价值的0.5%核收，但不同运输企业的保价运费的费率可能不同。运输企业承运保价运输的行包时，有权检查声明价格同实际价格是否相符。如托运人拒绝检查或运输企业对声明价格有异议，不能按保价运输办理。按保价运输办理的行李、包裹，应在行李、包裹标上写明声明价格是否相符。

保价行包普遍都是价值较高或托运人非常重视的物品，因此须妥善包装行包，并使用特殊的标识提醒各操作环节注意保护行包。鉴于保价行包的特殊性，有些运输企业使用专门印制的保价托运单，有些运输企业则直接在普通托运单的某一位置显著标记"保价"。

三、行包保管与配装配载

（一）行包保管

在行包运输过程中，承托双方都希望迅速将行包送达到收货人手中。但由于种种原因，行包运输中途时时有停顿发生，需完成行包保管作业。保管作业主要发生的环节有：受理旅客行包后不能及时分线装车，在发送站进行行包的保管；中途转运过程中卸下的行包不能及时中转装车，在中转站进行行包保管；终到站行包卸下后，提货人不能按时提货，终到站进行行包保管。

汽车站行包保管库房可分为发送行包区、中转行包区和到达行包区。行包房多以短期中转暂存的小件物品为主，常配备轻型低层货架、以人力为主的搬运设备。

发送行包区、中转行包区的货位按行包的流向划分，按先到后装、后到先装的原则，同一运输方向或线路上的行包按照站点顺序存放。后到达的行包距离行包房出口近，先到达的行包距离行包房出口远。

到达行包区的行包按照行包到达的时间顺序存放。一般到达的行包大部分会即时提货，少部分会短时间保管，所以先到达的行包放置在离行包房出口较远处，后到达的行包放置在距离行包房出口较近处。

行包保管的过程中，运输标签一律朝外，方便查找行包。

行包保管应建立责任制和货票对照的班组交接制度，防止丢失及混乱，应特别注意防火、防湿、防盗、防爆，保证行包的安全。行包保管责任人因自身过错给承运人或其他托运人、收货人造成损失时，有承担赔偿责任的义务。

（二）行包配装配载

行包配装配载是指为具体的班车选配货载，即承运人根据行包托运计划，确定客运班车应装运的行包的品种、数量及体积，编制装车清单。表4-11是某客运站行包装车清单样例。

表4-11　××客运站行包装车清单

车辆牌照号：　　　　　车属单位：　　　　　　　　　年　月　日

序号	终到站	托运单号	品名	件数	体积	装车状态	备注

运输方签字：　　　　　　　　　　　　　　　　行李员签字：

无论是哪种运输工具，其载货量是一定的，而不是无限的，其载质量或载容量都是有限值的。因此，如何使一个有限装载量的运输工具能够最大限度达到限定的载质量，同时又能充分利用其载容量，是运输活动中提高运输工具的利用率从而提高经济效益的一个关键环节。

1. 配装配载的程序

轻重搭配是配装配载的原则。也就是说，用重货铺底，以充分利用运输工具的载质量，轻重货搭配以充分利用运输工具的载容量。但轻重货物的搭配并不是随意的，需遵循一定的程序，力求取得最佳的经济效益。

行包配装配载的一般程序是：

1）根据运输工具的内径尺寸，计算出其最大载容量与载质量的容积比。

2）测量所载货物的尺寸质量，结合运输工具的尺寸，初步计算出装载轻重货物的比例。

3）装车时注意货物摆放顺序、堆码方向，是横摆还是竖放，要最大限度地利用车厢的空间。

4）配载时还要根据具体情况，判断货物的价值来进行价值的搭配。

5）以单位运输工具能获取最大利润为配装配载总原则。

2. 配装配载时应注意的事项

1）重货不能压轻货，大件货物不能压小件货物。

2）注意运输工具的承重位置，不能偏重，或者中心偏移。

3）注意附加值高的货物的装载位置，要相对保护起来。

4）注意食品不能和有异味的货物混装。

5）液态物质要注意其包装的密封性并采取隔离措施。

6）怕压、易碎、易变形的货物，在装载时要采取防护措施。

四、行包交接交付与赔偿

（一）行包交接交付

行包的运送工作是由多人、多部门联合完成的：行包在托运人、承运人、收货人之间交接交付，不同运输企业联合作业，企业不同部门衔接配合。行包在运输途中进行装卸、运输、换装、保管等，为了保证行包运输的安全与完整，划清运输责任，应办好交接手续。

1. 行包交接

（1）当面交接　行包交接双方交接行包和托运单时，须当面交接，交接双方共同确认行包和托运单信息无误。如出现问题可现场解决，或将行包和托运单退回给交付行包方，以明确双方责任。

（2）交接签字　交接双方在确认行包和托运单信息无误之后，需要在运输清单或特定的交接表格上对交接信息进行签字确认。随着信息技术的发展，部分公司简化了交接签字的环节，交接信息直接以系统信息为准。

（3）托运单与行包一起交接　行包与托运单是一一对应关系，即一票行包对应着一张托运单。行包和托运单须同时交接，以便处理人员进行托运单和行包的对比，及时发现托运单或行包遗失的问题。

客运站行包卸车交接登记表样例见表4-12。

表4-12　××客运站行包卸车交接登记表

序号	起运站	托运单号	件数	车辆牌照号	交接时间	交接状态	运输方签字	经办人签字

2. 行包交付

行包交付指的是行包到达终到站后，收货人到站出示身份证件，行李员核实收货人提供的身份证明后，将行包交付收货人，收货人接收行包，当面点验行包件数包装，并签收的过程。收货人如有疑问应立即向行李员提出，行包离开车站后，运输方责任即结束。

旅客托运规定重量内的行包，一般应与旅客同车运达，旅客凭行包托运单提取。旅客托运超过规定重量的行包或小件货物，最迟运达期限为7天。行包运达后，即通知收件人提取，无法通知的予以公告。终到站从通知或公告次日起负责免费保管行包2天，超过2天，按不同的件重向收件人核收保管费。

收货人凭托运单提取行包，如托运单遗失，应向终到站说明并登记，经车站确认后，可凭有关证明提取。如行包已被他人持票取走，车站协助查询，但不负赔偿责任。

行包自终到站发出通知或公告后10天内无人提取时，车站应认真查找以物归原主；超过90天仍无人提取的（鲜活易腐物品及时处理），即按无法交付行包处理。

无法交付行包，报经交通主管部门批准后，经当地有关部门作价移交。所得价款，扣除应付的费用，余额立账登记。在180天内仍无人领取时，上缴国库。

客运站行包提取交付登记表样例见表4-13。

表4-13　××客运站行包提取交付登记表

序号	托运单号	件数	行包提取时间	卸车费	提取人签字	联系方式	经办人签字

（二）行包赔偿

行包发生延误、丢失、损毁、内件不符等情况，致使行包失去其全部或部分价值时，托运人或收货人有权利向运输企业索赔。行包赔偿采取的是法定赔偿和限额赔偿原则。

1. 法定赔偿原则

法定赔偿原则是指运输企业对行包的损失赔偿，仅限于行包服务标准所规定的范围，即索赔因素主要包括行包延误、丢失、损毁等，而不是一切行包损失都给予赔偿。

2. 限额赔偿原则

限额赔偿原则是指运输企业对行包的损失赔偿，不是"损失多少赔多少"，而是按照相关规定的限额赔偿标准承担赔偿责任。

行包延误的赔偿应为免除本次服务费用（不含保价等附加费用）。

行包丢失是指行包服务组织在彻底延误时限到达时仍未能将行包托运到目的地，与货方有特殊约定的情况除外。非保价行包按运输企业规定的限额赔偿标准来赔偿；保价行包赔偿额不超过客户保价的声明价值。

行包损毁赔偿主要包括：完全损毁是指行包价值完全丧失，参照行包丢失赔偿的规定执行；部分损毁是指行包价值部分丧失，依据行包丧失价值占总价值的比例，按照行包丢失赔偿额度的相同比例进行赔偿。

（三）行包变更

起运前，旅客要求取消或变更托运，可予以办理，并核收手续费。因班车停开或改道运行而变更时，可参照以下办法办理：班车在始发站停开、晚点或变更车辆类别时须及时公告，旅客因此要求取消或变更托运，应予以办理，不收手续费；因路线阻滞，班车必须改道行驶时，行包运费按改道实际里程计收。

旅客要求在中途站停运行包时，一般不予受理。如旅客因急病、伤或临产等必须中途终止旅行时，退还所托运行包未运区段运费；如要求运回原起运站或运往其他到达站时，应重新办理托运。途中或车上办理托运的行包要求停运或改运，不退还运费。

第四节 车辆调度

车辆调度是汽车客运站正常运行的一个重要环节，它在运输生产过程中起着组织、指挥、协调、监督和检查等作用。营运客车进入车站，主要经过以下作业环节：

1）营运客车进入客运站停车场地，在规定区域停放，服从工作人员指挥。

2）营运客车到客车安全技术检查站进行安全技术检测。

3）到调度室报班（工作人员查验营运手续、从业资质、安检手续、规费上缴手续等是否齐全有效，否则不予报班）。

4）发车15min前到指定发车区域待命发车（到指定区域的时间以车站具体规定为依据）。

5）车站工作人员验票、检查"三品"，为旅客安排座位，行包装车。

6）车上司乘人员领取结算单，核对车上人数，与车站工作人员交接行包并签字。

7）车辆正点发车，出站检查。

营运客车进入车站的作业流程图如图4-5所示。

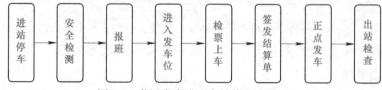

图4-5 营运客车进入车站作业流程图

本节主要介绍营运客车报班、车辆调度、车辆出站检查等典型工作任务。

一、营运客车报班

进站营运客车报班是为顺利发车而做的对准备工作的查验。报班工作主要包括以下内容。

（一）核对"客运班车安全例检合格通知单"和"洗车记录单"

客运班车安全例检相关内容见第四章第五节。

（二）核对驾乘人员证件是否有效

检查驾乘人员的驾驶证、机动车行驶证、道路运输证、二级维护卡、保险证明、从业资格证等是否齐全和有效。不合格的不予以排班售票，并通知驾驶人进行补报。能及时补报的，补报完毕后重新进行证件查验；不能及时补报的，须及时通知调度人员，由调度人员派车顶班处理。

1. 客运经营对驾驶人的要求

客运经营对驾驶人的要求见第一章第三节。

2. 检查机动车行驶证

运输企业购买车辆以后，凭购车发票及相关材料到机动车所有人住所地的公安机关交通管理部门交验机动车，申请注册登记，经过公安机关交通管理部门审验合格的，给予办理注册登记，下发机动车牌号、机动车行驶证。

机动车行驶证对机动车的车型、颜色、发动机号等基本情况都做了详细记录，是机动车上路行驶的合法证件。驾驶人在驾驶机动车时，必须随车携带机动车行驶证。

3. 查验道路运输证

道路运输证由交通运输部统一监制，是营运车合法经营的有效证件，是记录营运车辆审验情况和对经营者奖惩的主要凭证，也是考核营运车辆技术、缴费和记录奖惩的主要依据。凡在我国境内从事道路运输经营活动的机动车辆，均须持有道路运输证。道路运输证由车籍所在地的道路运管部门按注册营运车辆数核发，一车一证，随车携带，有效期内全国通行。

道路运输证主证正面是车辆的有关内容，背面是车辆45°彩色照片，然后塑封。现有的道路运输证有纸质和IC卡两种。

4. 检查二级维护卡

二级维护实行一车一卡。凡从事运输活动的车辆，需随车携带二级维护卡。它是由交通局、市人民保险分公司监制，市交通运输管理处向运输车辆发放的。二级强制维护是对车辆进行一次较为彻底的技术维护作业，即由维修企业负责执行的车辆维护作业。

5. 检查保险证明

"机动车交通事故责任强制保险"是由保险公司对被保险机动车发生道路交通事故，造成受害人（不包括本车人员和被保险人）的人身伤亡、财产损失，在责任限额内予以赔偿的强制性责任保险。

6. 检查驾乘人员从业资格证

调度人员严格审查从业人员的资格证，不得安排无证人员执行客运运输任务。从业资格证封面材料采用证件革，颜色为老蓝平纹。字体字号分别为："中华人民共和国道路运输从业人员"（二号宋体），烫金压凹；"从业资格证"（零号长标宋体），烫金压凹；"行徽"，烫金压凹；封底为"中华人民共和国交通部监制"（小二号长宋体），压凹；成品尺寸为宽80mm、高115mm。

从业资格类别填写道路旅客运输驾驶人、道路客运乘务员。该证件只能打印，禁止手写或者涂改。采用电子证件的应当包含该证件式样所确定的相关信息。客运班车严格实行"一车、一牌、一证"，而且车、牌、证相符。

（三）智能IC卡车辆报班

随着国民经济和信息经济的迅速发展，很多客运站采用了"智能IC卡营运班车管理系统"进行车辆报班和管理。采用智能IC卡营运班车管理系统后，班车从签订经营合同到运行计划，从车辆报班到调度，从班车安检到清洁统计，都实现了自动化管理和数据统计，保证了车辆各项数据的准确性，减少了操作上的失误和成本开支，提高了办事效率。

智能IC卡营运班车管理系统具有存储班车资料信息，包括班车的班次号、班次名称、发班时间、车属单位、车牌号、车型、起售座号、准售票数、班车发班卡位、检票口信息、车辆安检和清洁要求，以及班车营运合同档案管理、班车营运数据查询统计等功能。每一班次的班车报班时，在调度中心只需将IC卡在系统读卡器上轻轻地一扫，就能迅速把班车报班信息发送到各营运信息平台上。车辆报班后，本班次显示该车辆已报班。

二、车辆调度

（一）车辆调度概述

车辆调度包括车辆运行计划编制、车辆运行组织和车辆运行监督协调等工作内容。运输企业的调度按照集中领导、统一指挥、分级管理、逐级负责的原则，一般实行运输企业、场站、车队三级调度二级平衡制。

1）运输企业为一级平衡与调度单位，设置总调度室（可单独设置，也可在营调处内分设）。

2）运输企业下属场站为二级平衡与调度单位，下设调度室或调度组。

3）车队为三级调度单位，下设调度组或调度员。

4）在客运量集中的车站，可派驻固定或流动的现场调度员，负责现场指挥调度。

（二）对调度员的要求

各级车辆调度应在上级领导下，进行运力和运量的平衡，合理安排运输，直接组织车辆运行并随时进行监督和检查，保证生产计划的实现。调度员应做到：

1）熟悉国家和行业关于道路旅客运输管理的法律法规。

2）掌握运营区域的线路网络、交通流量和客流等相关信息。

3）掌握客运时刻表、客车运行周期和客运车辆配置计划。

4）熟悉客运作业计划的内容和要求。

5）掌握客运车辆进站和发车出站的作业程序和方法。

6）根据运输任务和运输生产计划，编制车辆运行作业计划，并通过车辆运行作业计划组织运输企业内部的各个生产环节，使其形成一个有机的整体，进行有计划的生产，最大限度地发挥车辆运输潜力。

7）掌握旅客流量、流向、季节性变化规律，全面细致地安排运输生产，并针对运输工作中存在的主要问题，及时反映，并向有关部门提出要求，采取措施，保证车辆运行作业计划的完成。

8）加强现场管理和运行车辆的调度指挥，根据调运情况，组织合理运输，不断研究和改进运输调度工作，以最少的人力、物力完成最多的运输任务。

9）认真贯彻车辆预防保养制度，保证运行车辆能按时调回进行保养，严禁超载，维护车辆技术状况完好。

（三）调度的原则

（1）按制度调度　坚持按制度办事，按车辆使用的范围和对象派车。

（2）科学合理调度　所谓科学，就是要掌握单位车辆使用的特点和规律。合理就是要按照现有车辆的行驶方向，选择最佳行车路线，不跑弯路和绕道行驶，不再在一条线路上重复派车；在一般情况下，车辆不能一次派完，要留备用车辆，以应急需。

（3）灵活机动　灵活机动就是对于制度没有明确规定而确定需要用车的、紧急的情况，要从实际出发，灵活机动，恰当处理，不能误时误事。

（四）客运站车辆调度

客运站应当公布进站客车的班车类别、客车类型等级、运输线路、起讫点、停靠站、班次、发车时间、票价等信息，保证营运车辆准时进站发车和旅客乘车秩序。

1．日常调度工作

1）检查运输生产前的各项准备工作，协助和配合有关部门安排旅客，按班次、时间及时、安全地乘车。检查车辆运行作业计划的执行情况，发现问题，及时处理，努力缩短运输生产间隔时间，确保正常班次的运行，尽量做到不掉班、不缺班、不误时，保证运输生产顺利进行。

进站客车应当在发车30min前备齐相关证件进站，等待发车，不得误班、脱班、停班。车辆不按时应班，1h以内视为误班，1h以上视为脱班。但因车辆维修、肇事、丢失或者交通堵塞等特殊原因不能按时应班，且已提前告知客运站的除外。如果进站营运客车因故不能发班，应当提前1h告知客运站，双方协调调度车辆顶班。

2）检查在站班车情况：指挥在站班车按规定停放，准时、有序开进发车位；指挥在站班车按规定有序停放，节约场地面积；保持足够的发车位，保证出行畅通；要求当班驾乘人员整理制服仪容，提前进入预定发车位，做好发班准备。

3）及时公布当日班车各种变更信息。班次一经公布，不要频繁变更，除冬夏两季为适应季节客流变化需进行调整外，应竭力避免临时变动。

不要轻率地停开班次、减少班次或变动行车时刻。相对稳定的班次时刻表不仅有利于运输企业客运工作的正常进行，而且也能为旅客旅行提供方便。

由于客流变化、班次增减、线路改道等原因，班次时刻表也可做相应的变更。无论何种原因需要改变班次时刻表时，均应按照一定的审批程序上报上级主管部门，并事先发出公告。若客运常规服务要求发生变化，应确保相关文件及时得到修改，并经重新确认。

如"服务承诺""班次时刻表""里程票价表""营运线路图"等原稿经管理者代表重新签字确认后再公布，通过公告通知、大屏幕显示或广播等形式让内部人员和广大旅客知道已变更的要求。

若因运输企业原因做出变更，如天气恶劣停开、车辆途中损坏变更车辆等，经过运输调度部门确认后，向旅客做出解释、道歉并妥善安排，必要时通过大屏幕显示或广播等通知相关旅客变更的情况。

如班车晚点、线路阻滞及车次变更时要及时通告检票时间、班次调整、线路变更等情况。班车停开或改道运行时，行包运输参照以下规定处理：①班车在始发站停开、晚点或变更车辆类别时须及时公告。旅客因此要求退票，应退还全部票款，不收退票费；旅客要求改乘，由车站负责签证。变更车辆类别，应退还或补收票价差额。班车中途发生故障，客运经营者应迅速派相同或相近类别车辆接运。接运车辆类型比原班次车辆类型有变更时，其票价差额概不补退。②因线路阻滞，班车必须改道行驶时，票价按改道实际里程计收。按改道里程发售客票后，如班车恢复原始线行驶，发车前由始发站将票价差额退还旅客。

4）制止私自揽客、漏客行为。认真核对上车旅客人数，杜绝私自揽客、漏客行为；若发现私自揽客者，应及时制止。若遇不听从制止者，应反映至当班领导，对屡教不改者根据进站协议相关条款处理。

2．特殊情况的调度处理

在实际工作中，一些不确定因素常常直接影响调度计划的实施，因此调度可以根据具体情况，依据相关规定对调度计划进行补充和调整。遇有下列情况之一，客运车辆可凭临时客运标志牌运行。

1）原有正班车已经满载，需要开行加班车的。

2）因车辆抛锚、维护等原因，需要接驳或者顶班的。

3）正式班车客运标志牌正在制作或者不慎灭失，等待领取的。

4）遇有发生气候变化、道路堵塞，班车需要绕道、停车等情况时，要及时向上级报告，并通知有关车站，同时向旅客公告，宣传解释，办理退票、签证改乘、行包退运等工作。

凭临时客运标志牌运营的客车应当按正班车的线路和站点运行。属于加班或者顶班的，还应当持有始发站签章并注明事由的当班行车路单。班车客运标志牌正在制作或者灭失的，还应当持有该班线的"道路客运班线经营许可证明"或者"道路客运班线经营行政许可决定书"的复印件。

道路班线客运应严格按照审批的运行线路组织旅客运输，禁止随意改变运行线路。

三、车辆出站检查

车辆出站检查是客运站例行检查，实行"一班一检"制度，即承担每一班次运输任务的客车，出站时应主动停车，接受检查。检查的内容包括三个方面：一是对出站客车的检查，主要检查"客运班车报班安全例检合格通知单"、行驶证、道路运输证、客运标志牌和实载旅客人数等；二是对驾驶人的检查，主要检查驾驶证、从业资格证；三是检查驾驶人和旅客安全带佩戴情况。

通过出站检查，确保"六不出站"：超载客车不出站、安全例检不合格客车不出站、驾驶人资格不符合要求不出站、客车证件不齐全不出站、出站登记表未经审核签字不出站、旅客和驾驶人不系安全带不出站。

车辆出站检查一般的检查方法是：检查人员进入车厢内检查核实载客量、驾驶人和旅客安全带佩戴情况，记录车辆出站时客车载客时的影像资料；记录驾驶人、客运线路牌和营运车辆同框的影像资料。对符合出站条件的车辆，营运车辆驾驶人按要求填写车辆出站检查表，并确认签字。同时检查人员在随车行车路单上加盖车辆出站检查专用章后予以放行。发现车辆超载、未经车辆技术检查或经检查不合格等不符合出站条件的车辆，检查人员应阻止车辆出站，并当场纠正。对不听劝阻的，应报告车站，车站要立即采取措施，予以处理。

客运站营运车辆出站检查情况登记表样例见表4-14。

表4-14　××客运站营运车辆出站检查情况登记表

年　月　日

序号	终到站	发车时间	车辆牌照	安全例检合格通知单	驾驶证	行驶证	道路运输证	从业资格证	客运标志牌	实际载客数	检查情况	处理意见	检查人	驾驶人

注：出站检查合格班车打"√"，不合格的填写违规情况。

第五节 安 全 服 务

安全性是道路客运质量特性的首要特性。安全性（即实体安全）的要求主要包括三方面内容，一是不发生行车事故，二是不发生爆炸等意外事故，三是不发生旅客或行包错运等商务事故。但通常习惯上所说的"安全"主要指前两方面的内容。本节讨论的安全问题也不包括防止商务事故的内容。为了保证运输安全，客运站要建立安全管理制度、配套齐全有效的安全与消防设施设备，还要通过一系列的安全服务作业来保证旅客和营运车辆的安全。客运站安全服务是对进出客运站的旅客及其携带或托运的物品、客车等履行的一系列的强制性检查工作。

一、旅客身份核查

旅客乘车采取实名制购票，进站时出示由政府主管部门规定的证明其身份的证件，并经核对乘车人、身份证件、实名车票信息一致后方可进入安检和乘车。核查旅客身份，可有效防止不法分子利用各种手段蒙混进入车站或乘车，保证客运安全。按照公安部、交通运输部的有关规定，乘车有效的身份证件分四大类：居民身份证、军人类证件、护照类证件和其他可以乘车的有效证件。身份核查过程中如遇伪造或冒用身份证件、违法犯罪嫌疑的人员等，应交由公安部门处理。

旅客乘车的主要证件是居民身份证。旅客出示身份证时要查验其真实性。第二代居民身份证证件尺寸设计为85.6mm×54.0mm×1.0mm。证件正面有签发机关和有效期限，印有国徽图案、证件名称、写意长城图案及彩色花纹；证件反面设计有姓名、性别、民族、出生日期、常住户口所在地住址、公民身份号码和本人照片七个登记项目。彩色花纹，其图案底纹为彩虹扭索花纹，颜色从左至右为浅蓝色至浅粉色再至浅蓝色。

第二代居民身份证是由多层聚酯材料复合而成的单页卡式证件，采用非接触式IC卡技术制作，机读完成证件认证，可有效识别真伪；另外也有一些视读防伪标识，但识别的可靠性要低得多。视读防伪标识技术有防伪膜技术和印刷防伪技术：防伪膜技术采用具有自主知识产权的定向光变色膜等技术；印刷防伪技术包括底纹精细、缩微、彩虹印刷，印刷图案中隐藏加密点和变形加密字等。

二、危险品检查

为保障旅客生命财产安全和公共卫生，《中华人民共和国道路交通安全法》《中华人民共和国道路运输条例》对道路旅客运输的危险物品运输提出了明确要求。旅客不得携带国家规定的危险物品及其他禁止携带的物品乘车。因此，对旅客携带、寄存或托运的物品进行安全检查，是客运站的一个重要业务环节，也是对旅客安全负责的一项重要服务作业。

（一）道路客运危险品

道路客运车辆禁止、限制携带和托运物品可分为禁止携带和托运、限制携带和托运、禁止旅客随身携带但可以在行李舱放置（托运）三类。在交通运输部、公安部《关于公布〈道路客运车辆禁止、限制携带和托运物品目录〉的公告》（交运规〔2021〕2号）中有如下规定。

1. 禁止携带和托运的物品目录

禁止携带和托运的物品目录包括枪支、子弹及相关物品类，爆炸物品类，管制器具类，易燃、易爆物品，毒害品，腐蚀性物品，放射性物品，感染性物质，其他危害道路客运车辆公共卫生或运行安全的物品，以及国家法律、行政法规、规章规定的其他禁止携带、运输的物品。但农村客运车辆经营者可视情况允许旅客携带少量家禽。

2. 限制携带和托运的物品目录

限制携带和托运的物品目录包括：①包装密封完好、标识清晰且体积百分含量大于或等于24%、小于或等于75%的酒精及酒类饮品累计不超过3 000ml；②指甲油、去光剂累计不超过50ml；③冷烫精、染发剂、摩丝、发胶、杀虫剂、空气清新剂等自喷压力容器累计不超过600ml；④安全火柴不超过2小盒，普通打火机不超过2个；⑤标识清晰的充电宝、锂电池数量不超过5块，单块额定能量不超过100W·h；⑥国家法律、行政法规、规章规定的其他限制携带、运输的物品。

3. 禁止旅客随身携带但可以在行李舱放置（托运）的物品目录

（1）锐器　菜刀、水果刀、剪刀、美工刀、裁纸刀等日用刀具，手术刀、屠宰刀、雕刻刀、刨刀、铣刀等专业刀具，刀、矛、剑、戟等表演刀具。

（2）钝器　棍棒、球棒、桌球杆、曲棍球杆等。

（3）工具农具　钻机、凿、锥、锯、斧头、焊枪、锤、冰镐、耙、铁锹、镢头、锄头、农用叉、镰刀、铡刀等。

（4）其他　反曲弓、复合弓等非机械弓箭类器材，飞镖、弹弓，不超过50ml的防身喷剂等。

（5）宠物　持有身份证明和检疫证明、装于封闭容器内的宠物可在具备通风条件的行李舱托运，并应向旅客说明运输过程中通风、温度条件。

（二）违禁物品的检查

危险品检查员是客运站专职检查违禁物品的服务人员，经过消防部门专业培训，考核合格后持证上岗。危险品检查一般设置在客运站旅客进口处和行包托运处，须张贴检查内容和检查项目。客运站在候车区域明显处张贴或悬挂禁止旅客携带违禁物品进站和乘车的宣传品，并定时向旅客进行安全宣传广播。

违禁物品安全检查的一般方法有：

1）探测门检查：主要用于检查旅客是否随身携带禁带物品。旅客通过特设的探测门时，没有警报声发出，即为合格。如发生报警，应使用磁性探测器进行复查，彻底排除疑点后才能放行。

2）磁性探测器检查：主要用于对旅客进行近身探测检查。检查程序是：旅客面对检查员，从前衣领→右肩→右大臂外侧→右手→右大臂内侧→腋下→右上身外侧→右前胸→腰、腹部→左肩→左大臂外侧→左手→左大臂内侧→腋下→左上身外侧→左前胸→腰、腹部→右膝部内侧→裆部→左膝部内侧；旅客背对检查员从头部→后衣领→背部→后腰部→臀部→左大腿外侧→左小腿外侧→左脚→左小腿内侧→右小腿内侧→右脚→右小腿外侧→右大腿外侧。

3）X射线安检仪检查：X射线安检仪又称行包安检仪，主要用于检查旅客的行包。它是借助于输送带将被检查行包送入X射线检查通道，采用X射线扫描成像技术对行包进行安全检测的电子设备。

X射线是一种电磁波，它的波长比可见光的波长短，穿透力强。当X射线穿过物品时，不同物质组成、不同密度和不同厚度的物品内部结构能够不同程度地吸收X射线。密度、厚度越大，吸收射线越多；密度、厚度越小，吸收射线越少。从物品透射出来的射线强度就能够反映出物品内部结构信息。

当X射线穿透行包时，X射线安检仪赋予物品一定的颜色，并在显示器显示。在显示器显示的图像从广义上可分为四类：橙色、蓝色、绿色和红色。

①橙色——主要是指有机物。这些物体主要是由氢、碳、氮和氧组成的。物质的组成元素中若

大部分是这4种元素,则显示在显示器上的图像颜色均为橙黄色、暗黄色和土黄色。

② 蓝色——主要是指无机物。如铁、铜、锌等都为无机物。常见的危险品主要指刀、枪等。由于无机物的密度由小到大相差较大,所以蓝色又按密度由小到大分为浅蓝色、蓝色和深蓝色。

③ 绿色——混合物,包括有机物和无机物,主要的物质为铝、硅。

④ 红色——非常厚、X射线穿不透的物体。

X射线行包安检仪图像的颜色

物体密度不同,厚度不同,X射线通过物体发生的衰减率也相应不同,在图像上显示的灰度也就不同,因此,灰度是所扫描物体的密度与厚度这两个参数的共同反映。物体密度越大,灰度越大;厚度越大,灰度越大。

通过X射线安检仪检查合格的行包,可贴上"行包安检"字样,然后办理托运手续或随身携带登车。如发现有异物,须安检员进行人工开包检查。

4)人工检查:由安检员对旅客行李进行开包检查。

当需开包检查行包时,先由安检员控制需开包检查行包,物主到达后,请物主自行打开行包再实施检查(在行包内疑有枪支、爆炸物等危险品的特殊情况下,由安检员控制行包,做到人物分离)。开包检查按照观察外层、检查内层和夹层、检查包内物品、善后处理的程序进行。开包检查过程中,应注意以下事项:

① 开箱(包)检查时,物主必须在场,由物主将箱(包)打开。开包检查时,开启的箱包应侧对物主,使其能通视自己的物品。

② 检查时要认真细心,特别要注意重点部位如箱(包)的底部、角部、外侧小兜,特别注意有无夹层。根据物品种类采取相应的方法(看、听、摸、拆、捏、掂、嗅、探、摇、烧)进行检查。

③ 检查旅客物品要轻拿轻放,将已查和未查的物品分开,放置整齐有序,如有损坏,应照价赔偿。检查完毕,应按原样放好。

④ 若旅客申明所携带物品不宜接受公开检查时,安检部门可根据实际情况,避免在公开场合检查。

(三)安检问题处理

旅客乘车时携带了违禁物品,处理的方式主要有移交、暂存等。

1. 移交

移交是指将在安全检查工作中遇到的问题按规定移交给各有关部门处理。

移交公安机关:安检中发现的被认为是武器、弹药、管制刀具以及假冒证件等的,应当连人带物移交所属公安机关审查处理。

移交其他有关部门:安检中发现的被认为是走私的黄金、文物、毒品、淫秽物品、伪钞等的,应连人带物移交相应的有关部门审查处理。

移交车组:旅客在少数民族区域内乘车时携带的藏刀、腰刀、靴刀等可移交车组,待旅客到达目的地后,返还旅客。

办理移交应填写移交单据。移交单据一式三联,第一联留存,第二联交给旅客,第三联交给接收人。移交单据应妥善保管,以便存查。

2. 暂存

暂存是指不能由旅客自己随身携带,旅客本人又不便于处置的物品。如发现旅客携带酒精、汽油等液态物品,可以办理暂存,填写暂存物品单。暂存物品单一式三联,第一联留存,第二联交给旅客，第三联贴于暂存物品上以便旅客领取。暂存物品单一般包括物主姓名、证件号码、物品名称、标记、数量、新旧程度、存放期限、经办人和物主签名等项目。

暂存物品存期一般为1个月，超过1个月，再延长7天存放期，若7天后仍无人领取则视同无人认领物品上交处理。已经返还的暂存物品，在"暂存物品登记表"上注销。

3. 其他处理方式

旅客携带超过限量的具有危险性质的生活用品，可以选择自弃。

旅客不能随身携带的物品，如可以办理托运，则可以托运。

三、车辆安检

车辆安检是围绕保证车辆安全运行展开的。一是车辆安全性能的安检，包括车辆的运营证件是否齐全有效，车辆安全技术状况是否良好等。二是驾驶人员的安检，包括驾驶人员是否持有合法有效的从业资格证，精神状态是否正常，是否存在疲劳和酒后驾车情况。这里主要介绍的内容是车辆安全技术状况检查。安全例行检查是指在受检车辆进行了正常维护并检验合格的前提下，由客运站车辆安全例检人员在不拆卸零部件的条件下，借助简单的工具量具，采用人工检视的方法，对影响营运客车行车安全的可视部件技术状况所实施的例行检查。

（一）客运站车辆安检人员配备的要求

1）汽车客运站车辆安全例行检查机构应配备专职的安全检查人员。安全检查人员应经过专业培训考核合格，并具备有效的从业资格证件。

2）二级以上（含二级）汽车客运站车辆安全例行检查机构应有不少于3名专职安全检查人员。三级以下（含三级）汽车客运站车辆安全例行检查机构应有不少于2名专职安全检查人员。

3）汽车客运站车辆安全例行检查机构的负责人应具有高中以上文化程度，同时应具有汽车维修或相关专业中级工以上（含中级工）证书。

（二）客运站车辆安检质量管理规范

1）必须建立健全车辆安全例行检查管理制度。安全操作规程和工作流程应清晰、明确。

2）将安全检查人员的相关资料（照片、技术等级资格证书复印件、从业资格证件复印件）在作业点上墙公示。

3）具备相关的技术文件和资料，出站车辆安全例行检查评价符合标准和规范。

4）对经检查合格的车辆发放安全例行检查合格证。

5）建立健全车辆安全例行检查档案，相关记录应保存6个月备查。

6）定期向当地县级以上道路运输管理机构报送统计报表。

7）检查质量贯彻"谁检查，谁签字，谁负责"的原则。

（三）客运站车辆安检规定

1）从客运站发班的营运客车应按规定自觉参加安全例检。营运客车每天第一次发班前必须进行一次安全例检（当日运行两个以上班次的营运客车可凭当日"安检合格通知单"办理接班手续）。营运客车正常运行的情况下，在途中的配客站可不办理安全例检。如营运客车始发地无客运站，则由终点地客运站负责该营运客车安全例检工作，否则返程不予以报班。

2）应班营运客车报班前，必须进行安全例检，车辆调度员要对营运客车的"安检合格通知单"（见表4-15）、行驶证、道路运输证、驾驶人驾驶证、从业资格证、保险证明等进行查验，在确认齐全有效后，填写营运客车应班登记表，方可对营运客车安排发车。在出现气候恶劣等不宜行车的情况时，不得安排发车。

表4-15 安检合格通知单（样式）

编号：00×××××× ××客运站 安检合格通知单 检查时间：年 月 日 时 车牌号码/颜色： 客运班线： 安检机构：（章） 安检员：（章）	编号：00×××××× ××客运站 安检合格通知单 检查时间：年 月 日 时 车牌号码/颜色： 客运班线： 安检机构：（章） 安检员：（章）	编号：00×××××× ××客运站 安检合格通知单 检查时间：年 月 日 时 车牌号码/颜色： 客运班线： 安检机构：（章） 安检员：（章）
第一联：安全例检机构留存	第二联：始发客运站调度留存	第三联：终点客运站调度留存
备注：本通知单24小时有效	备注：本通知单24小时有效	备注：本通知单24小时有效

3）客运站要严格进站报班制度，进站客运经营者应当在发车30min前持"安检合格通知单"和相关证件，到客运站调度室报班，等待发车，不得误班、脱班、停班。

4）客运站安全管理人员在检查时发现不合格营运客车，应填写"安全检查不合格记录表"，同时填写"整改通知书"，通知驾驶人或运输经营者整改，未经整改或整改不合格的营运客车不得进入下一程序。"安全检查不合格记录表"见表4-16，"整改通知书"见表4-17。

表4-16 安全检查不合格记录表

日期： 年 月 日

运输经营者名称	营运路线	车号
检查项目	不合格内容	
安全例检		
报班登记		
出站登记		
其他		
驾驶人签名：	安检人员签名：	

表4-17 整改通知书

```
        整改通知书                          存根
                                       编号：
  _____：
    经___年_月__日汽车客运站检查，发现你单位    营运汽车，    不符合客运汽车运行条件，请停车整改，合格后予
以报班运行。
    驾驶人签名：   汽车客运站负责人签名：
                              年  月  日
    _____（骑缝章）


        整改通知书
                                       编号：
  _____：
    经___年_月__日汽车客运站检查，发现你单位    营运汽车，    不符合客运汽车运行条件，请停车整改，合格后
予以报班运行。
    驾驶人签名：   汽车客运站负责人签名：
                              年  月  日
    _____（骑缝章）
```

（四）车辆安检项目及技术要求

车辆安检主要包括车辆外观、车辆状况和车辆消耗品三个方面，具体作业内容与技术要求如下。

1．整车与车身

1）车辆内外整洁，标志清楚（车牌号、企业标志）；门窗完好，开启自如，锁止可靠。

2）车体应周正，车体外缘左右对称部位高度差不允许大于40mm。

3）刮水器应能正常工作，刮刷面积应确保具有良好的前方视野。刮水器关闭时，刮片应能自动返回至初始位置。

4）后视镜、下视镜齐全，牢固有效。后视镜应保证看清车身左右外侧50m以内的交通情况。前下视镜应能看清风窗玻璃前下方长1.5m、宽3m范围内的情况。

5）车身地板应密合，座椅与扶手安装牢固可靠，无增设座椅。

6）驾驶区内不允许有妨碍驾驶人前方视野和侧方视野的张贴物。

2．转向系

1）转向装置各部件连接完好，紧固螺栓、螺母及开口销齐全有效，无漏油现象，转向轮不允许有与其他部件干涉的迹象。

2）转向盘的最大自由转动量应符合技术要求。

3）转向节及臂，转向横、直拉杆无裂纹和明显变形，并且球销不应松旷。横、直拉杆不得焊接。

3．制动系

1）气压制动阀、制动气室工作正常、无漏气，制动臂及凸轮轴转动灵活。

2）液压制动总泵、分泵无漏油，真空增压（助力）器装置牢靠，支架无裂纹和明显变形。

3）制动踏板的自由行程应符合该车有关技术条件。

4）储气筒或真空罐无漏气，支架固定牢靠、无裂纹和明显变形；制动管路连接良好、固定牢靠，无漏气或漏油；制动软管无老化、开裂和被压扁现象，不得与其他部件碰擦。

5）各操纵连接部件工作可靠，锁销齐全、完好、牢靠。制动系统的各种杆件不允许与其他部件在相对位移中发生干涉、摩擦，以防杆件变形、损坏。

6）驻车制动装置齐全有效。

4．传动系

1）离合器应结合平稳，分离彻底。

2）传动轴无裂纹和明显变形，花键套、中间轴承和万向节无松旷现象；各连接部位完好，螺栓齐全、紧固可靠。传动轴防尘罩不得有损坏，卡箍可靠。

5．车架、悬架和车桥

1）车架无明显变形和裂纹，铆钉或螺栓无松动。

2）钢板弹簧不得有断片、裂纹和明显移位现象，弹簧销与衬套配合无松旷，钢板弹簧支架、吊耳无松动、裂纹和明显变形，U形螺栓安装方向正确、紧固可靠、无拼焊；钢板弹簧卡箍齐全有效，其紧固螺母应靠近轮胎方向；气囊装置或螺旋弹簧牢靠、无损伤。

3）气囊不允许有裂纹、损坏。

4）减振器齐全有效、无漏油。

5）悬架与车桥之间的各种杆件无明显变形，各接头和衬套无松旷或移位。

6）前、后桥不得有裂纹和明显变形、移位。

6. 车轮

1）转向轮的胎冠花纹深度不得小于3.2mm，其余轮胎的胎冠花纹深度不得小于1.6mm。

2）轮胎胎面不得因局部磨损而显露出轮胎帘布层。

3）轮胎胎面和胎壁上不得有长度超过25mm或深度足以显露出轮胎帘布层的破裂和割伤。

4）同一轴上轮胎型号和花纹应相同，转向轮不得装用翻新胎。

5）轮胎气压应符合规定。

6）轮辋无裂纹和明显变形，轮胎螺母和半轴螺母应完整、齐全。

7. 电气部分

1）前照灯、前后位（置）灯、转向灯、防雾灯、制动灯、倒车灯、示廓灯和危险警告闪光灯等齐全有效。

2）电气导线布置整齐、固定牢靠，导线金属体无裸露。

8. 安全设施

1）配备有三角木。

2）安全窗和安全门处有醒目的红色标注和操作方法。安全锤配置齐全，放置正确。

3）灭火器有效，在车上应安装牢靠并便于取用。

4）配有临时停车警示标志牌。

5）安全带齐全有效。

9. 其他部分

1）发动机排气管与相关部件连接牢靠，无漏气现象。

2）油箱及支架安装可靠、无裂纹和明显变形，油箱、管路等供油系统无漏油。

第六节　客车运输服务

客车运输服务是指客运过程中由客车运输经营者（承运人）完成的途中服务（对于途中上下车的旅客还有发送服务或到达服务）。它是整个客运服务链的中心环节，既有客运功能性服务（实现旅客和行包位移）的基本作业，也是实现客运服务质量特性的关键活动，由驾驶人或驾驶人与随车乘务员（简称驾乘人员或司乘人员）共同完成。

一、客车驾乘人员的主要工作

（一）驾驶人的主要工作

（1）准备工作　着装整洁，佩戴服务证章，签到上班；按时参加调度会，接受运行任务；按规定带齐各种牌证，做好车辆日常维护，完成车辆安检，发现问题及时报修；按发车时间提前15min将客车驶入指定的发车位。

（2）监装监卸　监装行包，协助维持旅客乘车秩序；检查行包装载情况，核对行车路单和行包清单的内容和数量；检查车内小件行李是否放置安全。

（3）发车出站　提醒旅客系好安全带，关好车门，发动车辆；按照发车铃声和车场管理员的旗笛指挥，鸣号平稳起步；自觉接受出站检查。

客车运输服务基础

（4）安全运行　严格遵守交通法规和驾驶操作规程，集中精力，安全行车；严格执行"客运服务质量标准"，在规定站点停靠，正点运行；平稳驾驶，不夹、不摔、不颠伤旅客；做好车辆中途安全检查。

（5）终到站检查　协助旅客下车，向旅客或站内交付行包；做好收车后的检查和清洁工作，发现问题，及时报修。

（6）其他　向调度报告车辆完好情况；看调度板接受次日工作任务；填写班车运行日志；参加班后会，总结当日工作。

（二）乘务员的主要工作

（1）准备工作　着装整洁，佩戴服务证章，签到上班；参加班前会，接受任务；整理备齐客票、行包票、零钱；做好车内卫生，擦净座席灰尘；检查车内服务箱中的服务用品是否齐全、有效；挂好车内意见簿、乘务工号牌、票价表和班车线路牌；配合驾驶人保证客车正点驶入发车位。

（2）接运行包　与车站进行行包装车交接，检查包装，点清件数，核对到站并签字。

（3）迎客乘车　迎候旅客，验票上车，对号入座；引导旅客安全放置随身携带的物品；照顾重点旅客，维护车内秩序。

（4）准备发车　向旅客致欢迎词；介绍当次班车的终到站、途经站点、运行里程和时间；宣传安全常识，严防"三品"上车，提醒旅客系好安全带；接取行车路单和当次班车客票结算单；听、看发车信号，关好车门，请旅客坐稳，系好安全带，通知驾驶人开车。

（5）车上服务　按规定播放车内音像，包括车辆到站信息、中转、换乘车次、时间、安全、旅行、爱车和卫生常识，车内服务项目和客运有关规定，沿线自然风光、风土人情、娱乐节目等；中途旅客到站前，请旅客做好下车准备，待车停稳后，再开门下车，坚持验票下车，先下后上，照顾重点旅客上下车，严禁超员，严禁"三品"上车；按规定进行车厢巡视，检查旅客状况、行李架行李状况、车内卫生状况等；按规定及时办理中途旅客购票和行包手续，做到离座服务、送票到手；车辆中途停靠（休息或就餐）前，提醒旅客注意清点随身物品，以及停靠站、停靠时间、本车车号，恢复运行前核对车内旅客人数等。

（6）终到站服务　到站前，向旅客征求意见，致欢送词；组织旅客验票下车，并向旅客或车站交付行包；全面清理车厢，检查有无旅客遗失物品，发现遗失物要设法交还失主或交车站妥善保管；做好下次运行准备，清扫车厢，擦净座席，清洗客车外部；结交票款，请领票据，做好下次出车准备；参加班会后，总结当日工作。

二、常规业务类服务

常规业务类服务是指客运过程中通常需要向旅客提供的业务性服务活动，包括车厢温度调节、饮水供应、音像播放、旅行宣传、特殊旅客照顾等随车服务，也包括对途中上下车旅客的售票、行包作业、"三品"检查、组织上下车等服务。这些服务主要由乘务员承担，驾驶人协助（在没有乘务员情况下由驾驶人独自承担），上述服务与客运站同类服务无原则上的区别。这里主要介绍车辆运行要求、车上售票服务和车上行包服务。

1. 车辆运行要求

客运车辆运行应按规定路线行驶，按规定站点停靠，按规定时间运行，不得站外上客或沿途揽客，不得强迫旅客乘车，不得中途将旅客交给他人运输或者甩客，不得敲诈旅客，不得违反规定载客等。

途中休息就餐或者其他原因需要停车，组织旅客下车前应告知停车时间、发车时间和上车地点，提醒旅客下车时保管好随身携带的贵重物品。重新发车时，应主动招呼旅客上车，清点车上旅客人数，核实无误后方能开车。

2. 车上售票服务

由于客车沿途上下旅客较为频繁，乘务员工作强度和难度都较大，完成车上售票要求乘务员熟悉客运班车沿途停靠站站名、站距、票价相关知识。

客运班车在客运站发车前，乘务员需核对车上旅客人数，填写售票记录，掌握车上空余座位和沿途旅客下车的人数和站点，做好途中上车旅客的客票发售准备工作。途中旅客上车时，发售车票的具体要求是：

1）乘务员主动走到旅客面前发售客票，提示旅客保管好车票及随行物品。

2）按照车厢空余座位数发售客票，严禁超员。

3）按照规定的价格和操作规程发售客票，售票时不得与旅客讨价还价，不得多收或少收票款，不得收钱不给票或多收钱少给票，不得跳号售票或使用假票、废票或回收票等。车票发售后立即做好售票记录。

3. 车上行包服务

与客运站行包服务相比，车上行包服务时间仓促，不具备行包作业的设施设备条件：如行包受理台、打包机、搬运车、行包安检仪等，作业难度和强度都较大。在特定的环境下，乘务员也应保证途中行包服务的基本要求和服务质量，具体要求是：

1）中途受理行包，按照相关规定对行包进行"三品"检查，如发现旅客携带"三品"，应拒绝其携带上车。

2）中途下客时，提醒旅客带好行包，避免遗留或错取；旅客提取行包时，要查看行包票，核对标签，做到票、包相符，防止行包错付错取。

3）途中不同情况行包的处理。对于途中不随旅客同行的行包，可不予受理；对于随旅客同行但不需计费的那部分行包，在检查行包之后，将一式两份的行包标签，一份粘贴在行包上后置行李舱，另一份交旅客作为提取行包的凭证；对于需计费的旅客行包，需按照行包计费办法收取运费后完成相应操作。

三、突发情况服务

客车在运行过程中，往往会遇到一些意外情况或突发事件，常见的情况有路阻、车辆抛锚、交通事故、旅客生病、自然灾害（地震、水灾、泥石流等）及其他突发事件（火灾、爆炸、恐怖袭击）等。在这些突发情况下，驾驶人、乘务员协同一致，迅速采取有效的应对措施和服务活动，这就是突发情况服务。

1. 路阻

行车过程中，造成路阻的原因很多，恶劣天气（大雾、雨雪等）、交通事故、临时封路、道路损坏或维修、车多路窄等。路阻的发生不是驾乘人员的主观责任造成的，但它可能影响客运计划行程，延误到达目的地的时间，旅客情绪会变得郁闷、不安、急躁，甚至会迁怒于驾乘人员。驾乘人员应当理解旅客的心情，做好以下工作：

1）及时了解路阻原因及变化情况，向旅客做好说明，安抚旅客情绪。

2）停车等待时，照顾好车内旅客。劝解旅客不要在车厢内吸烟，不要随意离开自己的座位在车厢内走动，高速公路不要上下车，以防意外发生。如有旅客下车活动，提醒旅客保管好随身携带的贵重物品，记住客车牌号、注意安全和及时上车。

3）车辆等待时间较长时，可根据实际情况开展一些娱乐情况，调节车内气氛，帮助旅客放松情绪。

2. 车辆故障

车辆行驶途中可能发生轮胎爆炸、油电路故障、机械故障等。车辆故障的发生存在一定的不可测的偶然因素，但大部都与车况和维护不善有关。车辆故障大多会导致运输延误，会引起旅客的情绪波动、焦虑、抱怨甚至愤怒。遇到车辆故障，驾乘人员应做好以下工作：

1）诚恳地向旅客道歉，如实说明故障情况，可适当解释故障原因，争取旅客的谅解。

2）驾驶人抓紧时间检查，努力尽快排除故障。如遇不能排除的障碍，应立即与运输企业联系，派员救助或派车接驳。

3）乘务员与旅客进行妥当的交流沟通，缓解旅客的不满。同时及时向旅客通报故障排除进展情况及后续工作安排。

3. 交通事故

人、车、路、环境等都可能引发交通事故。道路交通事故具有事发的突然性，往往发生在一刹那，在极短的1s甚至0.1s内发生，车内人员很难预知和防范。一旦发生交通事故，后果严重，轻则损物，重则人员伤亡。因现场无抢救医务人员和设备，事故后果往往会进一步扩大和复杂。驾乘人员要树立"安全第一、预防为主"的意识，做好安全行驶服务。一旦事故发生，要冷静果断应对，主要做好以下工作：

1）立即停车，关闭发动机。保护现场，开启危险报警闪光灯，设置危险警告标志。

2）及时报案。将事故发生的时间、地点、肇事车辆及伤亡情况，打电话向附近的公安机关或执勤民警报案，向医疗单位、急救中心求救。如果事故现场发生火灾，需报告消防部门，告知引燃原因、火势大小及被困人员情况。及时联系所在运输企业，报告情况，听取指示。

3）抢救伤者或财物。确认受伤者的伤情，采取科学抢救措施，以免二次损伤，设法送附近医院抢救治疗。妥善保管现场物品或旅客的钱财，防止被盗被抢。

4）防止诱发其他次生事故。事故现场禁止吸烟；防止汽车燃油泄漏；发现易燃物、有害物等情况，立即设法消除。

5）努力安抚旅客，维护车内秩序。必要时，组织旅客有序撤离车厢，到路边安全地带，等待事故处理。

4. 车厢火灾

明火、碰撞、爆炸、翻车及车辆自身原因有可能引发车厢着火乃至火灾。车厢空间狭小，易燃物多，一旦发生火情，火势蔓延迅速，会造成极大的财物损失及人员伤亡，甚至是群死群伤。因此要做好防范工作：严禁"三品"上车、禁止车内吸烟、及时排除油电路故障、保持车内安全设备完好等。一旦发生火灾，应迅速组织旅客疏散逃生。这就要求驾乘人员非常了解客车安全应急设备，能够组织疏散旅客。

（1）客车安全应急设备　客车途中突发意外紧急情况，应组织旅客快速逃生。客车安全应急逃生方式主要有三种：打开车门、用安全锤砸开窗户玻璃、打开车顶安全窗。目前，客车上安全应急设备主要有应急开关、灭火器、逃生锤、车顶逃生窗。

① 应急开关。打开车门是客车安全应急逃生的主要方法。但是当客车发生自燃等损毁电路的突发事故时，车门就无法打开了。客车的前后门各有一个应急开关，同时在车辆外部车门旁设置车外应急开关，有些车型的驾驶室边上还有一个按钮可控制车门开关。遇到突发状况时，驾驶人可以使用应急开关打开车门，车内其他人员也可以打开车门，车外人员也可以第一时间进入车内进行救援。

打开应急开关首先要切断气路。应急开关有两种，一种是按压式的，一种是旋转式的，类似电扇的档位开关。一般在应急开关旁都有相关的操作说明，按照操作说明或按压开关或旋转开关，可切断气路，气关掉后，即可打开车门逃生。

② 灭火器。每辆车上一般配有两个灭火器，前后车厢各一个。发生火灾时，拔掉灭火器上保险销，左手握喷管，右手提着压把。使用灭火器时，周围人员应尽量远离，因为喷溅物也容易伤到人。此外，在发动机舱还有自爆灭火器，当达到一定的温度或被点燃，都会自动喷发。

③ 逃生锤。逃生锤也叫安全锤，一般在车厢前后门中间段和后门到车尾的中间段，车窗玻璃之间的缝隙中靠上部分的位置悬挂，至少四个。由于钢化玻璃的中间部分最牢固，四角和边缘最薄弱。当出现危险时，最好的办法是用逃生锤敲打玻璃的边缘和四角，尤其是玻璃上方边缘中间的地方，约有2kg的压力就能把钢化玻璃的边角砸烂。

④ 车顶逃生窗。车顶逃生窗也称紧急逃生窗，位于车厢顶部，很多人可能以为它只是个通风口。如果客车侧翻，车门一侧被压在地面，或车门处恰好被撞导致车门无法打开时，可以通过车顶逃生窗逃生。打开逃生窗上面的开关，旋转后把车窗整个往外推就可逃离。

（2）旅客疏散组织　车辆运行过程中，驾乘人员要时刻关注车辆动态，谨防紧急事故发生。如果旅客在车上闻到刺鼻烟味和发现异常情况，可以直接向驾驶人反映，驾驶人做出判断，在确保交通安全的情况下，可以将车停在路边先疏散旅客再进行检查。

一旦发生紧急事故，根据"先人后车"的原则，驾驶人按照停车、开门、断电、疏散、报警五个步骤处理事故。驾驶人提醒旅客保持冷静，不要慌乱，按其指令行事。及时有序组织旅客逃生，利用疏散通道、安全出口，帮助引导被困人员迅速安全撤离事故车辆。按照"救人第一、疏散优先"的原则，尽快抢救伤员，把旅客疏散到安全地方，然后报警，等待救援。在条件允许的情况下，尽可能将重要的信息资料、贵重财物一并撤出。

在指挥旅客逃离事故车辆时，要应该注意过往车辆，禁止穿越马路跑，避免再次发生意外事故；旅客逃生时不能随意乱跑，应往浓烟相反的方向跑；旅客安全集结的地方在客车的右前方。

拓展阅读　记首届全国汽车客运站优质服务竞赛总决赛冠军　张燕

2014年10月16日，首届全国汽车客运站优质服务竞赛总决赛在常州汽车站举行。来自全国各地的27支汽车客运站参赛代表队共计100名站务服务选手参加了比赛。比赛包括理论知识、售票现场操作和检票现场操作三个部分。江苏代表队苏州汽车客运集团有限公司车站站务员张燕，以最高分305分的成绩荣获个人特等奖、团体一等奖的好成绩。

张燕总说自己太"拧"，实际上就是这股拧劲，这种执着、坚持和拼搏的精神，才使得她能在全国比赛中夺冠。

2007年，张燕来到苏州汽车客运集团任客运站站务员，从事检票工作。2008年春运期间，南方突遇大雪，连续几日站内班车发不出去，归乡心急的旅客向站务人员发泄心中的不满，张燕只能承受并反复劝说旅客耐心等待，跟旅客一起盼望着可以早日恢复发班。春运太苦了！张燕多次想辞职，可看到满心欢喜归乡的旅客，一起加班奋斗的同事，心中的苦变成了甜，张燕留下了。聪明、执着、认真的她，很快在工作中脱颖而出，担任了检票组组长。两年后任车站值班站长，协助站长管理班组和车站现场事务。

2008年起，张燕开始代表车站参加各类比赛，几次比赛的成绩并不理想，她静下心来找差距。

为使旗笛指挥动作更标准，她每天反复练习；为使理论知识更扎实，她注于学习培训，花费比别人更多的时间和精力来学习。操作技能过硬，理论知识扎实，自然底气足。

一次次的磨炼，一次次的付出，终于，张燕站在了首届全国站务员技能服务竞赛总决赛的最高领奖台上。载誉归来的张燕更加努力，继续前行。

练习与思考

一、单选题

1. 道路客运站是道路客运的重要基础设施之一，是旅客运输网络的节点，是人们实现旅行目的的依托，承担着为（　　）服务的双重任务。

    A. 旅客和驾驶人　　　　　　　　　B. 旅客和道路客运经营者
    C. 旅客和车辆　　　　　　　　　　D. 旅客和行包

2. 道路客运服务过程标准应不因车站的原因发生安全事故，（　　）为0。

    A. 年商务事故次数　　　　　　　　B. 年交通事故次数
    C. 年安全事故次数　　　　　　　　D. 年安全责任事故次数

3. 服务礼仪的首要、核心原则是（　　）。

    A. 尊重原则　　　B. 真诚原则　　　C. 宽容原则　　　D. 从俗原则

4. 道路客运服务人员服务过程中头发长短适宜，保持清洁，属于（　　）。

    A. 行为礼仪　　　B. 仪容礼仪　　　C. 服饰礼仪　　　D. 仪态礼仪

5. 儿童乘车免票的条件是（　　）且不单独占用座位。

    A. 身高1.20m以下　　　　　　　　B. 身高不超过1.20m
    C. 身高1.30m以下　　　　　　　　D. 身高不超过1.30m

6. 当客运班车载客人数已满的情况下，允许再搭载不超过核定载客人数（　　）的免票儿童。

    A. 1%　　　　　B. 5%　　　　　C. 10%　　　　　D. 15%

7. 客运宣传广播的主要作用是围绕（　　），配合各项作业程序，进行内外协调，指导旅客有秩序地进行旅行活动。

    A. 旅客运输安全　B. 旅客运输需求　C. 客运作业过程　D. 客车运行过程

8. （　　）是车站出具给营运客车载客情况的清单，是企业内部经济核算的重要依据之一。

    A. 行车路单　　　B. 旅客客票　　　C. 行包托运单　　D. 客运结算单

9. 道路客运中旅客乘车可携带随身物品，每张全票可免费携带（　　）的行包，每张儿童票免费携带（　　）的行包。

    A. 10kg，5kg　　B. 20kg，10kg　　C. 15kg，10kg　　D. 20kg，15kg

10. 保价服务是一项附加服务，是运输企业应对竞争和开发（　　）市场的一项重要举措。
    A. 低端　　　　　B. 高端　　　　　C. 低中端　　　　　D. 中高端

11. 行包包装中，包装最基本的功能是（　　）。
    A. 保护功能　　　B. 推广功能　　　C. 方便功能　　　　D. 辨别功能

12. （　　）及政府禁运物品不得夹入行包托运。
    A. 邮件　　　　　B. 危险品　　　　C. 图书　　　　　　D. 影片

13. 对道路客运经营凭证的管理不包括（　　）。
    A. 营业执照　　　　　　　　　　　　B. 道路运输证
    C. 道路运输经营许可证　　　　　　　D. 班车客运标志牌

14. 道路客运企业调度部门检查车辆运行计划执行情况的依据是（　　）。
    A. 运输货票　　　B. 旅客调查表　　C. 供车计划　　　　D. 行车路单

15. 要求从事客运经营的驾驶人员（　　）年内无重大以上交通责任事故记录。
    A. 2　　　　　　B. 1　　　　　　C. 5　　　　　　　D. 3

16. 关于车上行包服务，说法错误的是（　　）。
    A. 中途受理行包，如发现旅客携带"三品"，应拒绝其携带上车
    B. 中途下客时，旅客提取行包要查看行包票，核对标签，做到票、包相符
    C. 途中不随旅客同行的行包，可不予受理
    D. 与客运站行包服务相比，车上行包服务时间仓促，不具备设施设备条件，可不提供行包服务

17. 一旦发生紧急事故，根据"先人后车"的原则，驾驶人按照（　　）步骤处理事故。
    A. 断电、停车、开门、疏散、报警　　B. 断电、停车、开门、报警、疏散
    C. 停车、开门、断电、疏散、报警　　D. 停车、开门、断电、报警、疏散

二、多选题

1. 道路客运站作为道路客运节点，其主要任务是（　　）。
    A. 安全、迅速、有秩序地组织旅客乘车、下车
    B. 方便旅客办理一切旅行手续
    C. 为旅客提供舒适的候车条件
    D. 是旅客集散、中转、车辆运行组织的基地
    E. 是道路客运的重要基础设施

2. 道路客运站服务工作包括（　　）。
    A. 旅客服务　　　B. 运营服务　　　C. 安全服务　　　　D. 环境服务
    E. 信息工作

3. 道路客运服务人员服务礼仪的基本内容有（　　）。
    A. 仪容规范　　　B. 仪态规范　　　C. 服饰规范　　　　D. 语言规范
    E. 岗位规范

4. 客运服务中接递物品应做到（　　）。
    A. 双手递物、双手接物

B. 两臂夹紧，自然伸出双手

C. 递剪刀、刀子等尖锐物品时，尖部或刀刃部朝向自己

D. 所有的物品都要轻拿轻放

E. 递剪刀、刀子等尖锐物品时，尖部或刀刃部朝向对方

5. 下列关于客运班车公平配载的说法，正确的是（　　）。

A. 旅客购买车票，如未指定班次，应按"班车均衡"原则，公平为所有班车配载

B. 旅客购买车票时，如指定班次，按"旅客优先"的原则为旅客所指定的班次配载

C. 旅客购买终点站车票时，如未指定班次，按"时间优先"和"终点站优先"的原则为终点站班车配载

D. 旅客购买非终点站车票时，如未指定班次，按"时间优先"和"里程利用率优先"的原则为相应的班次配载

E. 公平配载是指公平地对所有班车配载，不能对某一班车倾斜配载或拒绝配载

6. 行车路单的主要作用是（　　）。

A. 行车路单是车辆调度运行的命令

B. 行车路单是车辆执行任务的原始凭证，是统计和考核车辆运行的原始资料

C. 行车路单是由客运班车始发站签发的

D. 行车路单是车辆营运收入的结算凭证

E. 行车路单是对司乘人员进行考核和计发行车补贴的依据

7. 轻泡行包是指（　　）。

A. 每立方米重量不足333kg的行包　　B. 每立方米重量超过333kg的行包

C. 每千克体积不足$0.003m^3$的行包　　D. 每千克体积超过$0.003m^3$的行包

E. 以物品件数为单位托运的行包

8. 下列关于行包托运单的正确说法是（　　）。

A. 托运单是一种格式合同，运输企业的托运单统一采用行业标准中推荐的格式

B. 托运单是行包收据，是运输企业签发的已接受行包证明

C. 托运单保护并约束托运人和发货人，对第三方没有约束力

D. 托运单一式多联，各联内容和版式完全相同

E. 托运单一经签署立即生效，不能更改

9. 道路客运站车辆安检主要是对（　　）进行安检。

A. 行驶速度　　B. 车辆性能　　C. 车辆外观　　D. 车辆状况

E. 车辆消耗品

10. 道路客运站行包托运的主要工作任务有（　　）。

A. 行包受理　　B. 计重收费

C. 行包保管　　D. 行包交接交付与赔偿

E. 行包配装配载

11. 道路客运实体安全的要求主要有（　　）。
    A. 不发生交通事故　　　　　　　　B. 不发生人为事故
    C. 不发生行车事故　　　　　　　　D. 不发生爆炸等意外事故
    E. 不发生旅客或行包错运等商务事故

12. 配载时应注意的事项有（　　）。
    A. 重不压轻，大不压小
    B. 不能偏重，或中心偏移
    C. 有异味的、有毒的货物不能混装
    D. 怕压、易碎、易变形的货物，在装载时要采取防护措施
    E. 液体行包与普通行包不能混装

13. 客车上安全应急设备主要有（　　）。
    A. 逃生锤　　　　B. 应急开关　　　　C. 灭火器　　　　D. 车门
    E. 车顶逃生窗

14. 在指挥旅客逃离事故车辆时，应该（　　）。
    A. 注意过往车辆，安全时可以穿越马路，到马路对面
    B. 注意过往车辆，禁止穿越马路跑，避免再次发生意外事故
    C. 旅客逃生时不能随意乱跑，应往浓烟相反的方向跑
    D. 旅客安全集结的地方是客车的右前方
    E. 旅客安全集结的地方是客车的右后方

三、填制客运行车路单

A地到B地的客运路线，主要经过C、D、E、F等站点，营运车型是大型中级客车，车号是冀A×××××，驾驶人是王×，乘务员是李×，车辆6点15分从A汽车站发车，全程是360km，票价55元，运行时间7h，百公里耗油量按32L计算。某日运营情况如下：

（一）去程各站发车载客情况

1. A站：发车时间6点15分，载客20人，其中有3人到达C站，票价12元，其余到达F站，票价55元；行李3件，价格分别是70元、35元、55元，均到达F站。

2. C站：发车时间8点15分，载客10人，其中2人（1成人，1儿童）到达E站，票价30元，其余均到达F站，票价45元；行李2件，价格分别是50元、45元，均到达F站。

3. E站：发车时间12点30分，载客3人，到达F站，票价20元；行李2件，价格分别是15元、75元，到达F站。

（二）返程各站发车载客情况

1. F站：发车时间6点15分，载客25人，其中有3人到达E站，票价20元，其余到达A站，票价55元；行李4件，价格分别是70元、35元、55元、85元，均到达A站。

2. D站：发车时间11点10分，载客10人，其中2人到达C站，票价10元，其余均到达A站，票价22元；行李2件，价格分别是50元、45元，均到达A站。

3. E站：发车时间12点30分，载客3人，到达F站，票价43元；行李1件，价格18元，到达A站。

请参照本章第二节中给出的路单式样，填制此路线客运行车路单。

第五章
Chapter 5

旅客意见和投诉处理

【学习目标】

1. 了解旅客心理及其行为特点,掌握旅客需要心理的层次,熟悉旅客旅行的共性心理表现、个性心理表现,掌握旅客旅行的群体及其心理表现和服务技能。

2. 了解常见旅客意见,掌握常用的旅客意见收集方式,了解旅客意见信息分析的内容,掌握旅客意见处理的程序及要点,熟悉根据旅客意见进行整改工作的方法。

3. 掌握旅客投诉的含义,熟悉处理旅客投诉的原则,掌握处理旅客投诉的程序,了解旅客投诉心理。

4. 具备旅客为本、服务至上的职业素养。

> **案例导入**
>
> 乘客张先生遇到了一件烦心事,他就此事进行了投诉。2021年4月30日上午10点,张先生乘坐了从A市西站发车开往B市西站的快客班车,票价为55元。张先生说:"快客班车出了A市,没走高速,走省道开往C市,一路上不断停车,车开得很慢。经过C市时,红绿灯多,更是停停开开。客车开出C市后才上高速去B市。"
>
> 张先生向A市西站提出投诉:"我认为快客班车票价55元,本身就包括了所有高速公路的通行费、油费和车辆的行驶成本以及车站应有的利润,不应该省下A市到C市的高速公路通行费,让旅客经受颠簸之苦和延误时间,这侵犯了旅客的利益。"
>
> 对此,A市西站办公室相关负责人解释说:从2021年5月7日开始,这辆从A市开往B市的快客班车将实行全程高速,车程从2.5h缩短为2h,票价从55元调整为60元;快客班车从A市出发后,将全程高速到达B市,而以前从A市到C市只有省道可以走;班车要全程高速行驶,需经参营公司协商,运管部门审批,所以到5月7日才正式开通。
>
> 请分析:旅客出行常常对哪些客运服务有意见,在什么情况下会投诉,旅客投诉对客运公司会有哪些影响?

道路客运的运输对象是旅客,服务对象也是旅客。研究旅客心理特点,充分了解并妥善处理旅客对道路客运服务的意见,对于提高客运质量,提升客运组织管理水平,进而达到旅客满意、企业获利的经营目标具有十分重要的作用和意义。

第一节 旅客心理分析

道路客运中每天接待数以万计的旅客,他们背景不同,性格各异,不同的旅客有不同的心理。研究旅客心理特点,是为旅客提供满意服务的基础。

一、心理与旅客心理

研究旅客心理,首先要了解心理与旅客心理的含义。

(一)心理

心理人皆有之,广受关注。心理学中对心理的定义是:心理是人脑的机能,是客观现实的主观反映。人的心理实际上是人脑对客观现实的主观反映,人脑是心理器官,客观现实是心理的源泉。

人的心理现象极其复杂,内容丰富多彩,但其产生、发展、变化是有规律的。人的心理现象可从心理过程和个性心理两个方面来研究。

心理过程是人们在社会生活实践过程中的一系列思维活动的总和,是社会实践在人的头脑中的反映,包括认识、情绪或感情、意志三个过程。

个性心理是人的气质、性格、能力等心理活动中稳定特点的总和与表现。

心理过程和个性心理虽然是心理现象中的两个方面,但不能完全被割裂开来,两者之间联系密切。没有心理过程,个性心理就无从形成;个性意识倾向和个性心理特征制约着心理过程,并在心理过程中表现出来。要了解人的心理现象,必须将这两个方面结合起来研究分析。

(二)旅客心理

一般来说,旅客是生活在一定的社会环境中的人与旅客运输业结合的产物。一个人从进入旅客运输服务系统开始，到离开旅客运输服务系统为止，即从其购买车票、进入车站乘车到下车验票出站止，此期间，他是一位旅客。

旅客运输心理学是从一个人是否有运输需要角度来定义旅客的概念的：旅客是指成为旅客运输业服务对象的一个社会个体，即从其产生旅行需要开始，到其旅行需要消失为止的整个过程，即为旅客。从这一定义可知，具有旅行需要的一切社会个体，无论其旅行需要是否实现，只要他有旅行需要，就是一位旅客。

旅客心理的核心内容是旅客从旅行需要产生到旅行需要消失的整个过程中伴随的一系列的心理活动。

就个体而言，旅客作为人群的一分子，必然具有人类的某些共有特性，如思想、感情、欲望、喜怒哀乐、兴趣爱好、性格气质、价值观念、思维方式等。所有这些特性构成人的心理，即心理活动或心理现象。心理活动是人脑对客观事物或外部刺激的反应，处于内在的隐蔽状态，不具有可直接观察的形态，但可以支配人的行为，决定人们做什么、不做什么以及怎么做。同样，人作为旅客在旅行中的各种行为也无一不受心理活动的支配。如，是否购买车票，购买哪种运输方式的车票、哪个运输公司的车票，何时、何地、以何种方式购买，以及如何消费、怎样使用等。其中每个环节、步骤都需要旅客做出相应的心理反应，进行分析、比较、选择、判断。

因此，旅客的行为总是在一定心理活动支配下进行的，从服务对象角度来讲，掌握旅客旅行心理活动与需要，使旅客旅行需求得到满足，是客运服务与管理的核心内容。

二、旅客心理与行为的特点

旅客实际上是旅客运输的消费者，因此有着消费者共同的心理与行为特点。

1. 目的性

消费者心理与行为的目的性，表现在消费者满足自己的需要、实现消费动机、得到期望的消费体验等方面。如旅客购买运输服务的目的是完成必要的位置移动，或满足自己对运输工具或运输方式的好奇心，或证实他人的说法及广告宣传的内容。

旅客心理与行为的特点

2. 自觉性

与生活中其他行为相比，消费行为的一个显著特点是自觉性。任何消费行为都是在人们自觉地支付了相应数量的货币之后才能实现的，这就使得消费行为的自觉性变得非常明确。在需要与动机的推动下，消费者会自觉地收集商品信息，做出购买决定，自觉自愿地支付货币。受个人经济能力的支配和约束，消费行为还必须在个人经济能力许可的范围内进行，所以人们会自觉地以个人的经济条件为前提，控制那些难以实现的愿望。

3. 复杂性

心理活动本身的复杂性决定了消费者心理与行为也具有复杂性与多样性。因为个人在需要和动机方面存在着较大的差异，同样一个行程，有的旅客出于价格方面的考虑购买，有的旅客出于乘坐方便性的考虑而购买，有的旅客则因乘坐的及时性而购买。面对多样的营销环境，消费者个体的表现和反应也各不相同，他们可能表现出积极的、消极的、被动的或反感的态度。消费者的意识，有时表现为清晰的意识状态，有时潜意识或无意识的模糊状态等。这些都是消费者心理与行为复杂性的表现。

4. 关联性

消费者为满足一种消费需要和实现一种消费动机，有时需要对另外一些商品产生消费需要和消费动机，这就是消费心理与行为的关联性。这种关联性对运输企业进行产品的开发提出了系列化、成套化等方面的要求，也为运输企业提供了更多的发展机会。

5．变化性

消费者心理与行为会随着社会、经济、文化的发展变化而不断改变。如社会环境的变化会引起旅客心理或行为的变化，当旅客所处的社会环境改变时，其所接受的相关的信息是不同的，这就导致旅客对运输方式、交通工具和出行方式的喜好和态度发生变化。

三、旅客需要心理的层次分析

不同旅客的需要是有差异的，按照人类需要发展的规律性和层次性，可将旅客需要分成天然性需要、社会性需要和精神性需要三大类。

1．天然性需要

旅客有天然性需要，主要包括生理需要和安全需要。这是因为旅客乘车外出，首先必须保证自身的生存和健康，才能顺利进行各种活动以达到预定目的。在长途旅行中，旅客首先要求车站能够提供售卖食品和饮料的场所，要求候车室、站台和车厢内环境舒适，使休息得到一定的保障，不然就会产生不良情绪，如烦闷、焦躁等，对客运产生不满。同时，旅客有多方面的安全需要，主要是保证人身和财产安全。

2．社会性需要

旅客的社会性需要主要表现在需要进行社会交往，需要得到别人，特别是客运服务人员的尊重。人人都有社会交往的需要，旅客也不例外。尽管他们在外的时间长短不一，但远离家乡和亲人，难免会有寂寞和孤独感，旅客希望与接触到的人建立和谐友好的人际关系，交流感情，减轻与亲人分离的痛苦或是某种焦虑。

尊重的需要包括自我尊重和得到别人的尊重。旅客特别希望听到对他们的尊称，希望得到热情而有礼貌的服务，希望自己的意愿和要求得到满足，尤其是有生理缺陷或有过错的旅客，更希望得到客运服务人员的尊重。

3．精神性需要

旅客的精神性需要主要表现在猎奇的需要、对艺术的需要及对美好事物的追求。猎奇的需要指增加见闻，扩充知识面；对艺术的需要指喜欢欣赏有艺术性的东西；对美好事物的追求，既包括对优秀歌曲、文娱节目的追求，也包括对客运服务人员优质服务及好人好事的追求。

旅客心理需要层次如图5-1所示。

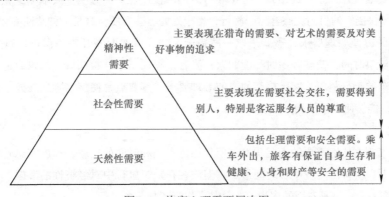

图5-1　旅客心理需要层次图

四、旅客旅行的共性心理表现

旅客旅行的共性心理是指所有旅客在乘车旅行过程中从开始买票到旅行终止，经过各个环节，遇到各种情况，所具有的相同的心理活动。共性心理需要分为总体方面的心理需要和各旅行阶段的心理需要。

（一）总体方面心理需要的表现

1. 安全心理

旅客乘车旅行最根本的需要是安全的需要，它包括人身安全和财产安全两个方面。每一位旅客都希望车站有良好的治安环境，治安不好会使旅客提心吊胆。为保证旅行安全，旅客常在综合考察自然环境状况、社会治安情况和运输工具的安全性等因素后，再做出是否旅行的决定。

当亲友出门旅行时，我们祝福他们"一路平安"，这代表了出门旅行者最普通、最基本的共性心理要求。"平安"就是不发生任何危及人身安全和财产安全的意外事故，也就是不会发生旅客碰伤、挤伤、摔伤、烫伤等情况，旅客旅行中所携带的财物、文件资料保持完整，不发生任何丢失或损坏。

在旅客运输服务过程中，努力满足旅客旅行安全心理要求，这是所有客运服务人员的首要工作。公路运输部门要加强社会、公路沿线、车站和客车的治安管理，从技术装备上提高运输工具的安全性，从安全管理上提高客运服务人员对不安全因素的预测和及时处理的能力。

2. 顺畅心理

送亲友出门旅行时，除了祝福他们"一路平安"外，常说的另一句话就是"诸事顺利"，这也是出门旅行者的一个共性心理要求。

要满足每位旅客的顺畅心理要求，做到时时顺畅、事事顺畅是不现实的。但是，从旅客运输服务管理的角度，应尽最大的努力满足旅客的需要。在为满足旅客需要而做工作的同时，还要做好宣传工作。对旅客要有良好的服务态度，遇到不能满足旅客要求的事情，要耐心解释，使旅客明白为什么其需要没有得到满足。在旅客旅行的过程中，由于运输部门要求、天气变化等一些原因而发生的延误，影响到旅客旅行的顺利进行，旅客有权了解延误发生的原因，客运服务人员必须把事情的真相通告给旅客，让旅客心里有数，使其能够预先对自己下一步的行动做出计划。

3. 快捷心理

随着社会的发展，人们的时间观念发生了重大的变化，"快捷"成为旅客的一个主要共性心理要求。缩短旅行时间，迅速到达目的地，可以节约时间，同时减少旅行疲劳。

4. 方便心理

方便的需要表现在购票、进出站、上下车等方面的便捷性。"方便"要求减少旅行中的各种中间环节，达到"快捷"的目的。旅客出门旅行，希望处处能够方便，这是一种共性心理要求。

满足旅客的方便心理要求，需要采取一些措施，如：售票处多开售票窗口，减少旅客排队等候时间；延长售票时间，使旅客随时都能购票；妥善设置候车室、检票口、站内通道引导牌等，减少旅客进站上车的走行距离。满足旅客的方便心理要求，其要点是使旅客感到处处、事事、时时方便，节省时间，能够使事情顺利办成。

5. 经济心理

经济心理表现在旅客需要的满足程度与所付出的费用和时间的比较，即旅客总希望在一定的需要满足程度之下，所付出的费用和时间最少。但旅客在乘车旅行中对经济性的考虑，一般是将以下两个因素结合在一起：一是费用的多少；二是私人出行还是公务出行。

6. 舒适心理

随着经济的发展、人们生活水平的提高，旅客对旅行的舒适性的要求越来越高，对乘车环境、文化娱乐、饮食、休息、睡眠等的要求相应提高。这种需要的强度和水平受多种因素影响，旅行时间的长短往往是起决定作用的因素。

7. 安静心理

旅客出门旅行，离开家或工作场所，来到车站、车厢与其他旅客一起旅行，一直处于动荡状态中。在嘈杂的环境中，尽量保持安宁，减少喧哗，动中求静，这是人之常情，是大多数旅客的共同心理需求，尤其是在人较多的候车室内，对安静的要求更为迫切。

要保持旅客旅行中的安静环境：一方面旅客本身要约束自己，不要大声说话、来回走动等；另一方面客运服务人员有责任加强对乘车环境的管理，积极制止不利于安静的事件，避免旅客大声喧哗、吵闹，更要避免发生口角、争吵，影响旅客休息。

心情安静与否，在一定程度上取决于人对环境的感受。一个井然有序的环境，可以使人心平气和。因此，客运服务人员应加强对环境有序性的管理，这种有序性包括两个方面：一是物的有序性，二是人的有序性。另外，保持车站、车厢公共场所的清洁卫生也是有序性的一种表现。清洁、卫生的环境使人心情愉快；脏、乱、异味弥漫的旅行环境，会使人烦躁、郁闷，不能平静。

8. 尊重的心理

受尊重是人的正当需要。每一位旅客都希望自己的人格、习俗、信仰、愿望受到客运服务人员的尊重，都希望能看到热情的笑脸，听到友善的话语，体验到温暖。

（二）旅行各阶段心理需要的表现

旅客在旅行过程中的不同阶段有不同的心理活动和心理需要。按照旅客旅行的心理过程，可将旅客心理需要分为八个阶段。

1. 旅行动机的产生

任何一次旅行都有它的动机，主要表现为出差、旅游、探亲等。在做出旅行决定时，旅客常常对旅行的各种情况进行综合分析，存在一定程度的旅行顾虑。

2. 交通工具的选择

当旅客决定旅行后，会考虑交通工具的选择，交通工具可以按不同的运输方式选择，火车、汽车、飞机、轮船等。旅客的交通工具的选择受到旅行动机、旅行者身份、旅行时间、旅行费用，以及交通工具的安全性、舒适性、服务质量等多种因素的影响。

3. 购票

购票心理主要表现在两个方面：

1）购票前的心理反映在对旅行信息的了解方面，包括乘车线路、车次、始发和终到时间、购票时间、购票地点、购票手续、车票情况等。

2）购票时的心理还反映在对旅行信息的进一步了解和掌握上，如希望售票窗口按时售票、有良好的秩序，售票网站能正常使用，客票信息准确、易懂，能买到符合个人要求的乘车日期、车次、席别的车票，售票正确无误等。

4. 去车站

旅客会考虑从驻地到达车站所需要的时间、登车前站内旅客服务项目及服务时间等因素，选择市内交通工具。旅客常常因担心赶不上车,而提前一段时间到达车站。

5. 进入车站及上车

旅客进入车站、等候上车时有多种形式的心理活动,具体表现如下:

1)希望顺利进入车站。

2)希望办理行包托运的手续简单、迅速、准确,能够一站式办完全部手续,不必增加搬运次数。有的旅客希望运输部门提供接送服务。

3)希望快速找到指定的候车位置,担心候车位置不正确。希望检票地点明显、候车场所清洁、温度适宜、空气清新、照明充足,各种指示牌简单、明了,广播及时、清楚。室外候车有遮阳、避风雨的条件。候车时间长的旅客还希望有适宜的休息设备,以及适宜的用餐、购物、文娱活动场所等。

4)问询时希望能够一次得到清楚、准确的回答,怕服务人员态度生硬,回答问题不耐烦、不清楚。

5)提前到站候车时,担心等待时间无聊。

6)候车旅客多时,担心站台拥挤、车上无行包放置处;希望能按时、有序检票、上车。

7)需要寄存随身物品时,希望手续简便、寄存可靠、物品不损坏,寄存收费合理。

8)漏乘时,迫切想要了解如何变更车次、办理退票手续。

6. 车上旅行

在客车上,旅客的心理需要表现在物品及人身安全、环境舒适、饮食卫生方便、旅行中的消遣、对目的地情况预先有了解等方面。对于长途旅行的旅客,这些需要表现得更为明显。如旅客上车后,希望迅速找到座位,放置好物品,希望车内干净整洁、不拥挤,饮水、饮食卫生方便,服务人员热情,能提前通报到站情况,有一定的娱乐设施,还希望能安静休息、不被干扰等。

7. 到站下车及出站

旅客到达目的地车站后,其心理需要表现在托运物品的提取、城市交通工具的选择、餐饮住宿等方面。旅客希望能快速、有序出站;有亲友接站的旅客,则希望很快见到接站的亲友。

8. 继续乘车旅行

旅客到站后短暂停歇后继续乘车旅行时,其心理需要表现在中转签字或重新购票要便捷等方面。

五、旅客旅行的个性心理表现

旅客共性心理是大多数旅客在旅行时的普遍心理需要。但具体到单个旅客,由于性格、爱好、自身条件、旅行条件等各不相同,也会有不同的个性心理需要。

(一)按自然构成分类

旅客的自然构成是指旅客的性别、年龄等自然因素,如:按性别,可以划分为男旅客、女旅客;按年龄,可以划分为老年、中年、青年、少年、儿童等几个层次。不同性别、不同年龄的旅客,其心理需要的内容、方式及行为表现是有区别的。

以空调的使用为例,老年人和年轻人的要求不同,特别是空调在可开可不开的情况下:开了老年人会说受不了;不开,年轻人会说自己买的是空调票,为什么享受不到空调?

即使是同一个年龄段的旅客,也会因为性别的差异、身体状况的不同而表现出不同的要求,处理不好,易引起冲突。一旦他们各自的要求不能得到满足,就有可能投诉或以其他方式来发泄自己的不满。

(二)按社会构成分类

旅客的社会构成是指旅客的职业、经济收入、民族、国籍等不同的社会因素,如按职业可以将旅客划分为工人、农民、军人、学生、个体工商业者、文艺工作者等。由于他们所处的环境不同、工作性质及文化素质不同，心理需求和行为也必然各异。

以对客运产品的选择为例，商务人士、高收入者通常选择豪华、高速及服务档次高的客车，而学生、低收入者则一般会选择价格偏低、舒适性较差的客车。

（三）按旅行目的分类

旅客出行，有时职业相同，但旅行目的不同，其心理需要会存在差异；有时职业不同，但旅行目的相同，也会有相同的心理需要。按照旅行目的不同，可以把旅客分成出差的公职人员、旅游者、探亲访友者、治病就医者、通勤通学者、外出谋职的打工者、其他人员等。

旅行目的不同，旅客心理需要不同，如：满脑子都是"信息""谈判细节""合同条款"的商务旅客需要"无干扰服务"，即服务人员和旅客保持一定的服务距离，当旅客不需要服务时，使其感受不到服务人员的存在，当旅客需要服务时，服务人员会及时出现在旅客面前；外出谋职的打工者希望旅途中能得到服务人员的帮助，不要嫌弃他们；通勤通学的旅客乘车经验丰富，时间观念强，有"应变"能力，有时忽视规定；治病就医者心情沉重，希望乘车环境舒适，能得到照顾等。

（四）按旅客气质分类

旅客在旅途中的言谈举止可以反映出自身的气质。服务人员通过观察旅客言行，了解旅客气质类型，可以更有针对性地为旅客服务。

旅客气质类型图如图5-2所示。

1. 急躁型旅客

急躁型相当于胆汁质气质，他们通常对人热情、感情外露、说话直率、表里如一、刚强、好胜心强、冲动。为急躁型旅客服务时，服务人员应注意言谈谦让，不要计较他们有时不顾后果的冲动言语，一旦出现矛盾，应尽量回避，点到为止，留有余地。

图5-2 旅客气质类型图

2. 活泼型旅客

活泼型相当于多血质气质，他们通常活泼好动、反应快、理解力强、灵活多变、容易见异思迁。为活泼型旅客服务时，服务人员不要过多重复，以免旅客不耐烦，应主动向他们介绍车站设施、娱乐场所、各地风光和特产，满足他们喜欢活动的心理。

3. 稳重型旅客

稳重型相当于黏液质气质，他们平时表现安静、喜欢清净的环境、很少主动与人交谈、慢性子、不灵活、呆板。向稳重型旅客介绍或交代事情时，服务人员应注意说话的速度，适当重复重点，给他们足够的思考时间，耐心等待，不要过多与之交谈，不要滔滔不绝，以免令其反感。

4. 忧郁型旅客

忧郁型相当于抑郁质气质，他们感情很少外露、多愁善感、性情孤僻、心思缜密、很敏感、好猜疑、自尊心强。为忧郁型旅客服务时，服务人员要十分尊重，讲话要清楚明了，和蔼可亲，不开玩笑，不能当众批评。

六、旅客旅行的群体心理表现

（一）旅客群体

旅客在旅客运输服务部门内停留的时间多时达几十个小时，少时十几分钟。旅客流动性比较大，人与人之间很少有思想交流，即使人与人之间有一些交流，也只是一般的聊天，不涉及思想深处的感受。因此，旅客群体有其独特的特点。

1. 松散大群体

旅客群体是松散大群体，没有形成统一的规范制约人的行为。在这一群体中，人们受社会舆论、道德和观念的制约，起作用的是公平感、正义感，当遇到涉及部分或全体旅客利益的事情时，才会形成一致、统一的行为。例如，当客运服务人员与某一位旅客发生摩擦时：如果客运服务人员一直保持和蔼、礼貌的态度，则周围不知产生摩擦原因的其他旅客，有的可能站在该旅客的一方，有的可能站在客运服务人员一方，有的可能保持沉默、不表态；但如果客运服务人员的态度比较强硬，不礼貌，就会造成周围的大多数旅客站在该旅客一方，联合起来批评、指责客运服务人员。这是因为，这时他们把该旅客所处的位置与自己进行了调换，即如果自己是那位旅客，客运服务人员这样的态度是自己所不希望的，同情心及正义感使旅客们结合在了一起。

2. 紧密小群体

在旅客大群体尤其是一些旅行团体中，存在一些相识或结伴同行的几个旅客所组成的小群体。由于相识，他们在日常生活之中有一些思想交流，他们之间的感情要比与不相识的旅客之间的感情深得多，因此在旅行中，他们成为行为一致的群体，尤其是他们其中的某位与其他旅客或与客运服务人员发生摩擦时，小群体更加表现出态度与行为的一致性。

（二）对群体旅客心理的服务

1. 加强对紧密小群体的关注

由于具有相同的旅行目的，紧密小群体内的成员具有相同的言行，他们同行、同住、同食，因此：要加强团体售票、团体候车、团体上车的工作，尽量使小群体成员无论在站内、车内都能在一起；避免与小群体内部人员发生争执，在他们中有人提出不合理的要求时，尽可能和蔼、礼貌地给予解释和说明；在遇到严重问题又必须解决时，要在公正而讲道理的基础上进行处理。在车上发生问题，如果车上不能解决，则在车站解决；如果在车站内发生问题，尽量把他们与其他旅客分离开，以避免对其他旅客产生不良影响，并使问题得以有效处理。

2. 用亲切、和蔼、礼貌的态度为大群体服务

由于大群体的一致行为往往是在旅客与旅客之间或旅客与客运服务人员之间发生冲突时产生的，因此亲切、和蔼、礼貌的态度可以为旅客营造一个轻松、愉快的乘车旅行环境，可以避免一些冲突的发生。客运服务人员一定要加强自身的修养，避免与旅客发生冲突。为旅客大群体服务时，客运服务人员要从旅客共性心理需要和旅客个性心理需要两方面提供相应的服务。

在解决旅客的问题时，最好的办法是利用旅客群体内部的相互制约关系。例如，某位旅客吸烟，客运服务人员去制止，应运用合适的语言，不是服务人员要让旅客做什么，而是旅客的行为会影响其他旅客的健康。这样就能将旅客和客运服务人员之间的关系转变为旅客之间的关系，既会起到约束作用，也有利于问题的解决。

第二节　旅客意见收集与处理

全面、客观、科学地了解旅客对客运服务的意见和看法，对旅客意见进行经常化、制度化的收

集与处理，是运输企业完善客运服务质量工作的重要依据，使旅客的需求与期望得到真正的满足和实现成为可能。

一、易招致旅客意见的常见情况

在客运服务工作中，偶然疏忽、某些方面不能满足旅客的要求、服务语言不适当等都容易引发旅客意见。实际工作中，易招致旅客意见的情况如下。

1. 旅客挑选客车座号

旅客为了一个称心如意的座号，会提出各方面的要求，这是正常的现象。客运服务人员应理解旅客需求心理，尽可能给予满足，尤其是对于老、弱、病、残、孕等旅客。如果当时确实不能满足，应和旅客商量，能否换乘下趟车。对于要求选座号的旅客，不能认为其挑挑拣拣，难伺候，不能感到不耐烦。

2. 收找票款发生差错

在收找票款出现的差错，大部分是由于售票员工作中没有坚持唱收唱付，或者忙乱造成的。这时双方往往都很着急，都认为自己是对的，如果客运服务人员说话不注意，很容易引起争吵。

3. 超高儿童或超重行包

儿童身高超过1.5m要购全票，超重行李应按车站售票厅内公告要求处理，但有些旅客会找出种种理由，坚持不补票，导致检票服务员与旅客发生争吵。

4. 旅客要求退票

旅客购票后，如有困难一时走不了，认为要求退票是理所应当的。旅客退票时，按照退票规定客运企业需收取一定金额的退票费，如果超过规定时限则不能退票，但有的旅客强求退票，此时易发生争执。

5. 班车晚点或脱班

由于道路客运的特殊性质，班车受天气、路况、车辆维护等因素影响较大，经常发生误点、脱班情况。而车站实行预售票制度，旅客往往提前购票，安排好了行程，班车的误点或脱班不仅会耽误旅客的行程，有时可能给旅客带来一些其他方面的损失，从而会引发旅客的不满。

6. 旅客之间发生纠纷

乘车过程中，有时旅客之间因一些小事或误会发生纠纷和争吵，他们的争执可能与运输服务设施或服务工作有关，也可能无关。无论哪种情况，客运服务人员都要主动做好调解工作，不能袖手旁观。虽然旅客之间争吵的通常是些小事，但是车站、车厢是公共场所，容易引起围观、起哄，影响整个服务秩序。客运服务人员首先应缓和紧张气氛，设法使双方脱离接触，防止事态扩大，并妥善解决问题。

7. 旅客提出批评

旅客对客运服务工作提出表扬或批评，其表现的方式虽不一样，但实质上都是为了帮助客运企业改进服务工作。客运服务人员不能听到表扬就高兴，听到批评就生气。对自己确实存在的缺点和错误，要虚心接受，并在工作中改正，决不能抱着漫不经心、敷衍推脱的错误态度。有时批评的问题与事实有出入，客运服务人员应耐心听完旅客的话，抱着"有则改之，无则加勉"的正确态度，而不是与旅客发生争论。

8. 盛气凌人的旅客

这种类型的旅客是很少的，但在一时一事之中，个别旅客也可能有这种表现。如果客运服务人员针锋相对，有可能招致旅客投诉或抱怨。

在客运服务中，客运服务人员必须树立"旅客至上"的精神和理念，运输企业要不断完善服务设施、服务程序及服务标准，并与旅客有效、良性沟通，耐心解释，只有这样才能减少旅客意见，提高旅客满意度。

二、旅客意见收集方式

旅客意见收集应做到充分、全面、深刻，客运企业应尽可能通过多渠道和多方式了解旅客，常用的方式如下。

1. 设置旅客意见箱、意见簿

设置旅客意见箱、意见簿是一种被广泛采用的获得旅客意见的方式。通常在车站、营运客车等服务场所的醒目位置（如问询台）悬挂旅客意见箱、意见簿，收集旅客意见与建议。一般意见箱由值班站长、公司调度员负责开启、查阅、记录，每三天开启一次；意见簿则需每天查阅、记录。

旅客意见箱、意见簿的信息收集完全取决于旅客自愿行为，是对旅客打扰最少的一种收集方式。但因部分旅客对其抱有一定的消极态度，故其存在着一定的局限性。

2. 填写旅客意见调查表

各客运服务单位依据本单位"旅客满意度测量控制程序"，每月或定期组织发放/回收"旅客意见调查表"，收集旅客满意度信息（包括旅客满意、旅客抱怨、旅客建议等信息）。

旅客意见调查表上信息收集范围广泛，其中往往列明了整个客运站主要的服务项目，获取的信息量比较大。旅客意见调查表一般放置于客运站大厅内，几乎所有的旅客皆可容易地取到此表。旅客是在没有任何工作人员在场的情况下提供信息的，因此其客观性比较强。但旅客对此种方式太过司空见惯，习以为常，再加之某些企业对于旅客意见的消极态度，所以旅客提供意见的热情大大减小。对于部分信息尤其是涉及服务过程（如态度）的信息，由于旅客往往没有直接给出具体的服务人员姓名或由于服务行为已成"过去时"，因而核实的难度比较大。值得注意的是，在收集信息的过程中，旅客易受情绪的影响，因为一般旅客在特别不满或特别满意时才会填写意见调查表。

3. 电话拜访收集

电话拜访收集可以单独使用，也可以结合销售电话同时使用，或因为要了解或澄清一项特别的事情而使用。有些电话拜访收集是根据设计好的问题而进行的，而有些电话拜访收集的自由度与随意性比较大。同时，各服务单位也可以对外公布本单位的咨询电话、投诉电话，并设立旅客投诉专用登记本，收集、记录旅客投诉信息。

电话拜访收集信息时，如果时间情况允许而且旅客与客运公司关系密切，就可以与旅客谈到比较深层次的问题，更详细地了解旅客的想法，效率比较高，同时能够节省收集费用。但与意见调查表收集法相比，电话拜访对旅客的打扰比较大，有些旅客可能不耐烦回答收集者的问题。故其收集的准确性受收集者的主观愿望与素质的影响比较大，同时收集者由于只能凭声音进行沟通，有时会误解对方的意思，或对对方的表述理解不深。电话拜访收集法对收集者的能力要求较高。

4. 现场访问收集

现场访问又称为突击访问，其做法是抓住与旅客会面的短暂机会尽可能多地获取旅客的意见、看法。现场访问是客运企业获得旅客意见的一种最重要的收集方法，一名成熟的客运管理者应善于抓住并创造机会展开对旅客的现场访问收集。现场访问的内容可以涉及客运企业服务水平、班线设置等一些相关问题。

现场访问的最大优点在于它就发生在服务与消费的现场，旅客对服务产品的印象还十分鲜活、深刻，往往能提出一些平时被忽略但又十分重要的细节问题。现场访问是与旅客建立长期关系，维持旅客忠诚的一个重要方法，尤其是在旅客感到受到特别的礼遇或旅客反映的问题被很好地解决时。同时，管理人员在对旅客进行现场访问时会给客运工作人员传递一个最明确的信息，即企业非常重视旅客与旅客意见。

现场访问收集也存在着一些弊端，如收集到的信息不易保存、对采访者要求较高等问题。所以，对于客运企业来讲，现场访问收集往往需要由一定层次的管理人员出面进行。但这对日常工作繁忙及更习惯于阅读旅客意见信息反馈报告的管理人员构成了一种体力和心理上的压力，有时甚至受到管理人员的刻意回避。

5．小组座谈收集

小组座谈收集的方法是指客运企业不定期组织和邀请一定数量的有代表性的旅客，采用一种座谈的形式就有关客运服务或旅客需求方面的问题进行意见征询、探讨与座谈。该方法可以使客运企业与旅客面对面、广泛而深入地交换意见，获得的信息量较大、质量较好。在座谈中客运企业与旅客、旅客与旅客之间是互动式讨论，有利于多方面多角度听取建议。

相对其他收集办法，小组座谈收集法的组织工作较为复杂，成本较高。对参与收集工作的客运企业人员及旅客的要求都比较高，收集的效果受双方准备与素质的影响较大。在座谈的过程中，参与记录的工作人员的记录、归纳与分析工作要求有较高的专业性、技术性。

除此以外，旅客意见信息收集获取还有个别深度访谈法、上门访问法及邮寄问卷调查法等，客运企业可根据所需调查的内容及调查工作的具体要求等情况来，灵活选择合适的调查方法。

三、旅客意见分析

实际上，旅客意见是一种客运市场的需求信息。收集来的信息，须做相关分析才能得到有效使用。旅客意见分析作为一种信息分析，其主要内容包括：

（1）分析信息的真实性　信息的真实性分两个方面，一是信息渠道的可靠性；二是信息内容的真实性。综合分析所收集的信息，在各方面信息基本一致，或虽有矛盾但已证明其他信息不可靠的情况下才能使用。注意切忌把不同旅客的个性化需求当成不可靠信息而轻易否定。

（2）分析信息之间的相互关系　来自各种渠道的各种信息之间都有一定的内在联系，分析出其内在联系，使信息起到举一反三的作用。

（3）分析信息之间的变化规律　收集到的旅客意见资料存在差异，集中分析资料的信息，会发现其中的变化规律；如变化的趋势、原因、幅度等。

四、旅客意见处理

旅客意见处理程序如图5-3所示。

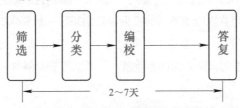

图5-3　旅客意见处理程序

1. 筛选

将收集的旅客意见信息按照其对客运企业经营的影响程度（普遍还是个别、全局还是局部等不同情况）进行选择。对一般性的、不重要问题，作为一般答复或内部吸取教训的问题及时处理，防止信息过多影响决策效率。

2. 分类

分类的目的在于把搜集到的信息资料，按本企业的要求进行整理。分类的条目要和企业的要求对应，且应便于查找、归档、统计和分析。旅客意见信息可按专题分类，如：服务设施、班车班次、服务态度等，便于厘清某项问题的变化，集中研究；也可按地区或线路分类，便于厘清影响地区或线路的各种因素及相互关系，发现变化规律。

3. 编校

编校的目的主要是去粗取精、去伪存真，把信息资料中偶然不准确的或不符合事实的部分剔除出去，还要检查信息资料是否有遗漏和错误部分，同时要考虑是否需要补足已被剔除或不完整的资料。把信息资料进行适当分类后，给其编号，将已经分类编号的资料进行统计计算，制成统计表，绘制统计图，并在此基础上进行分析研究。

4. 答复

对于每条旅客意见、每位意见旅客都应认真答复。答复旅客意见时应注意以下问题。

（1）答复的方式　客运企业答复旅客意见的方式一般分三种：

电话答复是最简单便捷，也是使用最多的方式。使用此方法时双方只闻其声，客运企业答复人员要特别注意说话的技巧，让旅客感受到诚恳礼貌的态度。

信函（或）电子邮件答复是比较正式的答复方式，在文字表述上应当考虑周密，必要时（重大质量问题举报或投诉）交客运企业法律顾问起草或审核，经由客运企业领导者批准。

面谈答复也是比较郑重的答复方式，尤其是客运企业专门派员登门答复。与电话答复相比，双方面对面可说、可听、可视，因此除注意说话和倾听的技巧外，还要注意肢体语言、面部表情、眼神和手势的运用等。

以上三种方式各有优缺点和适应性。一般可采用与旅客反映意见方式相同的方式，予以答复；一般性问题可以通过电话答复来简化程序，提高效率；较重要的意见可采用信函或面谈方式答复表示重视；比较复杂的、需要与旅客进一步沟通的意见，宜采用面谈方式答复，以防止事态反复或遗留问题。

（2）答复的内容　答复的内容至少包括下面三方面。

第一，表示感谢。

第二，处理或整改结果。

第三，欢迎继续关注监督。

（3）答复的时机　答复旅客意见原则上是越快越好，拖延答复旅客意见会使答复的作用大打折扣甚至消失殆尽。不同客运企业规定了不同的投诉答复期限，一般要求24h内启动处理程序，2~7个工作日内处理完毕，并将处理结果告知旅客，同时建立投诉回访制度。对于比较复杂的旅客意见，难以在规定时间内处理或整改的，可先向旅客致歉，并承诺答复时限。

五、后续整改工作

旅客意见经过收集、分析、处理后，最终要落实到客运企业整改上。这是旅客意见收集与处理的最终目标，是提高服务质量的关键环节。旅客意见处理后，要深入分析和研讨，总结经验教训，摸索事物的发展规律，正确认识工作中的优缺点。旅客意见不同，整改范围不同：

1）对于属于车站、车队等基层单位自身可以解决的问题，将问题移交基层单位并限期处理和改进，督促基层单位把处理和改进情况及时报告客运企业和有关方面。

2）对于涉及商务事故或纠纷的旅客投诉意见，应交运务或其他有关职能部门，按照有关规定妥善处理，让旅客满意。确实无法协商解决的，可提交运政管理机构进行调解或裁决。

3）涉及客运企业经营结构、管理体制或制度的意见和建议，由客运企业领导统筹研究解决。一时无法解决的，要纳入客运企业规划，安排逐步解决。

4）将旅客意见中的典型问题制成典型案例，用于员工培训，使员工举一反三，起到警示教育作用。

第三节　旅客投诉处理

旅客投诉是指旅客在与承运方（指客运企业）之间发生供求关系后，对承运方所提供的服务感到不满，向承运方有关服务管理部门提出的书面或口头上的异议、抗议、索赔和要求解决问题等行为。

客户投诉是每一个企业都会遇到的问题。客户投诉，是因为客户所感知的产品或服务的价值远远小于客户所期望的价值。它是客户对企业管理和服务不满的表达方式，也是有价值的信息来源，为企业创造了许多机会。表面上看，客户的投诉是对产品或服务的不满与责难，但本质上则是客户对企业信赖与期待的体现，也是企业弱点所在。

如何利用处理旅客投诉的时机而赢得其信任，把旅客的不满转化为旅客满意，锁定他们对客运企业和产品的忠诚，获得竞争优势，已成为客运企业营销实践的重要内容之一。

一、旅客投诉心理分析

投诉旅客通常分为理性旅客和非理性旅客两类。理性旅客针对服务设施或服务本身所出现的问题进行投诉，这类旅客数量较少但投诉价值很高；非理性旅客的投诉通常是对自己遇到的问题或接受服务时的感受进行描述，这类旅客数量较大。大部分旅客是两类旅客的结合，在表述完自己的情绪时掺杂了对服务设施或服务的客观评价。不同的投诉旅客有不同的心理表现。

（一）理性旅客的心理

1. 双赢型心理

旅客会直截了当地说出客运服务有哪些缺陷和不足，希望能从中看到哪些改进，能站在一定的高度上对其遇到的问题进行归纳和总结，甚至对问题提出自己的初步解决方法。这类旅客是忠实旅客，对客运企业有绝对的信任。这样的信任必定是建立在双赢的基础上的，投诉得到良好解决，必能使这种合作关系保持并良性发展。

2. 理智型心理

旅客投诉时会客观地陈述所遇到的问题和不满，最重要的是旅客能澄清事实，所提出的问题也非常中肯，但这类旅客会货比三家，并不是客运企业的忠实旅客，与客运企业的关系可能还停留在形成期。这种旅客是不可多得的，客服人员不仅要解决旅客提出的问题，还应做得超出旅客预期，尽量将理智型旅客争取过来，将其培养成双赢型旅客。

3. 谈判型心理

旅客在陈述时，虽会清楚地澄清事实，但会要求物质赔偿，主要是针对投诉问题对其造成的时间和金钱的损失要求客运企业进行补偿。这种旅客虽然意见中肯，但很难再使他变为忠实旅客，应努力保持他不完全流失，将他争取为普通旅客。

（二）非理性旅客的心理

1. 发泄心理

旅客遇到不满而投诉，一个最基本的需求是将不满传递给客运企业，把自己的怨气发泄出来，旅客不快的心情才会得到释放和缓解，恢复心理上的平衡。客服人员的耐心倾听是帮助旅客发泄的最好方式，切忌打断旅客，使其情绪宣泄中断，淤积怨气。此外，旅客发泄的目的在于取得心理平衡，恢复心理状态，客服人员在帮助他们宣泄情绪的同时，还要尽可能营造愉悦的氛围，引导旅客的情绪。

2. 尊重心理

所有来投诉的旅客都希望获得关注和对他所遇到问题的重视，以感受到被尊重，尤其是一些感情细腻、情感丰富的旅客。在投诉过程中，工作人员能否认真接待旅客，及时表示歉意，及时采取有效的措施，及时回复等，都被旅客作为客服人员是否尊重他的表现。如果旅客确有不当，客服人员也要用妥善的办法让旅客了解，这也是满足旅客尊重心理的需要。

3. 补救心理

旅客投诉的目的在于补救，这是因为旅客觉得自己的权益受到了损害。值得注意的是，旅客期望的补救多指精神上的补救。根据我国的法律规定，绝大多数情况下，旅客是无法取得精神赔偿金的，而且实际投诉中提出要求精神赔偿金的也不多，但是客服人员通过倾听、道歉等方式给予旅客精神上的抚慰是必需的。

4. 认同心理

旅客在投诉过程中，一般都努力向客运企业证实他的投诉是对的、有道理的，希望获得认同。所以客服人员在了解旅客的投诉问题时，对旅客的感受、情绪要表示充分的理解和同情，但是要注意不要随便认同旅客的处理方案。回应是对旅客情绪的认同、对旅客期望解决问题的认同，但是不要轻易地抛出处理方案，而应给出一个协商解决的信号。回应旅客期望认同的心理，有助于拉近彼此的距离，为后面协商处理营造良好的沟通氛围。

5. 表现心理

旅客前来投诉，往往潜在地存在着表现的心理，旅客既是在投诉和批评，也是在建议和教导，表现出好为人师的一面。他们通过这种方式获得一种成就感。

旅客表现心理的另一方面，是在投诉过程中一般不愿意被人做负面评价，他们时时注意维护自己的尊严和形象。利用旅客的表现心理，客服人员在处理投诉时，要注意夸奖旅客，引导旅客做一个有身份的、理智的人。另外，可以考虑性别差异，如男性旅客由女性客服人员来接待，在异性面前，人们更倾向于表现自己积极的一面。

6. 报复心理

旅客投诉时，一般对于投诉的得失有着一个虽然粗略却是理性的经济预期。如果不涉及经济利益，仅仅为了发泄不满情绪、恢复心理平衡，旅客一般会选择投诉、批评等对客运企业影响不大的方式。当旅客对投诉的得失预期与客运企业实际赔付的相差过大,或者旅客在宣泄情绪过程中受阻或受到新的伤害,某些旅客会产生报复心理。存有报复心理的旅客,不计个人得失,不考虑行为后果。自我意识过强、情绪易波动的旅客更容易产生报复心理,对于这类旅客要特别注意做好安抚工作。旅客处在报复心理状态时,客服人员要通过各种方式及时让双方的沟通恢复理性。对于少数有报复心理的旅客,客服人员要注意搜集和保留相关的证据,以便在旅客做出有损客运企业声誉的事情时,作为旅客的冷静剂。

二、处理旅客投诉的原则

1. 耐心倾听旅客的抱怨,避免与其争辩

客服人员耐心倾听,让旅客充分发泄。不应过多强调是有理由投诉还是无理由投诉,只要有旅客投诉,都应该分析工作中是否存在不足。旅客会投诉,就表示他们在精神或物质上已经遭受到了某种程度的伤害。旅客在讲述时往往会加上自己的感情,造成不理智行为,可能随时说出某些不理智、情绪激动或痛斥的话来。这个时候只有等他发泄完了,才有可能听进客服人员的话;如果客服人员忙于解释,就可能会适得其反,令事态进一步恶化。

2. 想方设法平息抱怨,消除怨气

由于旅客的投诉多属于发泄性质,因此只要得到客运企业的同情和理解,消除了怨气,心理平衡后,事情就容易解决了。

3. 要站在旅客立场上将心比心

漠视旅客的痛苦是处理旅客投诉的大忌。客服人员应始终坚持"旅客的投诉是无价的"信念,理解旅客的感受,设身处地为他们着想。

4. 迅速采取行动

客服人员在处理旅客投诉时要注意,必须采取行动,不能单纯地同情、理解,须迅速地给出解决方案。体谅旅客的痛苦而不采取行动是一个空礼盒。尤其不能一味地道歉,与其说"对不起,是我们的过失"等,不如说"我能理解给您带来的麻烦与不便,您看我们能为您做些什么呢?"等内容。

三、处理旅客投诉的程序

处理旅客投诉先要平复旅客的心情,再处理所投诉的事情。

(一)平复旅客心情的要点

旅客满意首先取决于旅客心情,只有心情平复了,旅客才能更理性地面对所投诉的事。客服人员平复旅客心情的要点有三个。

处理旅客投诉的程序

1. 耐心倾听

客服人员面对旅客投诉时最重要的是让他们充分发泄心中的不满,耐心听取其讲述,专心体谅其感受,然后平心静气地谈如何解决问题。

2. 同情理解

客服人员要以自己的一系列实际行动和话语,使旅客感到有关部门人员是尊重和同情他的,是站在他的立场上真心实意地处理投诉的,从而取得旅客的信任和认同,拉近与旅客的关系。

3. 积极沟通,收集信息

客服人员在处理投诉时,与投诉旅客的沟通尤为重要。通过沟通收集旅客不满的信息,以便有针对性地解决问题,收集的信息可以概括为"5W"和"1H":旅客投诉原因(why);旅客投诉问题（what）；被投诉的当事人（who）；投诉问题发生时间（when）；投诉问题发生地点（where）；旅客希望怎样处理（how）。

旅客在一个愉悦的心情下，更容易诚心实意地对产品或服务进行评价，使客运企业对自己的不足有充分了解，旅客的物质索赔也可能会适当减少。由此看来，平复旅客心情在投诉中占有重要地位，这对客服人员的语言沟通能力与心理承受能力有很高的要求。

（二）处理旅客投诉的步骤

在处理好旅客的心情后，客服人员应迅速着手处理旅客投诉的关于线路产品或服务的具体缺陷。处理旅客投诉的步骤见图5-4。

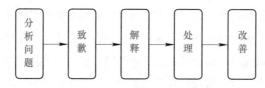

图5-4　处理旅客投诉的步骤

1. 分析问题

分析旅客投诉的原因是解决问题的关键。旅客投诉的原因通常是设施不良、服务欠佳等问题，希望得到赔偿。

2. 致歉

客服人员应注意自己代表着整个客运企业的形象，真诚地向旅客致歉，表示已了解了他的委屈，使旅客意识到客服人员的说明并非借口或辩白，感受到被倾听和尊重。客服人员要注意千万不要强调本身正确的观点。

3. 解释

客服人员诚恳地向旅客解释问题出现的原因，在解释中注意观察旅客的反应，了解旅客的心意，适时调整沟通方式，要充分沟通。

4. 处理

处理问题的基本方法是先承认是客运企业在旅客感到不满的问题上存在着不可推卸的责任，然后根据具体的情况进行安慰或赔偿等。

对于现场能够立即处理的，客服人员需当场答复旅客，快速、简捷地处理（快速即时间短、效率高；简捷即绿色通道、特事特办等）；对于当场不能解决的一些涉及部门较多、流程复杂的投诉，客服人员也要现场向旅客做出解释，不要让旅客失望。

但在解决问题时通常因为旅客的期望与客运企业能够给予的有差异，而产生一连串的矛盾。遇到这种情况，尽量让旅客了解客运企业的想法和解决方法，找出折中的方式来满足旅客的要求。和旅客沟通的过程往往非常繁杂，需经过一番努力才能得到圆满的结果。

5. 改善

问题处理完后，最重要的是立即在客运企业内部进行关于此次投诉的责任清查。找到问题发生的原因和环节后，应立即进行一系列的改进工作，以杜绝此类事件及相关事件再次发生。

要与投诉旅客有效、良性沟通，客服人员要换位思考，多体谅、多宽容，耐心解释，改进服务，才能使沟通顺畅，减少旅客投诉，提高服务质量。

拓展阅读　开行"电教大篷车",农民走上富裕路

　　随着农村"两通工程"(通硬化路和通客车)的实施,小兴安岭脚下黑龙江省绥棱县的农民们不仅迎来了舒适方便的城乡往返客车,而且在乘车时还能学到急需的农业科技知识,引领他们走上了富裕的道路,农民称之为"电教大篷车"。

　　绥棱县地理位置偏僻,经济发展缓慢,落后的道路运输也制约了经济的发展。全县10个乡镇,营运线路96条,总里程2 800km,90%以上为农村公路,且都是土路;营运客车95辆,95%的客车跑农村,有一多半客车是旧车。

　　2010年起,该县改造运输基础设施,更新了全部客车,还安装了车载电视和监控系统。县交通局、运输管理站和运输公司利用客车,搭建电化教育平台,把健康、适合农民的电化教育搬上了客车。运输公司在客运站设立了"电教办公室",根据季节和运营线路的特点,制作了科学种植、养殖知识,农机修理,致富带头人和森林旅游资源开发等视频资料220个并及时更新,在每一辆客车上播放,广大旅客对此交口称赞,他们说不仅坐了车,还学到了知识,改变了生活。

　　"电教大篷车"引来了游客,招来了山野菜养殖等多个致富项目,拉动了当地经济的快速发展。当地农民纷纷说,电教大篷车是幸福车!

练习与思考

一、单选题

1. 旅客运输心理学是从一个人是否有(　　)角度来定义旅客的概念的。
   A. 运输活动　　　B. 运输欲望　　　C. 运输需要　　　D. 运输心理

2. 旅客的(　　)主要有猎奇的需要、对艺术的需要及对美好事物的追求。
   A. 精神性需要　　　　　　　　　B. 天然性需要
   C. 社会性需要　　　　　　　　　D. 心理性需要

3. 商务旅客需要的是(　　),即服务人员和旅客保持一定的服务距离。
   A. 距离服务　　　　　　　　　　B. 无缝式服务
   C. 自助式服务　　　　　　　　　D. 无干扰服务

4. 在旅客运输服务过程中,努力满足旅客(　　)心理要求,这是所有客运服务人员的首要工作。
   A. 旅行满意　　　　　　　　　　B. 旅行安全
   C. 旅行舒适　　　　　　　　　　D. 旅行方便

5. 旅客意见箱、意见簿这种信息收集方式是对旅客打扰最少的一种收集方式,(　　)。
   A. 旅客对其抱有支持态度,能广泛全面地收集旅客信息
   B. 旅客对其抱有消极态度,无法收集到旅客信息
   C. 部分旅客对其抱有一定的积极态度,故能广泛全面地收集旅客信息
   D. 部分旅客对其抱有一定的消极态度,故其存在着一定的局限性

6. 比较复杂的、需要与旅客进一步沟通的意见,宜采用(　　)答复,以防止事态反复或遗留问题。
   A. 电话方式　　　　　　　　　　B. 书面方式
   C. 面谈方式　　　　　　　　　　D. 座谈方式

7. 旅客满意首先取决于(　　),只有心情平复了,旅客才能更理性地面对所投诉的事。
   A. 旅客心情　　　B. 旅客心理　　　C. 旅客态度　　　D. 旅客身体

8. 旅客投诉的目的在于期望补救，这是因为旅客觉得自己的权益受到了损害。值得注意的是，旅客期望的补救多指（　　）的补救。

　　A. 物质上　　　　　B. 服务上　　　　　C. 设施上　　　　　D. 精神上

二、多选题

1. 旅客的心理与行为具有（　　）特点。

　　A. 目的性　　　　　B. 自觉性　　　　　C. 复杂性　　　　　D. 关联性
　　E. 变化性

2. 旅客群体是松散大群体，下面叙述正确的是（　　）。

　　A. 人们受社会舆论、道德和观念的制约，起作用的是公平感、正义感，当遇到涉及部分或全体旅客利益的事情时，才会形成一致、统一的行为

　　B. 当客运服务人员与某一位旅客发生摩擦时，如果客运服务人员一直保持和蔼、礼貌的态度，则周围不知产生摩擦原因的其他旅客，有的可能站在该旅客的一方，有的可能站在客运服务人员一方，有的可能保持沉默、不表态

　　C. 当客运服务人员与某一旅客发生摩擦时，如果客运服务人员的态度比较强硬、不礼貌，就会造成周围的大多数旅客站在该旅客一方，联合起来批评、指责客运服务人员

　　D. 旅客在旅行中会进行深入的思想交流，建立密切的旅客关系，成为行为一致的群体

　　E. 客运服务人员在解决旅客中的问题时，最好的办法是利用旅客群体内部的相互制约关系

3. 下列关于利用旅客意见调查表收集旅客意见的说法，正确的是（　　）。

　　A. 旅客是在没有任何客服人员在场的情况下提供信息的，其客观性比较强

　　B. 旅客对此种方式太过司空见惯，习以为常，提供意见的热情不高

　　C. 在收集信息的过程中，旅客易受情绪的影响，倾向于在特别不满时才填写意见调查表

　　D. 在收集信息的过程中，旅客易受情绪的影响，倾向于在特别满意时才填写意见调查表

　　E. 部分信息尤其是涉及服务过程（如态度）的信息，由于旅客往往没有直接给出具体的服务人员姓名或由于服务行为已成"过去时"，因而核实的难度比较大

4. 对于每条旅客意见、每位意见旅客都应认真答复，答复应注意（　　）。

　　A. 答复的人员　　　B. 答复的方式　　　C. 答复的内容　　　D. 答复的时机
　　E. 答复的态度

5. 旅客投诉是指旅客在与承运方（指客运公司）之间发生供求关系后，对承运方所提供的服务感到不满，向承运有关服务管理部门提出的书面或口头上的（　　）等行为。

　　A. 致歉　　　　　　B. 异议　　　　　　C. 抗议　　　　　　D. 索赔
　　E. 要求解决问题

6. 理性旅客的心理分为（　　）。

　　A. 理智型心理　　　B. 尊重型心理　　　C. 谈判型心理　　　D. 认同型心理
　　E. 双赢型心理

三、论述题

1. 旅客群体有何特点？如何为旅客群体服务？
2. 在答复旅客意见时，应注意哪些问题？

第三篇

道路客运组织管理

第六章　道路客运班车运输组织

第七章　道路客运包车运输组织

第八章　道路客运安全管理

第六章 Chapter 6

道路客运班车运输组织

【学习目标】

1. 掌握客运班车的概念和分类,熟悉客运班车管理的必要性。

2. 掌握客流的构成,营运客车的类型及等级划分,班车客票的计算。

3. 熟悉客运班线经营权的审批程序、客运班线申报流程及要求。

4. 掌握客运班车的班次及站点管理,道路客运运行计划和编制。

5. 具备旅客为本、服务至上的职业素养。

> **案例导入**

李某是车队的运营调度,车队主营班线为天津滨海新区—沧州市直达班线和普快班线。线路具体情况是:天津滨海新区—沧州市普快班线,全程136km,途经站点有小站镇、小王庄镇、青县。天津滨海新区—沧州市直达班线,全程137.9km,全程高速。车队自有营运车辆共计10辆,全部为安凯HFF61大型高一级40座位客车。

李某接到了由公司总调度室下达的企业生产计划指标,要求其根据分公司实际情况,结合下达的企业生产计划指标,编制年度车辆运行计划,在编制后呈报上级主管(公司总调度室)予以确认。公司上年主营班线沿线各站日均旅客发送人数统计见表6-1。

表6-1 天津滨海新区—沧州市沿线各站日均旅客发送人数统计表

起讫站点	站距/km	日均旅客发送人数(人)		合计	
		下行	上行	运量(人)	运输周转量(人·km)
滨海新区—小站镇	28	68	70	138	3 864
滨海新区—小王庄镇	55	55	42	97	5 335
滨海新区—青县	101	78	56	134	13 534
滨海新区—沧州市	137	110	97	207	28 359
小站镇—小王庄镇	27	20	15	35	945
小站镇—青县	73	9	18	27	1 971
小站镇—沧州市	108	56	45	101	10 908
小王庄镇—青县	46	52	48	100	4 600
小王庄镇—沧州市	81	65	77	142	11 502
青县—沧州市	35	28	36	64	2 240
合计	691	541	504	1 045	83 258

请分析:年度车辆运行计划的作用是什么?应包含哪些内容?

第一节 道路客运班车业务

一、道路客运班车的概念

道路客运班车是指城市之间、城镇之间、乡镇之间定期开行的客运班车,具有固定时间(定时)、固定线路(定线)、固定班次(定班)、固定客运站和停靠站(定点)的运行特点。

二、道路客运班车管理的必要性

对道路客运班车进行管理的必要性有以下几个方面。

(一)线路、站点、班次合理布局的需要

通过对道路客运班车的管理,客运班车的线路、站点、班次、时间的安排能够较好地满足干支相连、网点结合、"肥""瘦"兼顾、昼夜运行等需要,充分考虑客运高峰与低峰期、平时与节假日、旺季与淡季的不同特点。

（二）方便旅客出行的需要

通过对客运班车的管理：使客运班车的安排有利于旅客购票、就近乘车；满足旅客对乘车线路班次和时间的不同要求；方便中转旅客的换乘；从地域经济发展程度、人口密度和出行的概率考虑旅客的需要。

（三）维护客运秩序的需要

通过对客运班车的管理，防止客运市场混乱，禁止乱开乱停班次、擅自变更线路、变更时间。

（四）加强宏观调控、提高经济效益的需要

通过对客运班车的管理，加强对客运线路和运力投放的宏观管理，防止运力投放的盲目性和不平衡性，防止重复开班，缓解运力不足，防止实载率过低或超载的不良现象，提高经营效益。

（五）安全生产、优质服务的需要

通过对客运班车的管理，可以防止争抢客源、停大站不停小站、拉远客不拉近客、中途甩客、随意涨价等不正当竞争行为的发生，保障旅客生命财产安全，提高客运服务质量。

三、道路客运班车的分类

客运班车涉及面广，可按班次性质、服务区域、经营区域进行分类。

（一）按班次性质分类

（1）直达客运班车　直达客运班车是指由始发站发车直达终点站，运行中间只做必要的停歇、不上下旅客的客运班车。直达客运班车主要用于省际或跨地区长距离的旅客运输，要求承运的客车具有良好的车况，并且舒适性较高，其运行技术速度比普通班车快，一般都由高级客车承担。这类班车客运运距在400km以上。

（2）普快客运班车　普快客运班车是指站距较长，沿途只在县、市及较大乡镇等主要站点停靠作业的客运班车。普快客运班车要求车辆运行技术速度较快、车况良好，具有一定的舒适性，一般在省内跨地区线路上运行。

（3）普通客运班车　普通客运班车指站距较短，停靠站点（包括招呼站）较多，配备随车乘务员的客运班车。普通客运班车是目前普遍采用的营运方式，其特点是按站停靠，大多用于省内区间客运线路上。

（4）农村客运班车　农村客运班车是指县境内县城、乡镇、行政村之间的运距短、旅客上下频繁、配备随车乘务员的短途客运班车。

（二）按服务区域分类

（1）县内客运班车　县内客运班车是指运行区域在县境内的客运班车。

（2）县际客运班车　县际客运班车是指运行区域在本地区县与县之间的客运班车。

（3）地际客运班车　地际客运班车是指运行在本省内地区与地区之间的客运班车。

（4）省际客运班车　省际客运班车是指运行在国内省与省之间的客运班车。

（5）出入境客运班车　出入境客运班车是指国家（或地区）之间的客运班车，班车的开行需经国家（或地区）政府签订协议。

（三）按经营区域分类

（1）一类客运班线　跨省级行政区域（毗邻县之间除外）的客运班线为一类客运班线。

（2）二类客运班线　在省级行政区域内，跨设区的市级行政区域（毗邻县之间除外）的客运班线为二类客运班线。

（3）三类客运班线　在设区的市级行政区域内，跨县级行政区域（毗邻县之间除外）的客运班线为三类客运班线。

（4）四类客运班线　县级行政区域内的客运班线或者毗邻县之间的客运班线为四类客运班线。

其中，毗邻县包括相互毗邻的县、旗、县级市、下辖乡镇的区。

第二节　道路客运班线审批

一、班车客运线路确定的原则

班车客运线路（以下简称线路）的确定应与主要客流流向相符；线路的长短、分布应尽量考虑旅客的乘车方便、费用省和时间快；线路的设置应充分考虑经营的实载率和社会效益；线路走向应尽可能地沿人口分布密集的区域布置，方便与铁路、水路、航空的分流及衔接；尽量连通城市、市县、县城与乡镇，以及重要的生产基地、旅游地和农村集散点等。

二、班车客运线路经营权确定的原则

（1）按分工的原则　班车客运线路经营权的确定应坚持经营资质等级与其经营分工相对应。《道路旅客运输及客运站管理规定》（交通运输部令2020年第17号）对不同等级的道路客运企业可经营的班车客运线路类型做了明确规定。依据国家关于班线经营权限分工的管理规定，经营资质等级不同的客运企业获取不同类型班车客运线路经营权是确定班车客运线路经营权的首要原则。

（2）择优确定的原则　当相同经营资质等级企业同时申请开行同一线路时，应根据企业经营状况和服务质量择优选定。

三、班车客运班线经营权的审批权限与程序

（1）县内班车客运线路审批　由申请业户填写"道路旅客运输线路申请表"，向县级道路运政管理机构申请。县级道路运政管理机构根据运力与运量平衡情况，结合客运市场需要，按申请业户提出的经营项目审查、批准，并报地级道路运政管理机构备案。

（2）跨县班车客运线路审批　由申请业户向所在地的县级道路运政管理机构申请，经初审同意签注意见后，将申请表送到达站（对开站）所在地的县级道路运政管理机构会审，经会审同意签注意见后，报地级道路运政管理机构审查批准，并报省级道路运政管理机构备案。

（3）跨地区班车客运线路审批　由申请业户向所在地道路运政管理机构申请，经初审签注意见后，报地级道路运政管理机构审核，审核同意签注意见后，将申请表送到达站（对开站）所在地的地级道路运政管理机构会审，经会审同意签注意见后，报省级道路运政管理机构审查批准。

（4）跨省班车客运线路审批　申请业户应向所在地道路运政管理机构提出申请。道路运政管理机构逐级审核上报到省级道路运政管理机构，经省级道路运政管理机构审核同意后，送终点站所在地省级道路运政管理机构会审。会审同意后由车籍地省级道路运政管理机构印发批准文件，并报交通运输部备案。两方省级道路运政管理机构意见不一致时，车籍地省级道路运政管理机构仍认为必要的，应报交通运输部协调裁决。交通运输部明确的重点线路，报交通运输部审批。

四、客流的构成

客流是指旅客在一定的时间沿某一运输线路有目的进行位移。客流具体包括四个基本要素，即流量、流向、流时及运距。

流量：旅客流动的数量，按人次计算。

流向：旅客进行空间位移的方向。

流时：旅客要求乘车的时间。

运距：旅客要求乘车的运输线路里程，即流动距离。

五、营运客车的类型及等级划分

营运客车的类型和等级划分可根据交通运输部发布的行业标准《营运客车类型划分及等级评定》（JT/T 325—2018）。

（一）营运客车相关术语

营运客车是指用于营业性旅客运输的汽车，包括客车和乘用车。

客车是指用于经营性道路旅客运输M_2类、M_3类中的B级和Ⅲ级客车。

乘用车是指用于经营性道路旅客运输，在设计和制造上主要用于载运乘客及其随身行李和/或临时物品的汽车，包括驾驶人座位在内最多不超过9个座位。

（二）营运客车的类型

营运客车分客车及乘用车两类。客车按车长分为特大型、大型、中型和小型四种，见表6-2。乘用车不分类型。

表6-2 客车类型　　　　　　　　　　　　（单位：m）

类型	特大型（三轴客车）	大型	中型	小型
车长（L）	$12<L\leq13.7$	$9<L\leq12$	$6<L\leq9$	$L\leq6$

（三）营运客车的等级划分

营运客车等级划分见表6-3。

表6-3 营运客车的等级划分

类型	客车																	乘用车	
	特大型				大型					中型				小型					
等级	高三级	高二级	高一级	中级	高三级	高二级	高一级	中级	普通级	高二级	高一级	中级	普通级	高二级	高一级	中级	普通级	高级	中级

（四）营运客车的等级评定

（1）等级评定内容

1）客车主要评定内容：客车结构、底盘、配置、主动安全性、动力性、车内噪声及空气调节与控制等。

2）乘用车主要评定内容：轴距、配置、动力性、空气调节与控制、灭火器、卫星定位系统等。

（2）等级评定规则

1）新营运客车是生产企业开发的新产品或进口的营运客车，根据生产企业提供的技术文件（进口检验文件）及实车检测结果，按《营运客车类型划分及等级评定》（JT/T 325—2018）的规定评定等级。

2）在用营运客车等级评定：①客车经检测符合GB 38900—2020《机动车安全技术检验项目和方法》标准有关规定时，具备评定等级资格。②客车经检测符合JT/T 198—2016《道路运输车辆技术等级划分和评定要求》一级车相关规定时，具有评定高级客车资格。③具备评定等级资格的客车，按《营运客车类型划分及等级评定》（JT/T 325—2018）相关规定，对车辆现有技术等级和设施的实车检测结果进行检验，核定相应等级。④乘用车应符合GB 7258—2017《机动车运行安全技术条件》的要求。⑤已评定等级的在用营运客车，在过户时必须重新评定等级。

（3）等级评定要求　客车等级评定的一般要求及必要条件参看《营运客车类型划分及等级评定》（JT/T 325—2018）的相关规定。

六、班车票价计算

（一）道路旅客运输价格的特点

道路旅客运输行业是现代服务业的重要组成部分，其产品一般不具有实物形态，也不与生产过程分离，所以运输价格与工农业商品价格不同，具有以下特点：

（1）运输价格仅有销售价格一种形式　运输产品不能脱离生产过程而独立存在，不能储存和调拨，所以运输价格仅有销售价格一种形式，没有其他一般商品生产的产品出厂价、收购价、批发价、零售价等形式。销售价格表现为人们通常所说的客票价格，即票价。

（2）价格的计算单位特殊　运输价格采用旅客人数和运距的复合计算单位，以"元/人·km"为基本计算单位，即票率。由于运输业出售的产品是场所的变动，所以运输价格按运输距离不同而有差别，不仅运输价格总量取决于运距的长短，而且在一定距离范围内，不同运距的每人·km的运价也不相同，如短途运输范围内，每个里程段的运价各不相同。

客票票价的计算应按国家相关部门发布的《汽车运价规则》《道路运输价格管理规定》和各省、自治区、直辖市颁布的《运价规则实施细则》执行。

（3）价格种类繁多　由于道路运输业服务于社会再生产的全过程，对运输的要求各不相同，运输的车型、运距、道路条件和运输形式都有差别，同量的运输在其运输过程中的劳动消耗量也不尽相同。为比较合理地反映不同条件下的运输价值，必须实行适应不同运输要求的有差别的运输价格，从而形成种类繁多的运输价格结构。道路旅客运输按不同客运种类、不同客车类型、不同运营方式、不同级别的线路，实行不同的运输价格。

班车客运主要实行政府指导价，竞争充分的线路可实行市场调节价，具体由当地县级以上地方人民政府的物价、交通运输主管部门按照价格管理权限和市场供求情况确定。农村道路客运实行政府定价。

道路班车客运政府指导价可以采取制定基准价及上、下浮动幅度的方式，也可以采取制定上限票价及下浮幅度的方式。

（二）客运票价计算

客运票价=客运车型运价（含2%的旅客身体伤害赔偿责任保障金）×旅客计费里程（营运线路公路里程+城市市区里程）+旅客站务费+车辆通行费+燃油附加费+其他法定收费

每张客票客运车型运价起价为1元，超过10元、尾数不足1元的，四舍五入。

运价单位：元/人·km。

其中：客运车型运价是指对不同类型、等级的客运车辆所制定的每位旅客每公里的运输价格，由运输成本、合理利润、税金等构成；班车计费里程按旅客乘车出发地至到达地的区间里程计算；旅客站务费具体标准由省级人民政府价格、交通运输主管部门确定。

燃油附加费是指各地按照价格管理权限，建立道路客运价格与成品油价格联动机制，用于补偿成品油价格上涨造成道路客运成本增支的费用。

七、客运班线申报流程及要求

客运班线是道路公共客运的重要载体，在道路客运中承担主要运输任务。道路客运企业经营班车客运，需按照行业管理部门要求，向相关部门进行客运班线申报，许可后，方获得客运班线经营权。

客运班线申报需遵守的行政法规是《中华人民共和国道路运输条例》（国务院令2019年第709号）、《道路旅客运输及客运站管理规定》（交通运输部令2020年第17号）等。

申报客运班线流程主要包括六个步骤，具体见道路客运班线申报流程图（见图6-1）。

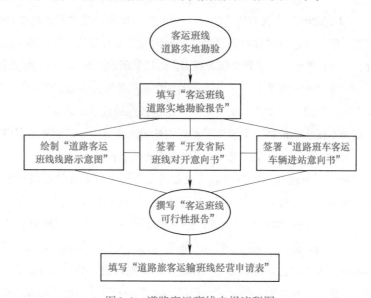

道路客运班线申报　　　　　　　　　图6-1　道路客运班线申报流程图

（一）客运班线道路实地勘验和报告

道路客运班线申报前，应对预开班线进行道路实地勘验，完成客运班线的道路实地勘验报告。

道路客运企业通过市场调查与预测，结合旅客需求确定预开线路，在班线客流调查的基础上，拟设营运车型。根据汽车运行的有效经济里程，系统分析沿线公路路况，合理设计线路，根据具体线路里程及路况，对线路车辆提出相应技术指标要求。

道路客运企业人员要对线路进行实地勘验，主要勘验途经路线、路面具体情况、路面设施配备及服务区的具体情况。根据实际情况确认该线路是否具备开行条件。

道路客运企业申报新增线路，应以客流调查与预测为基础，结合旅客的出行要求，符合区域客运网线规划发展。

客运班线道路实地勘验报告样式见表6-4。

表6-4　客运班线道路实地勘验报告样式

客运班线道路实地勘验报告

班线名称		线路里程	
勘验开始时间		勘验结束时间	
途经路线		公路等级	
勘验结果：			

（二）线路开办合作涉及的道路客运企业签署"开发省际班线对开意向书"

经线路实地勘验后，确认线路具备开行条件，需与到达地符合经营资质的道路客运企业进行接洽。双方确认开办意向，签订"开发省际班线对开意向书"，对拟开班线的行车路线及班线类型、里程、停靠站、对开方式、拟购车型等内容进行确认。具体见"开发省际班线对开意向书"。

开发省际班线对开意向书　　　　　　第　　号

根据《中华人民共和国道路运输管理条例》有关规定，为促进＿＿＿与＿＿＿两地经济、文化交流，方便旅客出行，双方本着平等互利、共同发展的原则，在组织客流调查的基础上，经认真洽谈，就开行省际客运班线事宜，达成以下协议：

一、双方诚意开发并对开＿＿至＿＿客运班线，营运里程＿＿＿千米，每日对发＿＿＿班，途经＿＿＿＿＿等地。

二、本线路双方各投入＿＿＿大型＿＿＿级车辆。

三、双方各自按程序规定向主管部门申报线路。

四、其他未尽事宜待开班时另行协议。

　　甲方代表：　　　　　　　　　　　　　乙方代表：
　　　年　月　日　　　　　　　　　　　　年　月　日

对开意向书是两地道路客运公司就预开设班线所达成的合作意向，表明公司的合作意愿。对开意向书有别于合同，线路的开办不仅是两个企业合作的事情，而且是需要向所属地运管部门申请批准的，所以不可将不适当的承诺写入对开意向书。

在对开意向书中主要明确的是预开班线的起止地、运营线路的里程，根据线路里程设定对开班次及沿线站点。在设定对开班次时应考虑到驾驶人疲劳驾驶及轮休安排安置问题。

根据对开班次的设定，双方对拟投入车辆的数量及等级进行确认。

双方在签署对开意向书后，向当地所属运管部门组织申报。

(三）签署进站意向书

起讫两地合作客运企业需在签署对开意向书后，在起讫地及途经地接洽班车进驻车站，在确认后需与进驻车站签署进站意向书，确认进站意向。具体见"道路班车客运车辆进站意向书"。

×× 市道路班车客运车辆进站意向书

客运站经营者：_____（下称：甲方）

班车客运经营者：_____（下称：乙方）

根据国家道路客运法规、规章规定和道路班车客运车辆进站方案要求，经甲、乙双方协商，达成班车客运车辆进站意向如下：

一、甲方愿意接收乙方____—____班线客运车辆在我站____（始发、途经、终到）经营。

二、乙方保证服从甲方对班车客运车辆班次、发车时间的安排和调整。

三、甲、乙双方保证在班车正式投入运营前签订服务合同。

四、本进站意向自签订之日起____日内有效。

甲方负责人：_____　　　　　乙方负责人：_____

甲方代表（签字）：　　　　　　　　　乙方代表（签字）：

　　（公章）　　　　　　　　　　　　　（公章）

　　　年　　月　　日　　　　　　　　　年　　月　　日

地址：　　　　　　　　　　　　　　　地址：

联系电话：　　　　　　　　　　　　　联系电话：

（四）绘制道路客运班线线路示意图

在与进驻站点签署进站协议后，根据拟开线路实地勘验所确定的具体路线，绘制道路客运班线线路示意图，以备申报。省际道路客运班线线路示意图见表6-5。

表6-5　省际道路客运班线线路示意图

填报企业（章）：

线路名称		里程		主要途经地	
途经路线					
线路走向示意图	起始站 途经站点 途经高速或公路 终点站				

"线路走向示意图"以进站意向书中的进驻始发站为起点、终到站为终点。整个运行全过程以草图节点标注地名、运行线路标注国道或省道名称，线路名称相同途经不同的分别填图。

（五）撰写客运班线可行性报告

客运班线可行性报告是班线申报工作中一项非常重要的专业性工作，是主管部门审批线路的重要文件和评价依据。

客运班线可行性报告，是指在班线开设前，围绕班线客流需求调查的整体情况、线路运行环境、客运市场环境等因素的调查、研究、勘验的结果进行分析，确定有利和不利因素，以此作为该线路是否可行、成功率多少、具备多大的经济效益和社会效果的判断依据。

客运班线可行性报告具体包括申请客运班线客流状况调查、运营方案、效益分析以及可能对其他经营者产生的影响及应对措施等。

1. 对拟开线路的客流调查及预测情况

（1）客流调查　客流调查包括客运市场环境调查和客运市场需求调查两部分。

客运市场环境调查：主要调查起讫地及途经地的基本情况。

客运市场需求调查：主要调查客流量、客流构成、客流需求弹性、市场资源配置、客流现状的情况。

（2）客流预测　根据调查汇总数据或原有数据，统计、分析拟开班线的客流量及实载率。

2. 运营方案

运营方案主要描述拟开班线的具体实施定位及构想，如经营模式、班车类别、管理模式、路况信息、拟购车辆类别等。

3. 效益分析

（1）预计票价　根据企业所在地汽车运价实施细则计算票价，报当地物价管理部门备案。

（2）预计月收入　根据客流预测实载率、拟购车辆座位数、月发班次及票价，预计班线月收入情况。

（3）成本列支　成本列支主要包括车辆折旧、燃料费、路桥费、车辆保养费、车辆维修费、驾乘人员工资、税金、保险费、站务费用等。

（4）班线盈亏平衡点及投资回收期分析

1）班线盈亏平衡点分析　根据收入及成本列支情况，计算该班线的盈亏平衡点，较简单的方法是计算班线实载率盈亏平衡点。

2）班线投资回收期分析　道路客运企业拟开线路与投入的班车多为企业自筹车辆，因此在计算其投资回报期时不考虑货币的时间价值，只计算静态投资回收期。具体公式：

$$投资回收期（年）=投资总额/年现金净流量$$

4. 班线的风险评估及应对措施

（1）班线的风险评估　本部分主要对经营环境中存在的不可确定因素，以及造成班线运营及投资风险的因素进行分析。主要可以从以下方面进行分析：

1）分析直接影响车辆投资收益的不可确定因素。

2）分析成本中会造成风险的不可控的因素。

3）分析其他一些不确定因素。

（2）应对措施　本部分主要是针对班线风险评估中可能导致风险的不确定因素所制定的有效应对措施。如较长客运班线中为了提高班车运行的安全性，对驾驶人配备数量及轮班休息的安排，夜间进入服务区休息的时间、位置的安排等。

（六）填写道路旅客运输班线经营申请表

在上述五项内容完成后，可到当地运管部门领取"道路旅客运输班线经营申请表"（见表6-6）。根据申请表中的所列内容进行填报，并根据表内所列上报材料组织上报。

表6-6 道路旅客运输班线经营申请表

道路旅客运输班线经营申请表	受理申请机构专用

说明

1. 本表根据《道路旅客运输及客运站管理规定》制作，申请从事道路客运站经营应当按照《道路旅客运输及客运站管理规定》第二章的有关规定向县级道路运输管理机构提出申请，填写本表，并同时提交其他相关材料。
2. 可向各级道路运输管理机构免费索取本表，也可自行从交通运输部网站（www.mot.gov.cn）下载打印。
3. 本表需用钢笔填写或计算机打印，请用正楷，要求字迹工整。

申请人基本信息

申请人名称 _____
　　　　　要求填写企业（公司）全称或者企业预先核准全称、个体经营者姓名

负责人姓名 _____　　　经办人姓名 _____
　　　　　如系个人申请，不必填写"负责人姓名"及"经办人姓名"项

通信地址 _____

邮　　编 _____　　　电　　话 _____
手　　机 _____　　　电子邮箱 _____

申请许可事项

已获得道路班车客运经营许可的经营者，申请新增客运班线的，需填写下列内容

已获许可经营范围　　　　　　　请在□内画√
县内班车客运□　县际班车客运□　市际班车客运□　省际班车客运□

已获许可客运班线类型
一类班线□　　二类班线□　　三类班线□　　四类班线□

现有营运客车情况

	总数	高级客车	中级客车
客车数（辆）			
座位数（个）			

申请许可客运班线情况　　　　　　　　　　　　　　请在□内画√

始发地 _____
终点地 _____
拟始发地客运站 _____　　是否已签意向书□
拟终点地客运站 _____　　是否已签意向书□
途经主要地点 _____
途中停靠点 _____
营运里程 _____ 公里
　其中：高速公路里程 _____ 公里　占总营运里程____%
日 发 班 次 _____ 个
申请经营期限 _____ 年
客运班线类型　一类班线□　二类班线□　三类班线□　四类班线□
班车类别　　　普通□　　　直达□

（续）

拟投入营运客运车情况							
序号	厂牌型号	数量（个）	座位数	车辆类型及等级	车辆技术等级	车辆外廓长宽高	新购还是现有
1							
2							
3							
4							
5							
合计							

表格不够，可另附表填写

经营方式

公车公营□　　承包□　　挂靠□

对开客运经营者名称 _____
　　　　　　　　　　（如果有）

拟聘用营运客车驾驶人情况							
序号	姓名	性别	年龄	取得相应驾驶证时间	从业资格证号	从业资格证类型	三年内是否发生重大以上交通责任事故
1							
2							
3							
4							
5							

表格不够，可另附表填写

申请材料核对表　　　　　　　　　　　　　　　　　　　　　　　　请在□内画√

一、在申请开业同时申请道路客运班线经营的，除提供申请开业的相关材料外，还需提供下列材料
1. 道路旅客运输班线经营申请表（本表）　　　　　　　　　　　　　　　　　　　　　　□
2. 可行性报告，包括申请客运班线客流状况调查、运营方案、效益分析以及可能对其他相关经营者产生的影响等　　□
3. 进站方案。已与起讫点客运站和停靠站签订进站意向书的，应提供进站意向书　　　　□
4. 运输服务质量承诺书　　　　　　　　　　　　　　　　　　　　　　　　　　　　　　□

二、已获得道路班车客运经营许可的经营者，申请新增客运班线时，除提供上述四项材料外，还应提供下列材料：
1. 道路运输经营许可证复印件　　　　　　　　　　　　　　　　　　　　　　　　　　　□
2. 与所申请客运班线类型相适应的企业自有营运客车的行驶证、道路运输证复印件或者企业等级有关证明（复印件）　□
3. 拟投入车辆承诺书，包括客车数量、类型及等级、技术等级、座位数，以及客车外廓长、宽、高等。若拟投入客车属于已购置或者现有的，应提供行驶证、车辆技术等级证书（车辆技术检测合格证）、客车等级评定证明及其复印件　□
4. 拟聘用驾驶人员的机动车驾驶证、从业资格证及其复印件，公安部门出具的三年内无重大以上交通责任事故的证明（如为拟聘用人员的还应提供聘用人员承诺书）　□

　　只有上述材料齐全有效后，你的申请才能受理

声明

我声明本表及其他相关材料中提供的信息均真实可靠
我知悉如此表中有故意填写的虚假信息，我取得的客运站经营许可将被撤销
我承诺将遵守《中华人民共和国道路运输条例》及其他有关道路运输法规、规章的规定

负责人签名 _____　　日期 _____
负责人职位 _____
　　　　如系个人申请不必填写"负责人职位"项

道路旅客班线经营申请表中的内容可分为五个部分：

第一部分为申请道路客运企业及经办人的基本情况，企业应根据已审批的经营许可内容如实填写，包括企业现有的营运车辆情况。

第二部分为申报班线的具体情况。其中，申报班线的具体情况，包括：始发地，终点地，途经主要地点，营运里程，日发班次，客运班线类型，班车类别，等等。

第三部分为班线拟购车辆的具体情况，包括车辆的厂牌型号、外廓尺寸、类型及等级、技术等级以及经营方式等。本项如为新购车辆，应在填写前与购买单位确认，向车辆供应单位索要车辆技术等级证明。

第四部分为班线拟聘驾驶人的具体情况汇总，包括驾驶人的取证时间、从业资格证号及类型。在本项内容中最重要的是最后一项，驾驶人在三年内是否发生重大以上交通责任事故的认定情况。需提前到拟聘驾驶人所属地公安部门查询驾驶员近三年安全驾驶信用情况，并由属地公安部门对查询情况盖章确认，方可填写。

第五部分为申报材料核对表，具体列明所需上报材料。所有材料应准备齐全后。

第三节　道路客运班车组织

一、客运班车的班次管理

（一）客运班次的安排

客运班次的安排，是指对在同一条客运线路上不同发车时间的发车次序所做的规定，这是班车客运的一项基础工作。班次、车型、发车时间、途经站、到达站等均应向旅客公布。

（二）客运班次管理应注意的几个问题

1）客运班次的编制应按客流的方向确定起点、途经点和终点；按客流量确定班次数；按旅客流时，确定各个班次的发车时间。

2）应进行客流调查，掌握客流规律，根据旅客的流向、流量、流时，对各线路和各发车站（点）的运行班次进行科学合理的安排。

3）应根据客流的流时规律，按照运行距离，旅客出行的时间习惯，客流的高峰期与低峰期，客流的旺季与淡季，与火车、轮船的衔接，旅客的中转要求等，科学地确定班次时刻。

4）应注意同一线路的各班次之间，不同站点的同线路的班次之间的时间间隔和重合的关系，做到均衡安排。

5）应注意安排的班次的车型与客流量、道路条件相适应，并尽量安排不同档次的车辆，以满足不同消费层次旅客的需要。

6）应注意各线路上的各个班次保持相对稳定，除节假日、高峰期、旅游旺季时进行调整外，一般不要轻易变动，流量突增时，可以用加班的形式解决。

二、客运班车的站点管理

（一）客运站点的作用

客运站点是指分布在客运线路两端和沿途，供旅客集散及停放车辆的场所。客运站点的作用如下：

1）集散旅客，组织客源。客运站的首要作用是集散旅客，组织旅客上、下车换乘，组织客运经营者按线路、班次、时间运行。

2）保证班车客运运行组织。班车客运运行组织，是由车站为旅客提供售票、候车、检票、行包托运、上车下车服务，为客运车辆提供进站、出站、发车、装卸、救援、商务处理等服务，实现旅客运输的要求。

3）集散车辆，开展后勤服务。客运站作为车辆的集散点，提供车辆的停放、清洁、加油和检修等服务，确保车辆的正常运行。客运站还为驾乘人员和部分旅客提供食宿、市区接送、行包搬运等服务。

4）收集、传输客运信息。客运站作为客运生产的直接组织者，通过每日的售票、发车及通过收集广大旅客的意见等情况，及时了解客运动态和市场信息，掌握客运流量、流向、流时，为客运经营者提高运输效率、合理投放运力提供可靠信息，为道路运政管理机构提供决策的依据。

（二）客运站点管理的内容

1）客运站应符合相应级别的建设要求和具有技术条件，经向县级以上道路运政管理机构提出申请，经道路运政管理机构审查批准，发给"道路运输经营许可证"，办妥工商、税务登记后方可经营。客运站点必须悬挂车站等级牌，应提供为旅客服务的购票、候车、托运行包等必要的设施和服务项目，为客运经营者提供公平、公开、公正的经营环境。

2）道路运政管理机构应对客运站的线路、班次、车辆牌证、客运价格、服务质量、清洁卫生以及组织临时加班等进行监督检查，接受旅客的投诉，调解客运纠纷，维护旅客权益。

3）客运站，无论是自用站还是公用站，都应公平、公正地为进站客车做好服务。要鼓励自用站向社会开放。

4）客运站只能接纳经道路运政管理机构批准的客车进站发班。严禁客运站擅自接纳未经道路运政管理机构批准的车辆进站经营。

5）客运站必须按规定的收费标准，向参营车辆收取代办费用，不得随意增加收费项目和提高费率，并做好营收的财务清算工作，及时解缴，确保客运经营者的权益。

6）客运站点必须按照规定的收费项目、收费标准向旅客收费，禁止客运站点乱收费。

三、客运班车经营行为监督管理

客运班车经营主体多、涉及面广，因此道路运政管理机构应对班车客运的全过程加强监管。道路运政管理机构应从旅客购票起，对经营者的经营行为实行全过程的监督管理，具体管理内容如下：

1）禁止客运经营者在客运站外私自售票和拉客。

2）客运站在旅客进站候车时，应对旅客及携带的行李进行安全检查。

3）禁止营运客车站外上客下客。

4）禁止营运客车在营运途中甩客，或将旅客移交他人运送。

5）禁止营运客车串站串线，擅自改变发车或停靠站点。

四、道路客车运行作业计划的编制

（一）编制客车运行作业计划的依据

道路旅客运输是通过客车运行作业计划来实现生产的，通过它把旅客运输任务具体落实到每一辆营运客车上，对每日运行的细则都做出详细的规定，并把每一辆车需要保养和修理的日期也一并安排好。

道路客车运行作业计划的编制

在开始编制客车运行作业计划前，必须充分审查有关资料的真实性和可靠性，只有根据确实的客流计划、完好的车辆情况以及比较准确的油料供应，才能编制出可行的客车运行作业计划来。

在编制客车运行作业计划时，应按照"保证重点，全面安排"的原则，并注意驾驶人、乘务员的条件。对于编制的期限，原则上是越长越好，但具体的编制期限，应视具体情况而定，从生产实践来看，由于客流的稳定性有一定的规律，所以一般按月编制客车运行作业计划，并辅以旬、五日、三日编制运行作业计划。在编制形式上，也可以采取因地制宜的办法，如：集中编制和下达；集中编制，分点下达；统一平衡，分期编制下达；等等。

（二）编制前的准备工作

在编制客车运行作业计划前：审核客运运力计划，使之适应各线旅客增减的需要；审核保修能力计划以便按时调车进厂保修，并按出厂日期检查修车进度；审核本期车辆的停宿站点，以便和下期任务相衔接。

对能够循环运行的线路：首先安排出初期的运行计划来，以便为两条以上的线路进行套班运行打下基础；其次按照线路的班次和开行时间等具体情况，组织衔接运输。

（三）编制客运车辆运行作业计划的步骤

编制客车运行作业计划，一般可分为五个步骤。

1. 进行运力组织筹划工作，计算所需配车数

1）根据客车运行图的循环编号，确定正班车占用数。

2）考虑加班、包车、保修车辆延期和车辆抛锚等具体情况，确定班期外补充运力系数（即工作车与完好车之间的控制差数）。

3）按进厂保修车和车辆技术状况，确定保修车占用系数，由此求出计划需配车数。

4）运力组织筹划工作，应计算客车计划需配车数：

客车计划需配车数=正班车占用数×（1+班期外补充运力系数）×（1+保修车占用系数）

2. 确定车辆轮班制度

车辆轮班制度必须服从客观需要，一般分为三种：一是短途固定多班的定车、定线、定班次的轮班制；二是班线多，用车量大，车型基本一致的大轮班制；三是根据客源、路线、车型的条件，尽可能将长途、短途等，分类组织的客车轮班制。轮班制度确定后，根据配车计划，安排好正班车、机动车、进修车。

3. 编制客车运行计划表

客车运行计划表是单车运行作业计划的总表。客运企业应根据经营规模及运力布局等情况，采取集中编制或分头编制的方式。规模较大的客运企业，一般由车队根据平衡会议确定的班线和分配任务，分线、分车型编制。

4. 编制月度客车运行效率计划综合表

车队编妥客车运行作业计划后，应将单车完好率、工作率、车日行程、车型汇总，与客运企业下达的生产计划指标相比较，如低于计划指标，对运行作业计划应做适当调整，然后正式填制月度客车运行效率计划综合表。

5. 运行计划经客运企业领导批准后，组织下达

运行计划经企业领导批准后，即下达车站、车队贯彻执行。根据运行计划，相关职能人员（运务、调度、车管等）安排各自工作，以保证运行计划的实现。

（四）客车运行时刻表

为保证旅客准确、及时到达目的地，并方便道路客运班车与火车、飞机的衔接，客运企业必须

按期编制"客车运行时刻表",它不但给计划运输提供了条件,同时也为编制客车运行作业计划打下了基础。"客车运行时刻表"式样见表6-7。

表6-7 ××运输公司客车运行时刻表

始发站	沿途经过站	到达站	车次	发车时间	预计到达时间

（五）客车运行周期表

"客车运行时刻表"仅规定了班车在运行时间上的具体安排,指导班车运行还需要进一步的安排。这就是说,要使每辆客车完成运输任务和各项效率指标的要求,还必须将客车运行时刻表上所反映的每一个班次综合为一个小周期,将几个小周期综合为客运企业的全部运输任务,并将每辆营运客车安排在周期内承担车次、行程和必要的循环运输,使长短途结合起来,以达到均衡生产的目的。

每一小周期开始时,车辆由始发站出发,周期运行完毕时仍回始发站,这样就可使每辆营运客车与始发站紧密联系起来,便于保养和修理的安排。

为了便于工作,可以把每个小周期编码,可以编制一天的小周期,也可编制三五日的小周期。客车运行周期表式样见表6-8、表6-9。

表6-8 客车运行周期表（一）

小周期编号	车号	班次	起止站	本日行程

表6-9 客车运行周期表（二）

代号（路牌）	车次	起站	止站	开车时间	到达时间	运距	车日行程	午餐点	晚餐点

（六）客车运行作业计划表

客车运行作业计划表是安排每一辆客车在一个周期内具体行动的计划表。在编制时,首先将需进行大、中修理的车辆按单车逐一填入表内。安排运行任务时,要把上周末一日完成的小周期的车号继续排进去,完成一个小周期后再更换,防止发生上下脱节的现象。对单车行驶里程和行驶线路,应尽量合理配置,达到劳逸均衡。对需要保养的车辆,要将里程定额及上次保养后已行驶的里程结合起来进行安排。

编制客车运行作业计划表时,先以单车按纳入运行作业计划内的各线路班次的一次单循环为标准,其间插入已安排的保养与备修车日,其余车辆则可以此为基础顺序排列,即先排好001号车的1—31日循环运行线路班次,然后排好002号车1—31日的循环运行线路班次,依此类推。一般来说,各号车之间应以所承担的线路班次做好衔接,既要防止重复排班,又要防止排漏班次,造成混乱。

在编制作业计划时,还要把各线路上可能发生的意外情况加以充分的估计。如车辆中途发生故障抛锚等情况时,有何补救措施都应考虑到,以防临时打乱调度计划。

客车运行作业计划编制中要留有一定的机动车辆,遇到紧急情况、临时包车、加班才不至于手忙脚乱,贻误工作。客车运行作业计划表格式见表6-10。

表6-10 客车运行作业计划表

车 号	线 路 班 次							指 标			
	1	2	3	……	29	30	31	标记车座	完好车日	工作车日	车月行程

拓展阅读 国庆假期,车站调度员的日常工作

车站调度员负责汽车客运站营运车辆的调配工作,直接关系到旅客能否准时顺利乘车。众所周知,旅客们娱乐休闲度假时,正是运输部门工作最繁忙的时候。

国庆节期间,车站每天客流量是平时的2~3倍,有时甚至更高,调度部门需提前一到两个月预测客流增长情况,联系备用车辆,准备营运证照,以满足客流高峰期的用车需要。假期期间,调度员的工作是提前一天编制系统发车计划和车站现场调度车辆。

车站首班车早上5点30分发车,末班车是晚上10点。调度员张传满家离车站较远,他每天早上4点起床,晚上11点回家,一天17个小时的工作。节假日的汽车站,早上6点就已经人山人海,车辆穿梭不断,张传满负责的发车区一天发送上千辆客车,现场的张传满手持对讲机,在人群和车辆之间一路小跑穿行,一会儿引导车辆行进,一会儿指挥旅客上车,这边车刚发走,那边又堵了……汽车客运工作平时忙,节假日更忙。调度员平时早出晚归,很少跟孩子碰面,过年过节更没有时间陪伴家人和孩子。虽然工作很累,但是能把旅客平安满意地送走,张传满觉得自己的付出是值得的。他希望旅客们能多谅解车站,信任车站,"我们一定会百分之百地努力,让大家能够快乐出行、顺利出行。"他还希望能真正实行带薪休假制度,这样旅客出行更舒服,车站工作也能不那么累。

车站调度员工作看似简单琐碎,需要大量的体力消耗,实际上更是复杂的脑力劳动,调度员要对车站成百上千的班次、班线、车辆、发车时间、客流及其变化等情况了如指掌,工作中要有耐心、细心和责任心,这样才能保证不出差错,保证旅客平安顺利出行。

练习与思考

一、单选题

1. 按班次性质的分类,主要将汽车客运班车分为( )、普快班车、普客班车和城乡公共汽车四类。

　　A. 特快班车　　　B. 高速班车　　　C. 直达班车　　　D. 城间班车

2. 客流就是一定数量的旅客在一定时间内沿着某个方向做有目的的移动。它有四个要素:流向、流量、流时及( )。

　　A. 速度　　　　　B. 运距　　　　　C. 线路　　　　　D. 班次

3. 汽车运价是( )。

A. 成本价　　　　B. 出厂价格　　　　C. 收购价格　　　　D. 销售价格

4. 大型客车车身长（　　）。

   A. $9<L\leq12$　　B. $6<L\leq9$　　C. $3.5<L\leq6$　　D. $1.5<L\leq3$

5. 班车客运的运价单位是（　　）。

   A. 元/人　　　　B. 元/km　　　　C. 元/人·km　　　　D. 以上答案都不对

6. 汽车客运班车的班次数按（　　）确定。

   A. 客流量　　　　B. 客流方向　　　　C. 客流流时　　　　D. 客流运距

7. （　　）就是把旅客运输任务具体落实到每一辆营运客车上，把每日运行的细则都做出详细的规定，并把每一辆车需要保养和修理的日期也一并安排好。

   A. 客车运行周期表　　　　　　　　B. 客流图
   C. 客车运行时刻表　　　　　　　　D. 客车运行作业计划

8. 乘用车是指用于经营性道路旅客运输，在设计和制造上主要用于载运乘客及其随身行李和/或临时物品的汽车，包括驾驶人座位在内最多不超过（　　）个座位。

   A. 5　　　　B. 7　　　　C. 9　　　　D. 11

二、多选题

1. 中型客车可分为（　　）级。

   A. 高三级　　B. 高二级　　C. 高一级　　D. 中级
   E. 普通级

2. 班线客票可分为（　　）。

   A. 固定客票　　B. 补充客票　　C. 临时客票　　D. 定额客票

3. 营运客车主要评定内容包括（　　）。

   A. 客车结构　　B. 底盘　　C. 配置　　D. 轴距
   E. 动力性

4. 省际道路客运班线线路示意图包括（　　）。

   A. 线路名称　　B. 里程　　C. 主要途经站点　　D. 途经路线
   E. 线路走向示意图

5. 道路客运班线申请经营表需填报的内容包括（　　）。

   A. 申请道路客运企业及经办人的基本情况　　B. 申报路线的具体情况
   C. 申报线路拟购车辆的具体情况　　　　　　D. 班线拟聘驾驶员的具体情况汇总
   E. 申报材料核对表，具体列明所需上报材料

6. 道路运政管理机构应对客运站的（　　）进行监督检查。

   A. 线路　　B. 班次　　C. 客运价格　　D. 服务质量
   E. 清洁卫生

三、简答题

1. 道路旅客运输价格具有什么特点？
2. 简述客运班线可行性报告的作用和主要内容是什么？
3. 客运车辆轮班制度有哪些种类？
4. 客运班次编制过程中应注意的问题是什么？

第七章 Chapter 7

道路客运包车运输组织

【学习目标】

1. 了解道路客运包车的特点。
2. 掌握客运包车的概念及分类。
3. 掌握道路客运包车组织原则、道路客运包车标志牌的核发流程。
4. 能按照包车业务操作流程进行相应的业务操作。
5. 具备旅客为本、服务至上的职业素养。

> **案例导入**
>
> "五一"期间,天津某交通运输执法大队对各类交通运输违法案件进行查处,发现包车运输未签包车运输合同。5月2日下午,天津某酒店前,执法人员对一辆上客的大巴车进行检查,这是一辆被包下的大巴车。经询问,乘客说,车上乘客都是朋友,从外地来天津,包车到天津各景点游玩,之前也包过这种车。执法人员询问乘客有无签订包车合同或协议,乘客说他们只谈好了价格,约定了时间,就出发了。没有签合同,而且不知道有包车需要签订包车合同或协议的规定。
>
> 经过调查,执法人员认为大巴车公司涉嫌实施了"包车客运经营者不能提供有效包车合同"的违法行为,依法对其开具了"违法行为通知书"。
>
> 请分析:包车合同应包括哪些内容?不签合同或协议,可能会带来哪些损害?

第一节 道路客运包车业务

一、道路客运包车的概念

道路客运包车是指面对团体旅客开行的不定期客运车辆,包车运输的发车时间、行驶线路、停靠站点及运费由包车人与运输方协商确定。

客运包车与其他营运方式相比有以下特点:

1)与客运班车相比,在接洽方式、开行线路、开车停车地点、开车停车时间、乘车对象、运费结算方式等方面有所不同。客运包车不定时间、不定线路,是客运班车和旅游班车的补充。

2)与客运出租汽车相比,在使用车型、要车方式、使用时间、行驶距离等方面不同。

3)客运包车的需求不确定,随机性强。

4)客运包车是一种附属的客运业务,一般由从事班车和旅游客运的企业承担。

二、道路客运包车的分类

客运包车运送的是团体旅客,按照团体旅客的运送区域、租用车辆的计价标准以及运营组织形式不同,客运包车可分为不同的类型。

1. 按经营区域分

按照经营区域,分为省际客运包车和省内客运包车。省级人民政府交通运输主管部门可以根据实际需要,将省内客运包车分为市际客运包车、县际客运包车和县内客运包车,并实行分类管理。客运包车经营者可以向下兼容客运包车业务。

省级人民政府交通运输主管部门对省内客运包车实行分类管理:从事市际客运包车、县际客运包车经营的,向所在地设区的市级道路运输管理机构提出申请;从事县内客运包车经营的,向所在地县级道路运输管理机构提出申请。

2. 按计价标准分

计时包车:根据用车时间计费的称为计时包车。因用户用车时间和停留时间长,运行距离短而采取的包车形式,如会议包车、参观包车等。

计程包车:根据用车距离计费的称为计程包车。因用户需要进行单程或双程运行,途中停留时间少,运行距离较长而采取的包车形式,如长途旅行包车、超长客运包车等。

包车运价,分计程包车运价和计时包车运价。计程包车运价以同类型同等级班车运价为参考,双方协商,但最高不得超过同类同级班车运价的20%。计时包车运价按不同等级公路折算成具体的km/h,具体由各地物价、交通部门确定。跨地区包车的以起包地价格为准。

3. 按运营组织形式分

长期包车:因用车时间长达数天、数月或更长而采取的包车形式,如大型长期会议包车、重点工程建设期包车等。

旅游包车:因单位或团体临时组织到旅游区全程游览而采取的包车形式。

三、道路客运包车的管理

道路客运包车管理

1. 申请从事客运包车经营应具备的条件

1)有与其经营业务相适应并经检测合格的客车:客车技术要求应当符合《道路运输车辆技术管理规定》的有关规定;客车类型等级应当达到中级以上;经营省际客运包车的经营者,应当自有中高级营运客车20辆以上;经营省内客运包车的经营者,应当自有营运客车10辆以上。

2)从事客运经营的驾驶人,应当符合《道路运输从业人员管理规定》的有关规定。

3)有健全的安全生产管理制度,包括安全生产操作规程、安全生产责任制、安全生产监督检查、驾驶人和车辆安全生产管理的制度。

2. 道路客运包车的标志牌管理

客运包车应当凭车籍所在地道路运输管理机构配发的包车客运标志牌,按照约定的时间、起始地、目的地和线路运行,并持有包车合同,不得招揽包车合同外的旅客乘车。

客运包车除执行道路运输管理机构下达的紧急包车任务外,其线路一端应当在车籍所在的设区的市,单个运次不超过15日。

(1)省际包车 省际包车客运标志牌(见图7-1)由设区的市级道路运输管理机构按照交通运输部的统一式样印制,交由当地县级以上道路运输管理机构向客运经营者配发。省际临时班车客运标志牌和省际包车客运标志牌在一个运次所需的时间内有效。

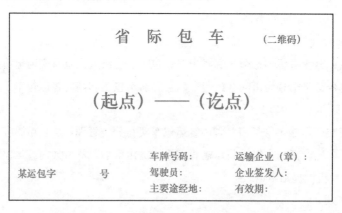

图7-1 省际包车客运标志牌

从事省际包车客运的企业应当按照交通运输部的统一要求,通过运政管理信息系统向车籍地道路运输管理机构备案。

(2)省内包车 省内包车客运标志牌式样及管理要求由各省级人民政府交通运输主管部门自行规定。

（3）省际包车客运标志牌制式规范

1）尺寸：480mm×220mm。

2）底色：淡蓝色暗花纹，花纹内容为省份名称首字母。

3）材质：不少于150g白卡纸。

4）其他规范：

第一行字为红色宋体，字高35mm×字宽35mm。右边的二维码为黑色，计算机打印。

第二行横线为黑色，宽度为12mm，长度为60mm。起讫点字为黑色黑体，字高90mm×字宽90～110mm，随字数多少而改变，为计算机打印。

左边第三行字为黑色宋体，字高20mm×字宽20mm。号码为红色阿拉伯数字，字高20mm×字宽20mm。"某运包字"中的"某"为省、自治区、直辖市简称。

右边第三、第四、第五行字为黑色宋体，字高7mm×字宽7mm。冒号后面的字为计算机打印。

第二节　道路客运包车组织

一、道路客运包车组织原则

1）包车客运应按照与包车人约定的时间、起始点、目的地和线路运行，并持有包车车票或包车合同。

2）包车运送的团体旅客，不能按班车模式定点、定线运行，不得招揽包车合同外的旅客乘车。

3）除道路运输管理机构下达的紧急包车任务以外，其线路一端必须是车籍所在地。

4）单程的去程包车回程载客时，应向回程客源所在地县级以上道路运输管理机构备案。

5）在客流高峰期运力不足时，道路运输管理机构可临时调用车辆技术等级不低于三级的营运客车和社会非营运客车开行包车或者加班车。

二、道路客运包车运价

包车运价应考虑到行驶路线的里程，结合包车人选定车型，根据当地物价标准由承运人与用户协商确定价格。

（一）包车取消和包车空驶损失费

（1）包车取消损失费　包用单位在用车前一天取消包车，承运人按一天包车运费的5%向用户核收包车取消损失费；当天取消包车按10%核收包车取消损失费。

承运人未征得用户同意，单方取消包车，在用车前一天通知用户的，由承运人按一天包车运费的5%向用户支付包车取消损失费；用车当天取消包车按10%支付包车取消损失费。

（2）包车空驶损失费　因用户原因，造成包车空驶，按往返实际行驶里程、客车核定座位和包用车型运价的50%计收包车空驶损失费。

（二）包车停歇延滞费和供车延误费

1）计程包车因用户责任造成车辆停歇延滞，承运人应向用户核收车辆停歇延滞费。计程包车日计费里程在180km以上时，每日累计停歇时间不足2h者，免收车辆停歇延滞费；日计费里程在180km及以下时，每日累计停歇时间不足1h者，免收车辆停歇延滞费。超出免费停歇时间部分，以0.5h为单位递进计算，不足0.5h进为0.5h。

2）承运人未如期供车，应付给用户供车延误费。延误时间以0.5h为单位递进计费。

3）包车停歇延滞费和供车延误费均按计时包车运价的50%计收。

三、道路客运包车运输组织作业流程

客运企业受理包车人包车业务，按相关规定办理包车相应手续，统称为道路客运包车运输组织作业。道路客运包车运输组织作业是根据包车工作的特点，按照流水作业的方式构成的一种作业方式。它的内容和程序是：根据包车人所选车型及计费形式提出报价；填写"包车预约书"；申领包车客运标志牌；签订包车合同；为车辆配备驾驶人并派发行车路单；按合同要求派发车辆以及发放行车路单；包车业务结束，结算包车费用。道路客运包车运输组织作业程序如图7-2。

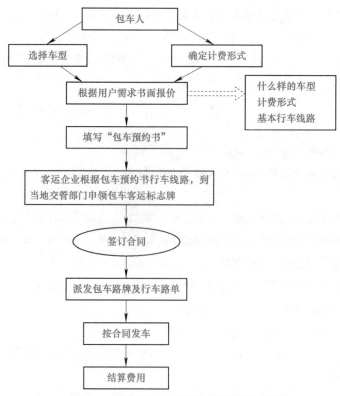

道路客运包车运输
组织作业流程

图7-2 道路客运包车运输组织作业流程图

（一）选定车型及计费形式，提出报价

包车人（即用户）到客运企业进行包车业务，包车人根据客运企业现有车型、团体人数及线路情况选定所需车型，按照包车时间及线路确定计费形式。客运企业根据包车人的具体要求，按照相关运价规定报价，双方协商认可。

（二）"包车预约书"的填写与审核

客运企业在进行书面报价后，必须由包车人认真填写"包车预约书"，客运企业审核无误后，方可签订包车合同。

1. "包车预约书"的填写

首先由包车人根据需求填写预约书，交客运企业；其次，由客运企业派定车辆，在预约书上填明所派车辆牌照号、道路运输证、驾驶人姓名等信息，交包车人确认，同时客运企业将填写完整的预约书作为派车单据，交由驾驶人随车备查（复印或传真有效）。

"包车预约书"内容要求填写完整、清晰,并经双方签盖公章有效。"包车预约书"样例见表7-1。

表7-1 包车预约书

用车单位(盖章)				供车单位(盖章)		
联系人				联系人		
电话				电话		
传真				传真		
现有国内(国外)旅游团队一行____人,需租用旅游客车____辆,具体要求如下:						
旅游团号						
车型要求				费用		
导游				联系电话		
行程安排(要求)	日期		景点		食宿(交通)	
备注						
所提供车辆及驾驶人为:(供车单位填写)						
车号	运输证号		座位数	驾驶人	从业资格号	趟检是否合格
请盖章/签字确认,并回传本件往(传真号) ,谢谢支持!						
						20 年 月 日

2. "包车预约书"的审核

包车预约书表明双方对预约包车事宜的确认,同时也作为驾驶人在驾驶过程中进行路检的依据之一,所以在填写完毕后,需对其进行审核,在审核无误后方可确认。审核的具体内容包括:

1)填写不规范、不完整,或未经供车方完整确认签章的,不予确认。
2)未按规定流程,在包车业务履行后补填"包车预约书",不予确认。
3)所需内容必须与实际情况相符,不得进行修订,不得进行车辆更换。
4)承揽包车客运的企业必须具备包车营运资质。

(三)包车合同的签订

当双方填写并确认"包车预约书"后,客运企业应根据预约书中的行驶路线,到交管部门申请包车客运标志牌,并与包车人签订包车合同。

按国家相关规定,客运企业与包车人应在履行包车业务前签订包车合同,合同内容包括承运时间、起止地点、线路、承运人员、日程安排、费用及结算方式、双方义务及违约责任、意外风险等条款。

(四)派发行车路单

包车客运的车辆出车前,需由调度人员在路单上填写车牌照号、驾驶人、始发站发车时间、车次、座位数、起点站、途经站、终点站、有效期,并签字盖章。在填写时,调度人员要认真核对班次信息和车辆信息，不得随意涂改。对于涂改部分，调度人员要在涂改位置盖章确认，其他人员不得对行车路单进行涂改。行车路单由调度人员盖章后方为有效。

驾驶人在领取行车路单后、开车前，要与包车人确认路单信息，如发现路单填写有可疑处，则及时通知调度人员，保证行车路单与实际相符。

出车完工后，驾驶人必须如实在行车路单上填写到达终点站的时间，并签上驾驶人的姓名，原则上应于当天交回调度人员处登记审核，并转交统计员保管，进行统计。

（五）运费结算

当本次运输业务结束，客运企业应根据合同要求，向包车人开具包车客票，并收取包车费用。山东省汽车客运包车客票见图7-3。

图7-3　山东省汽车客运包车客票

第三节　道路客运包车合同

一、客运合同的概念及特点

客运合同，也称旅客运输合同，是承运人与旅客就旅客运输所达成的明确双方权利及义务的协议。客运合同具有下列特点：

（1）客运合同是双务有偿合同　在客运合同中，承运人和旅客各自享有一定的权利，并各自承担相应的义务。承运人的基本义务是在约定的期间内，将旅客、行李等运输到约定地点，而旅客的基本义务是向承运人支付相应的运费。

（2）客运合同主体的特殊性　客运合同和其他合同相比较，其主体具有以下特点：一是承运人主体的特定性，道路运输的承运人是运输企业；二是旅客主体的广泛性，每个公民都有乘车的机会和权利，所以任何人都有可能成为客运合同的一方主体。

（3）客运合同形式上的特殊性　大多数客运合同是标准合同，合同的主要内容和条款都是国家授权交通运输部门以法规的形式统一规定的，双方当事人均无权变更。

（4）从整体上看，客运合同具有计划性　客运合同的计划性主要体现在运输企业要根据客流量的大小，合理组织旅客的旅行活动，做到安全、迅速、便利地到达旅行目的地。在客运活动中贯彻计划原则，主要是考虑到：如果没有计划性，在运输高峰期就不能保证旅客到达目的地，将会打乱正常的运输生产秩序，不利于保障运输和旅客的人身财产安全。

二、道路客运合同的类型和特征

（一）道路客运合同的类型

道路客运合同是道路客运经营者与旅客达成的协议，依据此协议，旅客支付规定的运输费用，客运经营者按车票规定内容将旅客运送到指定地点。它可分为以下类型：①班车客运合同，即班车客运经营者和旅客订立的运输合同；②旅游客运合同，即旅游客运经营者与游客之间订立的运输合同；③包车客运合同，即承运人与用户就将客车包、租给用户（旅客），在双方协商下进行运输的合同；④出租客运合同，即出租车客运经营者与旅客订立的运输合同。

（二）道路客运合同的特征

1）道路客运承运人既可以是车辆所有人，也可以是驾驶人个人。
2）道路客运合同的形式可以是口头的，也可以是书面的，但通常是以标准合同的形式出现的。
3）车票是道路客运合同的主要表现形式。
4）道路客运合同成立的时间以客运经营者售出车票为准。
5）道路客运合同对旅客没有特定要求，任何人只要持票就可以乘车。
6）旅客是自然人。
7）班车客运合同、旅游客运合同、出租车客运合同等是实践性合同，包车客运合同是诺成性合同。

三、包车合同的签订

（一）包车合同的样例

包车合同

甲方（租车公司）：_____
乙方（客运单位）：_____
道路运输经营许可证编号：_____

为保证服务质量，明确合同当事人的权利义务，根据《中华人民共和国合同法》等法律法规，甲、乙双方就乙方为甲方提供包车服务事宜达成如下协议。

第一条（合同标的）
本合同标的为乙方提供的行驶证户名为乙方的车辆、驾驶人及服务。

第二条（甲方权利）
（一）要求乙方提供车辆、驾驶人的资质证照等相关资料。
（二）要求乙方按照约定的标准提供车辆、委派驾驶人。
（三）因乙方违约，有权要求赔偿。

第三条（甲方义务）
（一）提供自己为合法公司的证明材料，包括：①营业执照；②其他具有证明力的材料。
（二）按照约定支付包车费用。
（三）预订车辆时，应以书面形式提前____日预约。
（四）为驾驶人的行车安全积极创造条件，保证驾驶人的休息时间。
（五）应当积极协助乙方保持车内清洁卫生，维护车辆设施设备完好有效。

第四条（乙方权利）
（一）按照合同约定，要求甲方支付包车费用。

（二）拒绝甲方超过车辆核定限额安排人员、要求驾驶人超时驾驶等影响行车安全的要求。

（三）拒绝甲方超出约定的行程安排。

（四）因甲方违约，有权要求赔偿。

第五条 （乙方义务）

（一）提供乙方车辆、驾驶人的资质证明，包括：①营业执照；②道路运输经营许可证；③机动车辆强制保险单、承运人责任险保单；④车辆行驶证；⑤道路运输证；⑥与准驾车辆相符合的驾驶人的机动车驾驶证；⑦与准驾车辆相符合的驾驶人的从业资格证；⑧其他有关资质证明。

（二）按照《旅游汽车服务质量》（LB/T 002—1995）中旅游、交通行业标准和双方约定的标准提供车辆、委派驾驶人；委派驾驶人前，应确认驾驶人身体、精神状态满足驾驶车辆的要求，不得向甲方委派不符合上述要求的驾驶人。

（三）乙方提供的车辆应安装具有行驶记录功能的卫星定位装置。

（四）出车前认真检查车辆性能，确保车况良好，车辆服务设施完好，保持车辆内外清洁卫生。

（五）在行程途中不得擅自终止合同，拒载旅客。

（六）车辆发生事故，应及时组织参与救援。

（七）接到甲方包车确定单后，应当积极保证甲方用车，并及时以书面方式予以确认；乙方如不能按照约定时间提供车辆，应提前____日书面通知甲方。

第六条 （乙方委派的驾驶人应当具备的条件）

（一）持有准驾机动车驾驶证，有丰富驾驶经验及技能，取得相应的从业资格证。

（二）法律、法规规定的客运驾驶人应当具备的条件。

第七条 （乙方委派的驾驶人义务）

（一）保证仪容整洁、仪表大方、举止文雅、精神饱满。

（二）恪守职业道德，尊重旅客的宗教信仰和风俗习惯。

（三）不得侵犯旅客的人身和财产权益。

（四）按照约定的行程计划行驶，不得有擅自终止行程、拒开车门、搭乘无关人员等有损旅客利益的违约行为和干预导游人员正常工作。

（五）行驶中坚持安全礼让、平稳运行，严禁酒后驾车、疲劳驾驶、超速驾驶等不安全行车行为。

第八条 （乙方提供的车辆应当具备的条件）

（一）依法取得道路运输证。

（二）经公安、交通部门年审检验合格。

（三）行车前具备安全行车的要求。

（四）符合行业标准或附件约定的标准。

（五）足额投保承运人责任险、机动车辆强制保险等法定保险。

（六）取得交通部门核发的包车客运标志牌。

（七）法律、法规规定的客运车辆应当具备的其他条件。

第九条 （包车费用）

（一）包车费用包括：①车辆租用费；②过路、过桥费；③高速公路费；④停车费；⑤其他。

车辆故障修理费、驾驶人违规罚款由乙方承担。包车费用及驾驶人津贴在附件中予以约定，经双方确认后，即作为甲方向乙方付款的依据。

（二）付款方式及时间：每月结算一次，结算月的最后一天为结算截止日期；甲方收到乙方开具的有效发票后10个工作日内，通过现金或转账方式向乙方指定的银行账户付款。

乙方账户：

户名：

收款银行：

账号：

乙方在结算时应向甲方提供结算单，并提供有效发票；甲、乙双方各自保存订车单和结算单。

（三）附件可以对以上包车费用、付款方式、地点、时间等另行约定。

第十条 （违约责任）

（一）甲方如不能按照约定时间使用车辆，又不在约定时间前通知乙方的，应当支付约定包车费_____的违约金。

甲方如不能按照约定数量使用车辆，不使用的车辆视为不能按照约定时间使用，应当按上款约定支付相应违约金。

因甲方不能按照约定时间、数量使用车辆，又不在约定时间前通知乙方，给乙方造成损失的，甲方还应当赔偿超出违约金部分的经济损失。

（二）由于甲方原因造成行程延误，超出约定租车期限的，甲方应当支付超时部分的用车费用，费用标准由双方协商确定；给乙方造成经济损失的，还应赔偿经济损失。

（三）因甲方导致车辆损坏或造成安全事故的，应当承担损害赔偿责任。

（四）乙方如不能按照约定时间提供车辆，又不及时在约定日期前通知甲方的，应当支付约定车费10%的违约金。

乙方如不能按照约定数量提供车辆，缺少的车辆视为不能按约定时间提供，应当按上款约定支付相应违约金。

乙方如不能按照约定时间、数量、车型提供车辆，给甲方造成损失的，乙方还应当赔偿超出违约金部分的经济损失。

（五）车辆、驾驶人不符合约定，或因乙方的原因导致行程延误超过30分钟的，甲方可以要求乙方调换车辆或驾驶人，并要求乙方赔偿相关损失。

（六）乙方提供的车辆标准低于约定标准的，乙方应当积极采取补救措施；确实无法改正的，乙方应当减少或退还约定价款与所提供车辆租用价款的差额，并支付约定价款10%的违约金；给甲方造成经济损失的，还应当赔偿超出违约金部分的经济损失。

（七）由于乙方原因造成甲方人员延误行程或误机（车、船）的，乙方应支付约定车费10%违约金；给甲方造成经济损失的，还应当赔偿超出违约金部分的经济损失。

（八）乙方应当对行车过程中甲方人员的伤亡承担损害赔偿责任；但伤亡是因甲方人员自身健康原因或者是故意、重大过失造成的除外。

（九）乙方过错造成甲方随车物品丢失、损坏的，乙方应当赔偿损失，赔偿数额按有关规定或协商解决；若因车辆或驾驶人的原因引起投诉，乙方应当承担此对甲方造成的经济损失。

（十）乙方委派的驾驶人与甲方人员应当密切合作，共同维护旅客的利益，确保行程的顺利进行；如发生争议或特殊情况，应在行程结束后解决，单方擅自终止或延误行程，给另一方造成损失的，应当承担违约责任。

（十一）驾驶人侵犯甲方人员的人身和财产权益造成损失的，乙方应当承担侵权损害赔偿责任。

第十一条 （责任的免除）

（一）甲、乙双方因不可抗力原因不能履行合同的，应当在不可抗力发生后12小时内通知对方，并提供不能履约的充分证据。

（二）损失是由一方自身过错造成的，对方不承担责任。

（三）一方违约的，对方应积极采取适当措施阻止损失扩大，否则不得就扩大部分的损失要求赔偿；违约方应当承担对方为阻止损失扩大而支付的合理费用，但以损失可能扩大的数额为限。

第十二条 （争议解决方式）

本合同在履行过程中发生争议的，由双方当事人按约定协商解决。协商不成的：向_____人民法院提起诉讼。

第十三条 （合同附则）

本包车合同由合同文本和附件（即包车确认单）构成，附件可变更合同文本的个别条款。

合同文本在有效期内可反复使用，对甲乙双方均有约束力。

附件为甲乙双方在合同文本有效期内就单个包车事宜达成的具体合约，在每次包车前经双方签订确认，自签订起产生效力。

附件应该详细写明各项用车要求，包括车辆型号、服务要求、用车数量、用车地点、具体时间、行程安排、用车费用、驾驶人津贴、结算方式和确认期限要求等。

本合同自双方签字和盖章之日起生效。每一个经签订而有效的合同附件（即包车确认单）与本合同文本共同构成一份有效的包车合同，附件与本合同文本具有同等的法律效力。

本合同一式两份，双方各执的一份具有同等效力。

本合同有效期自____年____月____日至____年____月____日，期满双方无异议的自动顺延相同期限。

签约地点：_____

甲方（盖章）： 乙方（盖章）：

法定代表人： 法定代表人：

委托代理人： 委托代理人：

电话： 电话：

传真： 传真：

通信地址： 通信地址：

邮编： 邮编：

签订时间： 签订时间：

年　　月　　日 年　　月　　日

（二）包车合同的订立

客运包车是在双方自主自愿的基础上，客运企业按照包车人的具体要求而提供的较为个性化的客运服务。

包车合同的订立，应注意以下具体要素：①明确包车目的；②明确租用时间；③明确出行路线等。

拓展阅读　全球首台无人驾驶大客车在开放道路交通条件下成功运行

2015年8月29日，我国研发的全球第一台无人驾驶大客车在开放道路交通条件下，全程无人工干预，首次成功运行。

此次上路试运行的无人驾驶大客车是由中国工程院院士李德毅所在的总参61所等与国内客车企业宇通客车联合研发推出的，整车研发耗时3年。大客车从河南省郑开大道（郑州市与开封市的城际快速路）城铁贾鲁河站出发，在完全开放的道路环境下，安全行驶32.6km，途径26个信号灯路口，最高时速68km，完成了跟车行驶、自主换道、邻道超车、自动辨识红绿灯通行、定点停靠等试验科目，全程无人工干预，顺利到达测试终点。

决定汽车在无人驾驶条件下成功安全驾驶的核心是整车智能驾驶系统，包括智能主控制器、智能感知系统、智能控制系统三大主要组成部分，这三个部分分别充当大客车的大脑、眼睛与耳朵以及四肢，各个组成部分相互协调实现自主驾驶。

无人驾驶大客车试测成功是中国客车史上的里程碑事件。从技术上来说，无人驾驶大客车现在就可以在快速公交（BRT）专用道上使用。不过，从试车到产业化，无人驾驶汽车还有很长的路要走。

练习与思考

一、单选题

1. 包车客运应按照与包车人约定的时间、起始点、目的地和（　　）运行，并持有包车车票或包车合同。

　　A. 人数　　　　　　B. 车型　　　　　　C. 线路　　　　　　D. 费用

2. 旅客运输计费里程以千米为单位，尾数（　　）。

　　A. 不足500m进为1km　　　　　　B. 不足800m进为1km

　　C. 不足1km进为1km　　　　　　D. 1 100m按1km

3. 因用户原因，造成包车空驶，按往返实际行驶里程、客车核定座位和包用车型运价的（　　）计收包车空驶损失费。

　　A. 20%　　　　　　B. 50%　　　　　　C. 60%　　　　　　D. 80%

二、多选题

1. 长期包车客运是指包车人使用客车时间较长，如（　　），一般按时间计费。

　　A. 半月　　　　　　B. 月　　　　　　C. 旬　　　　　　D. 季

　　E. 年

2. 按经营区域，客运包车可分为（　　）。

　　A. 省际客运包车　　B. 会议包车　　C. 旅游包车　　D. 省内客运包车

　　E. 参观包车

3. 道路客运包车根据包车的用车需求，通过接洽的方式，确定（　　）、开车停车的地点、时间。道路客运包车具体表现为时间不定、路线不定。

　　A. 开行线路　　　　B. 开车的时间　　C. 车型　　　　　D. 路况

　　E. 停车的时间

三、简答题

1. 简述道路客运包车组织原则。

2. 画出道路客运包车运输组织作业流程图。

第八章
Chapter 8

道路客运安全管理

【学习目标】

1. 熟悉道路客运安全管理的基础和五大要素。

2. 了解道路客运企业安全生产法律法规及相关标准,掌握驾驶人及乘务员、车辆运行、运输组织的安全管理内容,熟悉客运站安全管理结构。

3. 了解客运安全标准化体系的概念及理论基础,掌握客运安全标准化体系的构建过程,熟悉客运安全标准化体系的评价要点。

4. 熟悉客运企业应急预案的内涵与作用,掌握客运企业应急预案的编制方法,熟悉客运企业应急预案的演练过程。

5. 具备安全管理意识,提升安全管理素养。

> **案例导入**
>
> 2016年5月14日14时37分，贵州省某运输公司的贵C87***号大型普通客车在高速公路行驶中发生交通事故。客车驾驶人李某驾驶过程中，发现前方道路情况拥堵，遂踩刹车、打方向，但车辆不受控制，与前方两台车辆发生碰撞，造成前方3台车辆追尾，共6人死亡，25人受伤，路产受损。
>
> 根据国家客车质量监督检验中心检验报告，该车防抱制动系统（ABS）传感系统部件缺失，不能工作，不符合GB 7258—2004（现已修订为GB 7258—2017）关于防抱制动装置的规定。
>
> 经查，该车存在防抱制动系统在2012年就已损坏、车辆二级维护造假、车辆技术状况不符合要求等问题；该车驾驶人不是公司签约备案人员，以电话通知形式完成月度安全学习；当事驾驶人明知车辆存在安全隐患仍然开"带病车"上路。
>
> 最后，当事驾驶人明知车辆防抱制动系统损坏，仍然驾车上路行驶，涉嫌交通肇事罪，被司法机关控制。该运输公司因安全制度未落实，事故隐患排查不到位，被处以罚款70万元。
>
> 请分析：造成本次事故的原因有哪些？哪些办法能有效提高运输的安全性？

安全管理是道路客运企业运输生产活动中尤为重要的一环。客运安全管理的要求和内容，客运安全标准化体系，应急预案制定与演练等是道路客运安全管理的重要组成部分。

第一节 道路客运安全管理的基础知识

道路客运企业每天承运庞大的客流量，必须在保证安全的前提下进行运输生产。要了解如何保证安全运行，就必须了解如何进行客运安全管理。本节着重介绍道路客运安全管理的基础知识。

一、道路客运安全事故

常见的道路客运安全事故发生在客运场站内或运输过程中。这里主要介绍运输过程中的道路交通事故。

1. 道路交通事故的定义

狭义上讲，按照《中华人民共和国道路交通安全法》的相关规定，道路交通事故是指车辆在道路上的行驶途中因过错或者意外造成的人身伤亡或者财产损失的事件。

广义上讲，道路交通事故是人、车、道路、环境等动静态因素耦合失调而导致的人或物同时受损的过程。

2. 构成道路交通事故的要素

（1）必须是车辆造成的 车辆包括机动车和非机动车，没有车辆就不能构成道路交通事故，例如行人与行人在行走中发生碰撞不构成道路交通事故。

（2）是在道路上发生的 道路是指公路、城市道路和虽在单位管辖范围但允许社会机动车通行的地方，包括广场、公共停车场等用于公众通行的场所。

道路交通事故的构成要素

（3）在运动中发生 在运动中发生是指车辆在行驶或停放过程中发生的事件，若车辆处于完全停止状态，行人主动去碰撞车辆或乘车人上下车的过程中发生的挤、摔、伤亡的事故，则不属于道路交通事故。

（4）有具体现象发生 有具体现象发生是指有碰撞、碾压、刮擦、翻车、坠车、爆炸、失火等其中的一种现象发生。

（5）造成现象的原因是人为或意外　发生事故是由于事故当事人的过错或者意外行为所致，也可能是意想不到的情况以及人力无法抗拒的各种自然灾害造成的。

（6）必须有损害后果的发生　损害后果仅指直接的损害后果，且是物质损失，包括人身伤亡和财产损失。

3．道路交通事故分类

（1）按事故性质或损害后果分类

1）轻微事故，是指一次造成轻伤1~2人，或者财产损失的数额中机动车事故不足1 000元，非机动车事故不足200元的事故。

2）一般事故，是指一次造成重伤1~2人，或者轻伤3人以上，或者财产损失不足3万元的事故。

3）重大事故，是指一次造成死亡1~2人，或者重伤3人以上10人以下，或者财产损失3万元以上不足6万元的事故。

4）特大事故，是指一次造成死亡3人以上，或者重伤11人以上，或者死亡1人，同时重伤8人以上，或者死亡2人，同时重伤5人以上，或者财产损失6万元以上的事故。

（2）按交通事故责任分类　交通事故责任按有无责任，可划分为责任事故和非责任事故。责任事故按责任大小，可分为全部责任、主要责任、同等责任和次要责任。

因一方当事人的过错导致交通事故的，承担全部责任；当事人逃逸，造成现场变动、证据灭失，公安机关交通管理部门无法查证交通事故事实的，逃逸的当事人承担全部责任；当事人故意破坏、伪造现场、毁灭证据的，承担全部责任；因两方或者两方以上当事人的过错发生交通事故的，根据其行为对事故发生的作用以及过错的严重程度，分别承担主要责任、同等责任和次要责任。各方均无导致交通事故的过错，属于交通意外事故的，各方均无责任；一方当事人故意造成交通事故的，他方无责任。

（3）按造成事故的交通工具分类

1）机动车事故，指在事故当事方中机动车负主要以上责任的事故；但在机动车与非机动车或行人发生的事故中，机动车负同等责任的，也应视为机动车事故。

2）非机动车事故，指畜力车、三轮车、自行车等非机动车辆负主要以上责任的事故。

3）行人事故，指事故当事方中行人负主要以上责任的事故。

（4）按造成事故的原因分类

1）主观原因，指造成道路交通事故的当事人本身内在的原因，即主观故意或过失，主要包括违反规定、疏忽大意、操作技术等方面的错误行为。

2）客观原因，指由于车辆、道路、环境条件（包括气候、水文、环境等）不利因素而引发的交通事故。

二、道路客运安全事故的因素分析

导致道路客运安全事故的因素分为人员因素、车辆因素、道路因素、环境因素及管理因素。

1．人员因素

作为交通行为最主要的参与者，人员因素决定着交通事故的多少。常见的人员因素包括：第一，驾驶人的生理、心理状态与道路运输安全的要求不匹配；第二，驾驶人主观上违章行驶、违章操作、超载运输等造成事故，90%以上的交通事故是由于驾驶人的违章行为造成的；第三，对其他交通参与者的交通动态关注不及时，对道路变化、气候变化、车流变化观察不足或处理措施不当等引起交通事故的发生。

2. 车辆因素

由于车辆技术状况不良引起的道路交通事故，后果一般都比较严重。造成这类事故的原因通常是制动失效、制动不良、转向失效，也包括车辆配载过程中的超限、超载及货物固装不牢等原因。除此之外，车辆长时间运行过程中的零部件损坏或部件交合过程中的使用限度超标，同样会造成交通事故。加之车辆维修、保养不完善，车辆检验方法落后，常常造成部分失修车辆"带病"行驶，这也是车辆本身造成事故的主要原因。

通过分析重特大道路交通事故的统计数据，总结特点，由于车辆因素造成事故的原因主要包括车辆性能不佳、机件故障、制动失效和制动不良、车辆非法改装、转向失效、带病或报废车辆上路等。

3. 道路因素

不良的道路因素是引发交通事故的重要间接原因，主要包括不符合设计标准的道路因素或设计指标组合不良，缺乏道路辅助和安全设施以及道路损坏等。

4. 环境因素

不利的天气条件会降低路面的附着系数。能见度、驾驶人的视线和强烈的光刺激，都会影响驾驶人对道路路线、路面和其他交通信息的识别和观察，可能导致交通事故发生。环境因素主要包括：大雨、暴雪、冰雹、雾、强风、强侧风、沙尘、洪水、山体滑坡，等等。

5. 管理因素

道路运输安全管理涉及多个部门，工作职责分散。各部门之间缺乏统一的道路运输安全指导目标，各个环节之间的脱节增加了道路运输的安全风险。常见的管理问题有：车辆管理和驾驶人管理不严格；没有严格执行车辆检查、车牌管理、年度检查和车辆报废制度；驾驶人培训及其再教育、管理和监督不完善，执法不严格等。

三、世界各国道路交通安全管理概况

根据2018年世界卫生组织发布的《全球道路安全状况报告》：全世界约有135万人死于道路交通事故，大约5 000万人因道路交通事故致伤或致残；道路交通事故伤亡已成为全球范围内人口死亡的重要原因之一，同时也是5~29岁年龄段人群的首要死亡原因；在低收入国家，人们因道路交通事故死亡的风险高于高收入国家3倍，非洲的比率最高，每10万人中就有26.6人因道路交通事故而死亡，欧洲最低，每10万人中有9.3人。

不同国家的安全管理体制不同，法律、技术、道路交通基础等方面都存在明显的差异。下面主要介绍各国交通安全管理法规实施的概况。

（一）国外交通安全管理法规实施概况

1. 美国

1966年美国政府颁布实施《国家交通及机动车安全法》和联邦机动车安全标准，并建立了汽车产品安全召回制度，通过立法加强了道路交通安全管理工作。20世纪60年代开始，相继成立美国交通运输部、联邦公路管理局、国家公路交通安全管理局、联邦汽车运输安全管理局等管理部门。事故死亡人数从1972年的6万人降至1992年的4万人，降幅比例超过28%。伴随政府部门的建立与民间科研机构的产生，美国陆续出台了相关法律，如《综合系统地面运输效率法案》《公路安全管理规定》《机动

车安全规定》《长途公共汽车安全规定》《机动车辆安全规定》《车辆安全认证制度》等。美国政府2012年7月制定了《21世纪推进发展法案》，在保障交通安全、减少交通拥堵、维护交通基础设施、提高交通系统和货运效能等方面做了进一步的改进。综合来看，美国作为发达国家在交通安全方面做出了先行的探索与研究。1960年—2012年，美国通过应用新技术共挽救了610 501人，其中安全带挽救了329 715人，儿童安全座椅挽救了9 891人，头盔挽救了38 506人。

2. 德国

德国作为欧洲重要的交通枢纽国，道路通车总里程约65万km，路网密度达1.77km/km^2，高速公路1.3万km，居世界前列。

从第二次世界大战后到20世纪70年代，德国的道路交通事故逐年上升。1970年，德国人口4 500万，机动车保有量2 082万辆，交通事故死亡人数接近2.1万人，受伤人数57.9万人，万车死亡率高达10.28人。此后，德国政府将"减少交通事故死伤人数"作为目标，采取一系列措施，包括限制州级道路最高时速、严查酒后驾驶以及严查车辆驾驶人和乘客安全带等措施，有效降低了事故发生率和事故死亡率。

在政府管理历程上，1924年德国成立德国交通观察员协会（DVW），遍布全国的161个观察组织和6万人的兼职观察员共同参与解决交通事故问题。1925年德国成立第三方独立机构，由德国机动车监督协会（DEKRA），从事交通安全培训、开展汽车安全检测和交通事故鉴定。1969年德国联邦交通委员会（DVR）成立，整合政府机关、交通行业协会、汽车制造厂商、交通设施单位、驾校等200余家成员单位，共同研究应对交通事故频发问题的解决方案。

从驾照考试制度、违法处罚制度、运营车辆管理制度等严格的法律约束，到救援体制、安全教育、信息共享等安全措施的不断完善提高，使得德国交通事故发生率和事故死亡率得到了极大控制。据统计，2014年德国交通事故240万起，30.2万起造成了3 377人死亡、38.9万人受伤，万车死亡率为0.61人。

3. 日本

日本重视对驾驶人的保护，全国实行《道路交通法》。日本交通安全法律法规的发展经历了三个时期。

1919年—1947年，日本没有制定相应法律，更多的依据为"总统府令""厚生省令"等政府法令。1919年"机动车取缔令"对机动车车辆技术结构等做出了相关规定；1922年公示了道路警告标示等。1930年颁布了"道路条约"和"机动车条约"，对基本的交通规则，如左侧行驶和驾照制度及机动车辆分类等制度做出了相关规定。1933年实行"机动车检查证"等。

1948年—1960年，日本开始实行《道路交通取缔法》，对于信号灯颜色及意义进行了法律定义，在其中加入了针对"酒后驾驶"行为的法律定义。

1960年至今，日本开始实行《道路交通法》，替代原有的《道路交通取缔法》，加入了高速公路管理及人行横道标识含义的法律解释。1964年日本接轨国际，引入"国际驾照制度""道路优先原则""特殊车辆"等新词汇。1965年引入"安全驾驶管理者"概念。1968年引入"人行横道行人优先制度"等。

总体来说，作为发达国家的日本，依据时代环境和道路基础建设情况，针对事故出现的原因，进行了不同时期的调整，以达到减少交通安全事故的目的。

（二）我国交通安全管理法规实施概况

为了维护道路交通秩序，减少和预防交通事故，提高通行效率，2003年第十届全国人民代表大会常务委员会第五次会议通过了《中华人民共和国道路交通安全法》，并在2007年、2011年、2021年分别对其进行了修订。这是我国道路交通安全领域的重要法律。

《中华人民共和国道路运输条例》是在我国从事道路运输及相关业务经营活动必须遵守的法律，2004年4月14日国务院第48次常务会议通过，并于2012年、2016年、2019年分别进行了修订。

我国实施的交通安全标准主要包括GB 7258—2017《机动车运行安全技术条件》、GB 38900—2020《机动车安全技术检验项目和方法》、JT/T 198—2016《道路运输车辆技术等级划分和评定要求》、JT/T 325—2018《营运客车类型划分及等级评定》、JT/T 442—2014《道路运输驾驶员 适宜性检测评价方法》、GB/T 45001—2020《职业健康安全管理体系 要求及使用指南》等。

第二节 道路客运企业安全管理工作

道路客运企业安全管理工作主要针对安全生产过程中的要素进行管理，从安全生产角度出发，结合客运企业工作流程，对驾驶人及乘务员、营运客车运行、运输组织等实施全面进行安全管理。

一、道路客运企业安全生产所依据的法律法规及相关标准

道路客运企业安全生产必须遵循"安全第一，预防为主，综合管理"的原则，严格执行我国现行法律法规和技术标准，确保安全生产。

（一）安全评价所依据的主要法律、法规

1. 《中华人民共和国劳动法》

1）用人单位必须建立、健全劳动安全卫生制度，严格执行国家劳动安全卫生规程和标准，对劳动者进行劳动安全卫生教育，防止劳动过程中的事故，减少职业危害。

2）劳动安全卫生设施必须符合国家规定的标准。新建、改建、扩建工程的劳动安全卫生设施必须与主体工程同时设计、同时施工、同时投入生产和使用。

3）用人单位必须为劳动者提供符合国家规定的劳动安全卫生条件和必要的劳动防护用品，对从事有职业危害作业的劳动者应当定期进行健康检查。

4）从事特种作业的劳动者必须经过专门培训并取得特种作业资格。

5）劳动者在劳动过程中必须严格遵守安全操作规程。劳动者对用人单位管理人员违章指挥、强令冒险作业，有权拒绝执行；对危害生命安全和身体健康的行为，有权提出批评、检举和控告。

6）国家建立伤亡事故和职业病统计报告和处理制度。县级以上各级人民政府劳动行政部门、有关部门和用人单位应当依法对劳动者在劳动过程中发生的伤亡事故和劳动者的职业病状况，进行统计、报告和处理。

2. 《中华人民共和国道路交通安全法》

该法律规定了对车辆和驾驶人的要求、道路通行条件、道路通行规定、交通事故处理等，以维护道路安全秩序、预防和减少交通事故。

3. 《中华人民共和国道路运输条例》

该条例是我国道路运输领域中非常重要的行政法规，"保障道路运输安全"是总则第一条的主

要内容,对道路运输及相关业务经营做出了明确规定。

(二)安全评价所依据的主要技术标准

(1) GB 7258—2017《机动车运行安全技术条件》 该标准规定了机动车的整车及主要总成、安全防护装置等有关运行安全的基本技术要求,以及消防车、救护车、工程救险车、警车及残疾人专用汽车的附加要求。

(2) GB 38900—2020《机动车安全技术检验项目和方法》 该标准规定了机动车安全技术检验的检验项目、检验方法、检验要求,以及检验结果判定、处置和资料存档。

(3) JT/T 198—2016《道路运输车辆技术等级划分和评定要求》 该标准规定了道路运输车辆的技术等级划分、评定项目、评定要求以及评定规则。

(4) JT/T 325—2018《营运客车类型划分及等级评定》 该标准规定了营运客车的类型和等级划分,以及等级评定的内容、规则和要求。

(5) JT/T 442—2014《道路运输驾驶员 适宜性检测评价方法》 该标准规定了道路运输驾驶员适宜性检测项目与方法、检测环境要求以及评价指标。

(6) GB/T 45001—2020《职业健康安全管理体系 要求及使用指南》 该标准规定了职业健康安全管理体系的要求并给出了其使用指南,以使组织能够通过防止与工作相关的伤害和健康损害,以及主动改进其职业健康安全绩效来提供安全和健康的工作场所。

(7) GB/T 35658—2017《道路运输车辆卫星定位系统平台技术要求》 该标准规定了道路运输车辆卫星定位系统的体系结构,以及道路运输车辆卫星定位系统中政府监管平台和企业监控平台的功能要求、平台性能和技术要求。

(8) JT/T 794—2019《道路运输车辆卫星定位系统车载终端技术要求》 该标准规定了道路运输车辆卫星定位系统车载终端的一般要求,功能、性能和安装要求,以及检验规则。道路运输车辆卫星定位系统中安装在车辆上的车载终端设备应符合该标准的要求。

二、客运企业安全生产基础保障

1)客运企业及分支机构应当依法设置安全生产领导机构。安全生产领导机构应当包括企业主要负责人,运输经营、安全管理、车辆技术管理、从业人员管理、动态监控等业务负责人及分支机构的主要负责人。

2) 20辆(含)以上客运车辆的客运企业应当设置安全生产管理机构,配备专职安全管理人员,并提供必要的工作条件。拥有20辆以下客运车辆的客运企业应当配备专职安全管理人员,并提供必要的工作条件。

专职安全管理人员配备数量原则上按照以下标准确定:对于300辆(含)以下客运车辆的,按照每30辆车1人的标准配备,最低不少于1人;对于300辆以上客运车辆的,按照每增加100辆增加1人的标准配备。

3)客运企业应当对从业人员进行安全生产教育培训,未经安全生产教育培训合格的从业人员,不得上岗作业。从业人员的安全生产教育培训应当以客运企业自主培训为主,也可委托、聘请具备对外开展安全生产教育培训业务的机构或其他客运企业进行安全生产教育培训。客运企业主要负责人和安全管理人员初次安全生产教育培训时间不得少于24学时,每年再培训时间不少于12学时。

4）客运企业应当定期召开安全生产工作会议和安全例会。安全生产工作会议至少每季度召开1次，研究解决安全生产中的重大问题，安排部署阶段性安全生产工作。安全例会至少每月召开1次，通报和布置落实各项安全生产工作。拥有20辆（含）以下客运车辆的客运企业，其安全生产工作会议可与安全例会一并召开。

客运企业安全生产基础保障

客运企业发生造成人员死亡、3人（含）以上重伤、恶劣社会影响的生产安全事故后，应当及时召开安全生产工作会议或安全例会进行分析和通报。

安全生产工作会议和安全例会应当有会议记录，会议记录应建档保存，保存期不少于36个月。

5）建立健全全员安全责任制，将本企业的安全生产责任分解到各部门、各岗位，明确责任人员、责任内容和考核标准。客运企业应当与各分支机构层层签订安全生产目标责任书，制定明确的考核指标，定期考核并公布考核结果及奖惩情况。

客运企业应当实行安全生产一岗双责制。"一岗"是指企业员工的工作；"双责"是指员工既要履行岗位业务工作职责，又要履行安全生产工作职责。在真实营运中，客运企业的法定代表人和实际控制人为安全生产的第一责任人，负有安全生产的全面责任；分管安全生产的负责人协助主要负责人履行安全生产职责，对安全生产工作负责组织实施、综合管理及监督；其他负责人对各自职责范围内的安全生产工作负直接管理责任。企业党委、工会、各职能部门、各岗位人员在职责范围内承担相应的安全生产职责。

三、驾驶人及乘务员的安全管理

人是影响道路运输安全的主要因素，直接参与道路客运安全生产的员工是驾驶人和乘务员。影响驾乘人员的安全因素分析如下：

驾驶适合性由驾驶人的先天品质和后天技能组成，两者相对稳定且相辅相成。实际上，驾驶人的技术水平受驾驶人的先天品质，即心理和生理状态影响。在事故研究中，除了驾驶人的操作技能等因素外，还应考虑驾驶人的身心因素。据统计，由于驾驶人的生理和心理因素造成的事故比例约为35%。测试驾驶人的生理和心理状况，并在征募前做出对驾驶人的适合性判断，以防止具有"意外倾向"的驾驶人进入有执照的驾驶人队伍，可以有效提高驾驶人队伍的素质，达到预防事故的目的。

道路交通事故的发生也与驾驶人的年龄和驾驶年龄（简称驾龄）密切相关。青年驾驶人在生理和心理上还不成熟，驾驶技能也不成熟，遇到危险情况处理能力不足，易发生交通事故。45岁以上的驾驶人驾驶经验丰富，但生理机能随着年龄增长下降，如视力、听力、注意力、反应力等下降，也易发生交通事故。据有关资料统计，3年以下驾龄的驾驶人容易发生交通事故。

由于我国的道路交通主要是混合交通，因此交通环境更加复杂，需要更高的驾驶技能和经验。低驾龄的驾驶人容易因驾驶技能不熟练以及心理不成熟而发生交通意外。因此，客运企业的日常安全通报和监控应重点关注此类问题。

此外，驾驶人的受教育程度也是交通事故中的影响因素。教育与人们处理和解决问题的能力有关。教育程度在驾驶人良好的职业道德和对相关法律法规的掌握中起着微妙的作用。

乘务员在旅客运输过程中向旅客讲解交通安全常识，并在发生危险时引导旅客使用车载安全设备和车辆安全应急装置，这对运输安全也起着至关重要的作用。

综上所述，企业在驾驶人和乘务员管理方面应做好以下工作：驾驶人招聘、驾驶人岗前培训与教育培训、建立健全驾驶人管理制度、驾驶人从业安全保障、乘务员岗前培训。

（一）驾驶人招聘

客运企业在驾驶人招聘时，应做好驾驶人的从业资格和从业经历审查、驾驶适合性检测等工作，保证驾驶人从业基本素质。

客运企业应当依法建立客运驾驶人聘用制度，统一录用程序和录用条件，严格审核客运驾驶人从业资格条件、安全行车经历及职业健康检查结果，对其实际驾驶技能进行测试。

驾驶人存在下列情况之一的，客运企业不得聘用其驾驶客运车辆：

1）无有效的、适用的机动车驾驶证和从业资格证件，以及诚信考核不合格或被列入黑名单的。

2）36个月内发生道路交通事故致人死亡且负同等以上责任的。

3）最近3个完整记分周期内有1个记分周期交通违法记满12分的。

4）36个月内有酒后驾驶、超员20%以上、超速50%（高速公路超速20%）以上，或者12个月内有3次以上超速违法记录的。

5）有吸食、注射毒品行为记录，或者长期服用依赖性精神药品成瘾尚未戒除的，以及发现其他职业禁忌的。

（二）驾驶人岗前培训与教育培训

1）新聘驾驶人的岗前培训内容包括道路交通和安全生产法律法规、安全驾驶知识、职业道德、道德规范、紧急情况处理、职业病预防以及企业安全运营管理知识。对新聘驾驶人进行定期教育和培训，加强其职业道德和责任感，增加其安全知识，使其了解企业的各项规章制度，以求减少事故的发生，提高企业的安全水平。客运驾驶人岗前培训不少于24学时，并应在此基础上实际跟车实习，提前熟悉客运车辆性能和客运线路情况。

2）客运企业应当建立客运驾驶人安全教育培训制度。对客运驾驶人进行统一培训。安全教育培训应当每月不少于1次，每次不少于2学时。安全教育培训内容应当包括法律法规、典型交通事故案例、技能训练、安全驾驶经验交流、突发事件应急处置训练等。

3）客运企业应当组织和督促本企业的客运驾驶人参加继续教育，保证客运驾驶人参加教育培训的时间，提供必要的学习条件。客运企业可依托互联网技术积极创新、改进安全培训教育手段，丰富培训方式。

4）客运企业应在客运驾驶人接受安全教育培训后，对客运驾驶员教育培训的效果进行统一考核。客运驾驶人安全教育培训考核的有关资料要纳入客运驾驶人教育培训档案。客运驾驶人教育培训档案的内容应包括培训内容、培训时间、培训地点、授课人、参加培训人员签名、考核人员和安全管理人员签名、培训考试情况等。档案保存期限不少于36个月。

（三）建立健全驾驶人管理制度

1）客运企业应当建立客运驾驶人从业行为定期考核制度。考核内容主要包括客运驾驶人违法违规情况、交通事故情况、道路运输车辆动态监控平台和视频监控系统发现的违规驾驶情况、服务质量、安全运营情况、安全操作规程执行情况以及参加教育培训情况等。考核周期应不大于3个月。客运驾驶人从业行为定期考核结果应与客运企业安全生产奖惩制度挂钩。

2）客运企业应当建立客运驾驶人信息档案管理制度。客运驾驶人信息档案实行一人一档，及时更新。客运驾驶人信息档案应当包括客运驾驶人基本信息、体检表、安全驾驶信息、交通事故信息、交通违法信息、内部奖惩、诚信考核信息等内容。

3）驾驶人从业行为定期考核与调离和辞退。客运企业定期对驾驶人进行交通违法行为和责任、道路交通事故情况、安全操作条件、执行安全操作程序等方面的培训，对驾驶人心理和身体健康进行定期评估，并将其与奖励和惩罚联系起来。对不适应驾驶人工作的人员，应做好转移和解雇工作，以确保驾驶人队伍的素质，增强驾驶人学习和工作的动力。

（四）驾驶人从业安全保障

客运企业应当关心客运驾驶人的身心健康，每年组织客运驾驶人体检，对身体条件不适宜继续从事驾驶工作的客运驾驶人，应及时调离驾驶岗位。

客运企业应当建立防止客运驾驶人疲劳驾驶制度，为客运驾驶人创造良好的工作环境，合理安排运输任务，保障客运驾驶人落地休息，防止客运驾驶人疲劳驾驶。

（五）乘务员岗前培训

乘务员上岗之前应经过培训，掌握安全告知、违禁物品检查和安全应急等相关技能。

四、车辆运行安全管理

车辆是道路客运的直接载体。无论是车辆本身的质量问题还是突发的技术状况，都容易造成交通事故。车辆直接造成的交通事故不多，通常交通事故是由不完全和不及时的车辆维护引起的，这导致车辆在驾驶过程中发生机械故障。影响机动车安全性能的因素主要包括转向系统、制动系统、驱动系统和电气系统。

车辆的技术状况直接影响道路客运的安全，不良的车辆状况很可能造成重大恶性事故。车辆的良好技术条件是指车辆的良好性能，包括制动性能、操纵稳定性、舒适性和安全性。车辆技术管理是对运输车辆的选择和匹配，正确使用、定期测试、适当修理，进行合理更改，及时更新最后报废的全过程的综合管理。因此，客运企业应加强车辆技术管理，对整车的选择、维护、测试、更新和报废进行全过程管理，以便为道路旅客提供高效、安全的运输。

（一）客运企业应当建立客运车辆管理制度

1. 建立客运车辆选用管理制度

客运企业应当按照相关法规和标准要求，统一选型、统一车身标识、统一购置符合道路旅客运输技术要求的车辆从事运营。鼓励客运企业选用安全、节能、环保型客车。

客运企业不得使用已达到报废标准、检测不合格、非法拼（改）装等不符合运行安全技术条件的客车以及其他不符合国家规定的车辆从事道路旅客运输经营。

2. 设置车辆技术管理机构

拥有20辆（含）以上客运车辆的客运企业应当设置车辆技术管理机构，配备专业车辆技术管理人员，提供必要的工作条件。拥有20辆以下客运车辆的客运企业应当配备专业车辆技术管理人员，提供必要的工作条件。专业车辆技术管理人员原则上按照每50辆车1人的标准配备，最低不少于1人。

3. 建立客运车辆技术档案管理制度

客运企业应当建立客运车辆技术档案管理制度。按照规定建立客运车辆技术档案，实行一车一档，实现车辆从购置到退出运输市场的全过程管理。

客运车辆技术档案应当包括车辆基本信息、车辆技术等级评定、车辆类型等级评定或者年度类型等级评定复核、车辆维护和修理（含"机动车维修竣工出厂合格证"）、车辆主要零部件更换、车辆变更、行驶里程、对车辆造成损伤的交通事故等。客运企业应当逐步建立客运车辆技术信息化管理系统，完善客运车辆的技术管理。

4. 建立客运车辆维护制度

客运企业应当依据国家有关标准和车辆维修手册、使用说明书等，结合车辆运行状况、行驶里程、道路条件、使用年限等因素，科学合理制订客运车辆维护计划，保证客运车辆按照有关规定、技术规范以及企业的相关规定进行维护。

客运车辆日常维护由客运驾驶人实施，一级维护和二级维护由客运企业按照相关规定组织实施，并做好记录。

5. 建立客运车辆技术状况检查制度

客运企业应当配合客运站做好车辆安全例检，对未按规定进行安全例检或安全例检不合格的车辆不得安排运输任务。

对于不在客运站进行安全例检的客运车辆，客运企业应当安排专业技术人员在每日出车前或收车后按照相关规定对客运车辆的技术状况进行检查。对于一个趟次超过1日的运输任务，途中的车辆技术状况检查由客运驾驶人具体实施。

客运企业应主动排查并及时消除车辆安全隐患，每月检查车内安全带、应急锤、灭火器、三角警告牌，以及应急门、应急窗、安全顶窗的开启装置等是否齐全、有效，安全出口通道是否畅通，确保客运车辆应急装置和安全设施处于良好的技术状况。

客运企业配备新能源车辆的，应该根据新能源车辆种类、特点等，建立专门的检查制度，确保车辆技术状况良好。

客运企业不得要求客运驾驶人驾驶技术状况不良的客运车辆从事运输作业。发现客运驾驶人驾驶技术状况不良的客运车辆时，应及时采取措施纠正。

6. 建立车辆安全技术状况检测和年度审验、检验制度

客运企业应当按照有关规定，建立车辆安全技术状况检测和年度审验、检验制度。严格执行道路运输车辆安全技术状况检验、综合性能检测和技术等级评定制度，确保车辆符合安全技术条件。逾期未年审、年检或年审、年检不合格的车辆禁止从事道路旅客运输经营。

7. 建立客运车辆改型和报废管理制度

客运车辆改型与报废应当严格执行国家有关规定。达到国家报废标准或者检测不符合国家强制性要求的客运车辆，不得继续从事客运经营。客运企业应当按规定将报废车辆交售给机动车回收企业，并及时办理车辆注销登记。车辆报废相关材料应至少保存24个月。

8. 加强对停放客运车辆的安全管理

客运企业应当加强对停放客运车辆的安全管理，明确停放客运车辆的安全管理责任人。客运企业原则上应自备或租用停车场所，对停放客运车辆进行统一管理。

（二）企业在营运车辆技术管理方面应做好的工作

1. 保证营运客车技术状况良好

营运客车的技术状况应满足GB 7258—2017、GB 18565—2016的要求，满足运营线路对车辆类型和技术等级的要求。营运客车的类型等级应符合JT/T 325—2018的要求，技术等级应符合JT/T 198—2016的要求。从事旅游的包车、三类以上班线客车应安装符合JT/T 794—2019的卫星定位装置；从事

长途接驳运输的营运客车应安装车载视频监控装置，并在客车内前挡风玻璃右侧粘贴"长途客运接驳运输车辆"标识。

2．车辆采购

在采购车辆时，客运企业采用车辆完好率、车辆操控性能、车辆抛锚频率、车辆小修频率、维修便利性、维修费用、燃料消耗等指标对营运客车供应商进行供方评价。

3．车辆维护和检测

车辆保养是确保车辆良好技术条件的必要途径。日常维护可以有效地发现并消除隐患，避免发生意外。因此，有必要定期进行例行维护工作，并定期进行二次维护，以检测和验证运行中的客运车辆的安全技术状况，同时也要进行综合性能测试和技术水平评估。

4．车辆技术改造和报废

企业车辆的技术改造应当符合国家有关规定，客运企业应当对车辆改造的技术条件进行检验。报废的车辆应及时移交给回收企业处置。及时、妥当的车辆技术改造和报废可以确保企业车辆的总体技术状况良好。

5．车辆作业管理

针对车辆位置及车辆运行状况，在非作业状态下，应该确保营运车辆受到统一的停车管理，以有效防止盗窃和人身伤害。在作业过程中，应保持动态监控，全方位管理营运车辆作业过程。可采用卫星定位技术，配合各级交通主管部门安装动态监控系统，加强重点车辆监控。

（三）企业在营运车辆动态监控方面应该做好的工作

1．营运客车动态监控系统的建设

为旅游包车、三类以上班线客车安装满足JT/T 794—2019《道路运输车辆卫星定位系统　车载终端技术要求》要求的卫星定位装置，长途接驳运输客车还应安装视频监控装置，企业的动态监控系统应接入全国重点营运车辆联网联控系统。

2．营运客车动态监控系统维护

定期检查和维护运行中车辆的动态监控系统，以确保车辆定位、通信、音视频信息采集、通话、报警、车辆信息查询和统计分析、监控信息查询以及轨迹回放等功能正常。

3．对违规行为的处理

车辆的实时动态监控由专人负责。为了提高作业车辆动态监控的有效性，确保动态监控设备的安全和监控工作的顺利进行，在监控过程中应对违规和损坏监控设备的行为进行处罚和教育。

（四）联网联控系统对道路旅客运输安全的作用

1）联网联控系统实现了关键操作车辆的区域信息交换和数据共享，实现了跨区域联合监管。作为一个完全开放的系统，它还建立了数据交换通道，并实现了同一地区不同管理部门之间的信息交流，为多部门协同办公和应急联动的应用奠定了基础。

2）联网联控系统实现动态静态信息相结合。通过联网联控系统，相关方可以掌握车辆实时信息，了解车辆实时动态和运行情况。

五、运输组织安全管理

（一）运营线路

客运企业在申请线路经营时应当进行实际线路考察，按照许可的要求投放客运车辆。客运企业应当建立每一条客运线路的交通状况、限速情况、气候条件、沿线安全隐患路段情况等信息台账，定期更新信息台账，并提供给客运驾驶人。

（二）运输计划

（1）客运企业在制订运输计划时应当严格遵守通行道路的限速要求，以及客运车辆（9座以上）夜间（22时至次日6时，下同）行驶速度不得超过日间限速80%的要求，不得制订导致客运驾驶人按计划完成运输任务将违反通行道路限速要求的运输计划。

客运企业不得要求客运驾驶人超速驾驶客运车辆。客运企业应主动查处客运驾驶人超速驾驶客运车辆的行为，发现客运驾驶人超速驾驶客运车辆时，客运企业应及时采取措施纠正。

（2）客运企业在制订运输计划时应当严格遵守客运驾驶人驾驶时间和休息时间等规定：

1）日间连续驾驶时间不得超过4h，夜间连续驾驶时间不得超过2h，每次停车休息时间应不少于20min。

2）在24h内累计驾驶时间不得超过8h。

3）任意连续7日内累计驾驶时间不得超过44h，其间有效落地休息。

4）禁止在夜间驾驶客运车辆通行达不到安全通行条件的三级及以下山区公路。

5）长途客运车辆凌晨2时至5时停止运行或实行接驳运输；从事线路固定的机场、高铁快线以及短途驳载且单程运营里程在100km以内的客运车辆，在确保安全的前提下，不受凌晨2时至5时的通行限制。

客运企业不得要求客运驾驶人违反驾驶时间和休息时间等规定驾驶客运车辆。客运企业应主动查处客运驾驶人违反驾驶时间和休息时间等规定的行为，发现客运驾驶人违反驾驶时间和休息时间等规定驾驶客运车辆时，应及时采取措施纠正。

（三）运输规定

1. 客运企业应当严格遵守长途客运驾驶人配备要求

1）单程运行里程超过400km（高速公路直达客运超过600km）的客运车辆应当配备2名及以上客运驾驶人。

2）实行接驳运输的，且接驳距离小于400km（高速公路直达客运小于600km）的，客运车辆运行过程中可只配备1名驾驶人，接驳点待换驾驶人视同出站随车驾驶人。

2. 客运企业应当规范运输经营行为

班线客车应当严格按照许可的或经备案的线路、班次、站点运行，在规定的停靠站点上下旅客，不得随意站外上客或揽客。对于成立线路公司的道路客运班线或者实行区域经营的客运企业，在确保运输安全的前提下，可自主确定道路客运班线途经站点，报原许可部门备案，并提前向社会公布，方便旅客上下车。

客运车辆不得超过核定的载客人数，但按照规定免票的儿童除外，在载客人数已满的情况下，按照规定免票的儿童不得超过核定载客人数的10%。

客运车辆不得违反规定载货，行李堆放区和旅客区要隔离，不得在行李堆放区内载客，客运班车行李舱载货应当执行《客运班车行李舱载货运输规范》（JT/T 1135—2017）。

客运包车应当凭包车客运标志牌，按照约定的时间、起始地、目的地和线路，持包车票或包车合同运行，不得承运包车合同约定之外的旅客。客运驾驶人应当提前了解和熟悉客运包车路线和路况，谨慎驾驶。

3. 客运企业应当建立包车客运标志牌统一管理制度

从事包车客运的客运企业应当建立包车客运标志牌统一管理制度。客运企业应当按规定对从事包车业务的客运车辆和客运驾驶人通过包车客运信息管理系统进行审核。审核通过后,客运企业方可打印包车客运标志牌并加盖公章,开展相关包车客运业务。客运企业应当指定专人签发包车客运标志牌,领用人应当签字登记,结束运输任务后及时交回客运标志牌。客运企业不得发放空白包车客运标志牌。

定线通勤包车可根据合同进行定期审核,使用定期(月、季、年)包车客运标志牌,最长不得超过12个月。

4. 客运企业应当建立客运驾驶人行车日志制度

从事省际、市际班线客运和包车客运的客运企业应当建立客运驾驶人行车日志制度。客运企业应当督促客运驾驶人如实填写行车日志,行车日志信息应当包含：驾驶人姓名,车辆牌照号,起讫地点及中途站点,车辆技术状况检查情况(车辆故障等),客运驾驶人停车休息情况,行车安全事故,等等。行车日志保存期限不少于6个月。

客运企业安全管理人员应当对客运驾驶人每趟次填写的行车日志进行审核、检查,发现问题及时纠正。

5. 客运企业应当遵守农村客运班线的相关规定

客运企业开通农村客运班线,应当符合《道路旅客运输及客运站管理规定》的条件,并通过相关部门联合开展的农村客运班线通行条件审核,确保农村客运班线途经公路的技术条件和安全设施、车辆技术要求和运行限速等相匹配。

六、新技术安全管理

1. 配备具有行驶记录功能的卫星定位装置

客运企业应当按照相关规定为其客运车辆安装符合标准的卫星定位装置,并有效接入符合标准的道路运输车辆动态监控平台及全国重点营运车辆联网联控系统。

客运企业应当确保卫星定位装置正常使用,定期检查并及时排除卫星定位装置存在的故障,保持车辆运行时在线。卫星定位装置出现故障、不能保持在线的客运车辆,客运企业不得安排其承担道路旅客运输经营任务。

客运企业应当依法对恶意人为干扰、屏蔽卫星定位装置信号、破坏卫星定位装置、篡改卫星定位装置数据的人员给予处理,情节严重的应当调离相应岗位。

2. 配备专职道路运输车辆动态监控人员,建立动态监控人员管理制度

专职动态监控人员配置原则上按照监控平台每接入100辆车1人的标准配备,最低不少于2人。监控人员应当掌握国家相关法规和政策,熟悉动态监控系统的使用和动态监控数据的统计分析,经企业或者委托具备培训能力的机构的培训、考试,合格后上岗。

客运企业应当依法对不严格监控车辆行驶状况的动态监控人员给予处理,情节严重的应当调离相应工作岗位。

3. 建立客运车辆动态信息处理制度

客运企业应当在客运车辆运行期间对客运车辆和驾驶人进行实时监控和管理。动态监控人员

应当：实时分析、处理车辆行驶动态信息，及时提醒客运驾驶人纠正超速行驶、疲劳驾驶等违法行为，并记录存档至动态监控台账；对经提醒仍然继续违法驾驶的客运驾驶人，应当及时向企业安全生产管理机构报告，企业安全生产管理机构应当立即采取措施制止。对拒不执行制止措施仍然继续违法驾驶的，企业应当及时报告公安机关交通管理部门，并在事后解聘客运驾驶人。

4. 建立客运车辆动态信息统计分析制度

客运企业应当定期对道路运输车辆动态监控数据质量问题、驾驶人违法违规驾驶行为进行汇总分析，及时采取措施处理。

对存在交通违法、违规信息的客运驾驶人，客运企业应当在事后及时给予处理，应当将多次存在违法、违规行为的驾驶人作为监控和安全培训教育的重点对象。客运车辆动态监控数据应当至少保存6个月，违法驾驶信息及处理情况数据应当至少保存36个月。

鼓励客运企业利用道路运输车辆动态监控系统，对客运驾驶人安全行驶里程进行统计分析，开展安全行车竞赛活动。

七、客运企业安全管理

客运企业的安全管理实际上是通过事前控制、事中控制和事后控制进行的。对影响旅客运输安全的因素进行科学合理的干预，可以达到减少或消除事故的目的。客运企业常见安全措施见表8-1。

表8-1　客运企业常见安全措施

安全管理方式	安全管理措施	安全管理措施具体内容	控制类型
约束机制	规章制度	车辆维护手册	事前控制
		安全操作手册	事前控制
		车辆例行检查	事前控制
		其他有关规定	事前控制
	绩效考核体系	公司奖惩制度与规定	事后控制
安全监控设备	GPS监控设备	实时监控车辆行驶情况	事中控制
	汽车行驶记录仪	监控驾驶行为	事中控制
执法检查	交管部门现场处罚	信息汇总	事后控制
	自建检查站点	巡检、抽检	事中控制
	非现场处罚	信息汇总	事后控制

（一）常见安全管理模型

首先，从源头管理（车辆定期安全检测、道路勘查、资料收集等），采取事前控制，从而达到优化运输条件的目的；其次，采取对驾驶人违章状况提示、危险监控和检测等事中控制；最后，采取紧急救援、迅速恢复安全状态等事后控制。在相关过程内进行方案制订与改进，以完善管理模式。通过这一系列控制过程与措施，真正实现将事前、事中和事后控制有机结合，不断优化、改进客运安全管理体系。

安全管理模型如图8-1所示。

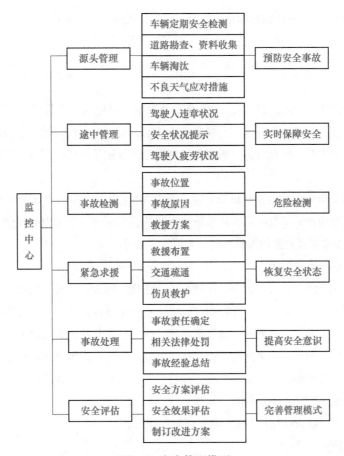

图8-1 安全管理模型

（二）客运企业安全管理内容

1）客运企业应当根据岗位特点，分类制定安全生产操作规程，推行安全生产标准化作业。

2）制定客运驾驶人行车操作规程。操作规程的内容应当包括：出车前、行车中、收车后的车辆技术状况检查，开车前对旅客的安全告知，高速公路及特殊路段行车注意事项，恶劣天气下的行车注意事项，夜间行车注意事项，应急驾驶操作程序，进出客运站注意事项，等等。

3）制定客运车辆日常检查和日常维护操作规程。操作规程的内容应当包括：轮胎、制动装置、转向装置、悬架、灯光与信号装置、卫星定位装置、视频监控装置、应急设施及装置等安全部件检查要求和检查程序，不合格车辆返修及复检程序，等等。

4）制定车辆动态监控操作规程。操作规程的内容应当包括：卫星定位装置、视频监控装置、动态监控平台设备的检修和维护要求，动态监控信息采集、分析、处理规范和流程，违法违规信息统计、报送及处理要求及程序，动态监控信息保存要求和程序，等等。

5）配备乘务员的，应当建立乘务员安全操作规程。操作规程的内容应当包括：乘务员值乘工作规范，值乘途中安全检查要求，车辆行驶中相关信息报送，等等。

6）客运企业应当建立安全生产基础档案制度，明确安全生产管理资料的归档、查阅流程。

7）建立生产安全事故应急处置制度。发生生产安全事故后，客运企业应当立即采取有效措施，组织抢救，防止事故扩大，减少人员伤亡和财产损失。客运企业应当定期统计和分析生产安全事故，总结事故特点和原因，提出针对性的事故预防措施。

8）建立生产安全事故责任倒查制度。按照"事故原因未查清不放过、责任人员未处理不放过、整改措施未落实不放过、有关人员未受到教育不放过"的原则，严肃查处事故，追究相关责任人。

9）客运企业应当建立应急救援制度。健全应急救援组织体系，制定并完善应急救援预案，开展应急救援演练。

10）建立安全生产宣传和教育制度。普及安全知识，强化从业人员安全生产操作技能，提高从业人员安全生产能力。客运企业应当配备和完善用于开展安全宣传、教育活动的设施和设备，定期更新宣传、教育的内容。安全宣传、教育与培训应当予以记录并建档保存，保存期限应当不少于36个月。

11）建立健全安全生产社会监督机制。客运企业应当在车内明显位置清晰地标示客运车辆车牌号码、核定载客人数和投诉举报电话，从事班车客运的客车还应当在车内明显位置标示客运车辆行驶区间和线路、经批准或经备案的停靠站点，方便旅客监督。

（三）隐患排查及事故处置

安全隐患是指生产经营单位违反安全生产法律、法规、规章、标准、规程、安全生产制度的规定，或者其他因素在生产经营活动中存在的可能导致不安全事件的隐患。重大事故隐患是指可能导致重大人身伤亡或者重大经济损失的事故隐患。事故的发生是量的积累的结果。由于隐患具有隐蔽性、危险性、突发性、因果性、关联性、重复性、实效性等特点，因此客运企业应建立安全隐患调查管理制度，做好对各种隐患的调查、管理、分析和统计工作。面对紧急情况，客运企业应采取针对性的紧急措施，并倒查安全责任事故。

因此，客运企业在隐患排查及事故处理方面应做好以下工作。

1. 安全隐患排查与治理

客运企业应制定筛选和分级潜在安全隐患和风险来源的方法。对安全生产的所有要素和环节进行安全危害筛选，并评估、分级和记录已识别的安全危害。在假期等事故高发期，进行特别检查和隐患调查，以确保运输安全。客运企业面对一般安全隐患，应立即处理；面对重大安全隐患，应立即处理并且上报给有关部门，并应采取相关控制措施。

2. 安全生产事故应急处置与责任倒查

客运企业建立专门的安全生产事故应急处置机构，制定安全生产综合应急预案，针对重大道路交通事故、火灾、严重车辆故障、恶劣气象条件、特殊时段大量旅客疏散等突发事件，制定专项应急预案，及时落实应急响应、现场处置、救援、报告、信息发布、善后处置等工作机制，落实消防、医疗、通信、交通等应急装备和物资储备。客运企业应查明安全生产事故经过和原因，对事故责任人按规定进行处理。

第三节　道路客运企业安全生产标准化建设

安全生产标准化是道路客运企业应对系统性风险、提升生产安全水平的重要手段。它是一项系统工作，是指通过建立安全生产责任制，制定安全管理制度和操作规程，排查治理隐患和监控重大危险源，建立预防机制，规范生产行为，使各生产环节符合有关安全生产法律法规和标准规范的要求，人、机、物、环处于良好的生产状态，并持续改进，不断提升道路客运企业安全生产规范化建设工作。

一、道路客运企业安全生产标准化建设的基本要求

1. 明确目标，整合企业资源

道路客运企业为了做好安全生产标准化体系的建立，必须执行以下几点：第一，确定安全运输的目标和安全运行管理的概念；第二，整合企业资源，以最低的成本和最高的效率开展安全生产工作；第三，改变传统的安全生产管理观念，将安全提高到战略水平。

为了实现发展，任何企业都必须制定安全管理目标。任何会对社会产生不利影响的交通事故都可能影响道路客运企业的命运，因此，交通安全标准化应成为道路客运企业发展的长远目标。本质上，安全管理目标也是道路客运企业长期生存的最高准则。

道路客运企业安全生产标准化建设要重点调查整个运输项目中的不安全因素，并通过因素评估消除不安全因素。它以控制不安全因素和防止事故的发生为思路，真正体现了安全、效益、效率和企业形象的结合，并与道路客运企业管理的其他方面有效结合，使组织战略得以逐步定位和实现。道路客运企业将相互协调作为工作原则，通过整合各部门的职能和定位，制定安全管理的方向和指标。

2. 科学管理，全程沟通

安全生产标准化的科学性的表现形式为：通过形成一个有效的沟通环境，使得沟通可以贯穿于整个安全生产标准化系统之中，使得问题能够有序得到解答。这种机制可以及时有效地传递信息，可以有效地执行法律法规、发布信息以及合理管理。在实际的运输过程中，事故风险率已大大降低。在安全生产标准化中有效利用沟通可以增强相关人员的积极性，相关人员可以积极参与管理并发表意见。

3. 科学评价，发挥相关人员潜能

建立标准化的安全生产评价体系可以帮助人们及时发现问题，并合理地解决问题。它还可以帮助人们摆脱传统的管理模式，改进管理方法，并控制风险因素。这样既可以保证客运企业驾驶人的安全，又可以提高驾驶人的工作积极性，更好地发挥驾驶人的潜力，使各项工作有条不紊地进行。

4. 全员参与，提升安全目标

客运企业安全生产标准化的建立不依赖于单独的员工或部门，而是需要所有部门的全面参与。通过在整个企业范围内不断学习，提高安全标准人员的素质，从而提高安全性能。只有全体成员共同努力，不断改进安全生产的各个方面，不断优化标准，制定计划并实施，才能做好安全生产标准化工作，从而实现安全生产目标。

二、道路客运企业安全生产标准化建设的影响因素分析

（一）人员因素

人员因素是道路运输系统中最关键的部分。道路运输系统中的许多任务不能与人员（尤其是驾驶人）的操作分开。驾驶人的行为直接影响运输安全的结果。许多道路运输事故都是由驾驶人的过失引起的。据统计，人为因素造成的交通事故的比例高达90%以上。除了在道路运输系统中非常重要的驾驶人外，旅客、行人、客运企业工作人员和行业监管人员，作为运输系统中的参与者，也是重要的人员组成部分。人员的缺陷大致可以分为三个方面：违法行为，职业素养不足，生理和心理原因。违法行为主要是指各个岗位的人员没有按照工作要求或自己的岗位职责进行相关操作，例如驾驶人疲劳驾驶、超载、不按规定上下车，行人不遵守交通规则，旅客不遵循安全检查，客运企业工作人员未按照相关规定执行车辆维护、安全检查，行业监督人员未按照规定进行监督检查，等等。职业素养不足意味着人员对自己的职位没有足够的了解，他们的技能不达标，从而导致应急能力不

足或易于发生操作失误。生理和心理原因是指人员的个性、情绪、安全感、责任感等方面存在问题，其对人员的行为产生巨大影响，是人员因素中不可忽视的一部分。

（二）设施设备因素

设施设备包括车辆、安全检查设备、安全防护设备、消防设备、其他设备五类。其中，车辆是道路运输的载运工具，是最为关键也是最容易引发运输突发事件的设备，是设施设备的主体。在基于车辆损坏的紧急情况中，大多数事故的直接原因是车辆的转向系统、制动系统、驱动系统、电气系统的故障以及故障所导致的车辆性能不足。其他四类设施设备因素往往起着安全保障或者安全生产检查的作用，若出现数量不足、无法正常工作、没有定期更换等问题，则会导致安全检查工作无法开展，出现异常情况无法立即应对，增加事故隐患。

（三）环境因素

环境因素包括交通环境、自然环境和社会环境。交通环境是指道路交通活动所处的交通条件，包括交通流量和交通管制情况。交通流量对运输车辆的影响较大，特别是在交通量大、交通秩序差的交通流量中，道路运输车辆容易与其他小型车辆发生划伤和碰撞。自然环境包括道路几何形状、路面平整度、安全保护设施、交通标志、照明设施等道路条件，以及道路通过区域的地质状况和气候状况，直接影响车辆的行驶安全。社会环境主要是指道路运输系统所处的人类环境，包括社会、道路运输行业和道路运输企业的安全生产氛围。它们对紧急情况的影响是间接的，通过影响道路运输系统中人员的安全意识和责任感等而间接影响紧急突发事件的产生。

（四）管理因素

从事故因果理论角度看，管理因素是所有因素的核心，会不同程度地影响其他三个因素。管理因素包括交通管理、道路养护与管理、行业安全生产监管和企业安全生产管理。

三、道路客运企业安全生产标准化体系构建

（一）道路客运企业安全生产标准化系统设置的基本原则

1．科学性

客运企业安全生产标准化管理系统各项参数的确定必须立于科学的理论基础之上。首先，参数的选择要有明确的目标。相关参数必须与运输项目的总体计划相一致，要反映安全保障的内涵。其次，参数的选择必须把握整体内容并确保参数反馈的内容准确，含义丰富且时效性强。最后，系统中的每个参数都必须保持独立且相互存在关联。在安全生产标准化系统中，避免应用难以区分的参数。

2．系统性

道路客运企业安全生产标准化涉及广泛，其系统建设包括安全管理的各个方面，因此标准化的建立必须基于系统性原则。首先，系统中的不同参数应有先后顺序，建立明显的层次。层次之间是连接且独立的，具有独立的对应关系。同时，较高级别的参数对较低级别的参数具有引导性。其次，道路客运企业安全生产标准化体系的不同参数必须相互关联，以保持一定的信息交流。再次，道路客运企业安全生产标准化系统要有一个全局的概念。最后，道路客运企业安全生产标准化系统必须包括事故指标以及现场具体情况的参数，以确保可以反馈事前、事中、事后的情况，确保道路客运企业总结归纳后，可以保持安全稳定的生产作业。

3．可操作性

这是道路运输企业安全生产标准化能够有效实施的前提，选择相关材料和数据时，应根据其应用范围进行选择。不要选择生僻、难以获取或难以比较的数据。应当选择具有较高可操作性的参数作为道路运输企业安全生产标准化体系建设的评价指标,将主次顺序分开,并逐步采取措施,以涵盖生产过程中出现或潜在的安全问题。

4. 定量和定性分析

定量分析主要是通过对数据进行整合统计,利用统计表或柱状图等数学模型进行系统的观察分析,以观察相互作用和发展趋势的一种方法;定性分析则是利用观察者的经验,通过对比相关资料,根据研究对象的性质特点来预测其今后的发展趋势的一种方法。在道路客运企业安全生产标准化体系中,在评价可测量、可计算的数据时采用定量分析的方法,而评价一些难以测量的数据时,可结合实际情况,综合各方面因素,选择定性分析的手段。

5. 时效性

时效性在道路客运企业安全生产标准化系统中起着重要作用,表现为信息是否及时上传下达、是否与时俱进。道路客运企业安全生产标准化体系的构建必须依据社会价值观的走向,结合实际,根据具体问题具体分析,及时有效地提出相应对策,以便快速及时地解决问题。

6. 其他方面

道路客运企业安全生产标准化体系的构建需要树立明确的目标。以安全为目标,着力打造一个各项指标都能达到安全水平的安全体系。全面参与也是安全生产标准化的重要目标。生产经营活动中,不管是哪个环节、哪个流程都需要企业员工的参与,全面参与能够保障安全生产标准化体系的实施,对其施行及改进起到积极作用。

(二)道路客运企业安全生产标准化建设流程

道路客运企业安全生产标准化建设流程包括策划准备及制定目标,全员培训,现状梳理、对标检查,问题整改,评价打分五个阶段(见图8-2)。

1. 策划准备及制定目标

策划准备及制定目标阶段必须首先建立一个领导小组,企业负责人作为组长,所有相关职能部门的负责人作为成员,这样才能确保安全生产标准化建设过程的质量。其次,建立一个由各部门负责人组成的执行小组,企业安全管理部门作为主要负责部门,专门负责安全生产的标准化工作。制定安全生产标准化建设目标,并根据目标制订推进计划,分解和履行符合建设标准的职责,确保各部门在安全生产标准化建设过程中明确分工,顺利完成每个阶段的子目标。

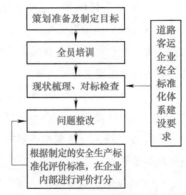

图8-2 安全生产标准化建设流程图

2. 全员培训

安全生产标准化建设需要全员参与。教育培训必须首先解决道路客运企业对安全生产标准化重要性的认识问题,增强全员对安全生产标准化的认识,使企业全员重视这一工作,加大推进力度,监督和检查实施进度;其次,解决执行部门和人员操作的问题,明确培训考核标准的具体规定,将生产安全标准化与日常安全相结合。道路客运企业要加大安全生产标准化工作的宣传力度,充分利用多种形式的宣传手段,广泛宣传建立安全生产标准化的意义、标准和过程,营造良好的氛围,尽可能地解决安全生产标准化过程中的思想认知问题和其他关键问题。

3. 现状梳理、对标检查

根据建设安全生产标准化体系的具体要求,道路客运企业对各职能部门和下属企业的安全管理和现场设备设施的现状进行全面分析,找出存在的问题。将查清的隐患问题,责成具体部门,限时整改并核实整改效果。道路客运企业应根据自身的业务规模、行业地位、经营现状和基准测试结果,确定达标的目标位。

4. 问题整改

道路客运企业根据前期制定的评分标准,针对所查问题制订整改方案,及时完成隐患整改,例如安全生产管理文件、制度的修订,现场隐患整改等方面。同时,隐患整改必须与企业隐患排查治理工作紧密结合。

5. 评价打分

道路客运企业在完成对标检查后,依据研究制定的道路客运企业安全生产标准化的评价标准,由企业标准化创建小组组织相关部门人员,自上而下地开展企业内部的安全生产现状评价,评价打分,形成自评报告,并根据报告内的发现问题对企业进一步提出安全生产改进意见,从而不断完善企业内部安全生产标准化体系。

(三)道路客运企业安全生产标准化体系的构成

1. 内部综合安全生产管理体系

(1)安全目标 安全目标主要包括以下几个方面的内容:明确客运企业对旅客安全运输的实施方案和原则,对安全运输的要求应高于管理部门的要求;阐明完成安全生产计划的方法和原则;制订并实施客运企业安全运输中长期计划和跨年度运输计划;使用中长期计划来阐明年度计划和年度运输方案,同时实现保质保量的执行;量化安全运输目标,明确阶段性安全运输控制目标;明确安全运输指标考察与激励处罚措施;对年度安全运输指标执行情况进行评估,并落实奖惩措施。

(2)安全责任体系 道路客运企业的第一负责人、企业的管理层以及所有员工的安全责任明确,并实施安全运输责任制。各级运输人员签署安全生产责任书并切实执行。道路客运企业的第一负责人是安全运输的首要责任人,按照安全运输条例规定的任务,承担相应的安全运输控制责任,切实履行安全运输义务。

(3)法规和安全管理制度 企业法人营业执照、安全生产许可证、资质证书等是具有法律效力的文件,运输过程应满足相应法律法规的要求。

(4)安全投入 根据相关要求,抽取运输安全保障资金;运输安全保障资金要按照要求使用,确保取得效果。

(5)科技创新与信息化 制定并执行有关卫星定位设备安装和使用的规定;为车辆安装符合其行业标准的卫星定位系统的车载终端,动态监控车辆,及时进行提醒和预警。配置其他安全监督信息系统,建立动态监控工作台账,参加行业内安全会议,实时更新安全管理水平。

(6)危险源辨识与风险控制 组织对危险品来源或现场危险源的识别和检查;确定主要危险源,制定切实可行的消除方法,并按要求向上级部门报告。根据要求定期检查运输车辆和企业场所的危险和有害因素。

(7)隐患排查与治理 明确隐患检查和运输计划,确定检查目标和项目,选择最优检查措施;每月至少组织一次安全生产自我检查,提前发现安全运输管理问题,消除不安全生产因素,并记录检查处理情况。

2. 运输相关人员管理体系

运输相关人员管理体系由五个部分组成,分别为:管理机构和人员、队伍建设、作业管理、事故报告调查处理、绩效评价与持续改进。

3．运输设备管理体系

道路客运企业具有能够满足相关规范要求的运输车辆设备；根据有关要求，配备齐全的安全防护、环保、消防和救生用具；按照有关规定按时检查设备，并检查证书是否有效；按照有关规格安装运输设备安全警告标志。

4．安全运输环境管理体系

（1）职业健康　建立职业健康管理机构，安排专职（兼职）管理人员；根据有关要求对员工进行全面的身体检查；为员工提供职业健康教育。让员工认识现场的隐患和人身安全危害，规范驾驶和紧急救援方法，减少伤害；为员工提供符合有关规定的驾驶场所，并安排与职业健康防护相适应的设备。

（2）安全文化　为运输经营者建造安全文化走廊、安全角、黑板报、公告板和其他文化场所，并每月至少更新两次；公开安全运输举报方式；及时解决有关安全运输的举报和投诉；开展安全承诺活动；编写安全知识手册，并将其分发给所有员工；组织安全生产月活动和安全生产竞赛，例如关于安全生产计划的讨论或总结活动。

（3）应急救援　编制完善的突发事件应急预案，并编写详细的应急处理方法；组织建设应急救援队伍，并进行人员日常训练；根据相关要求，采购完整的道路运输应急材料。

综上所述，道路客运企业安全生产标准化体系如图8-3所示。

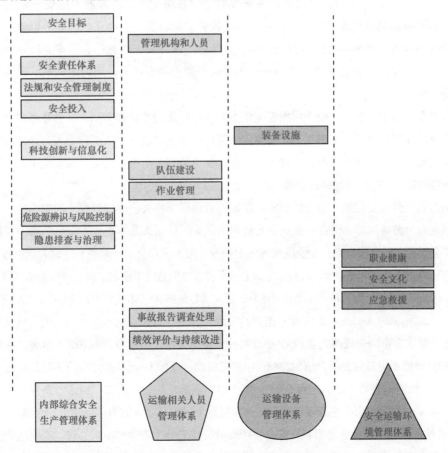

图8-3　道路客运企业安全生产标准化体系图

四、我国道路客运企业安全生产标准化考评工作

根据《交通运输企业安全生产标准化建设基本规范 第2部分：道路旅客运输企业》（JT/T 1180.2—2018），道路客运企业安全生产标准化考评情况如下。

（一）达标考评内容及等级

1. 达标考评内容

道路客运企业安全生产标准化达标考评内容包括安全目标、管理机构和人员、安全责任体系、法规和安全管理制度、安全投入、装备设施、科技创新与信息化、教育培训、生产过程管理、风险管理、隐患排查与治理、职业健康、安全文化、应急管理、事故报告、绩效考评与持续改进16个方面。

设置每项考评内容对应的分值，细分为具体考评要点；在每一考评要点下，包含不同的考评条款。

2. 达标考评等级

道路客运企业安全生产标准化分级建设，包括一级、二级、三级，一级为最高等级，三级为最低等级。不同达标级别企业应同时达到相应等级的必备条件和考评分数。

必备条件指的是考评指标中申请相应达标级别的企业必须完全满足的指标项，分为一级必备条件、二级必备条件、三级必备条件。安全达标考评条款总计158项，一级必备条件4项，二级必备条件9项，三级必备条件22项，AR项目16项。

一级必备条件主要包括：企业营运客车按规定配备防碰撞、防爆胎应急安全装置，油箱防爆材料，以及破玻璃器等先进的安全防护装备、设施或材料；企业建立包括安全价值观、安全愿景、安全使命和安全目标等在内的安全承诺；企业对应急准备、应急处置工作进行评估；企业按"四不放过"原则严肃查处事故，严格追究责任领导和相关责任人，处理结果报上级主管部门备案；等等。

二级必备条件主要包括：企业根据安全生产责任进行定期考核和奖惩，并公布考核结果和奖惩情况；企业按规定足额提取（列支）安全生产费用；企业建立以企业主要负责人为领导的安全生产委员会（或安全生产领导小组），职责明确，建立健全从安全生产委员会（或安全生产领导小组）至基层班组的安全生产管理网络；等等。

三级必备条件主要包括：企业结合实际制定符合或严于相关法律法规要求的安全生产目标，与企业的职业安全健康风险相适应；企业主要负责人或实际控制人是本企业安全生产第一责任人，对本企业安全生产工作全面负责；企业应按规定配备专（兼）职安全生产和应急管理人员；等等。

所有一级企业必须满足一级、二级、三级必备条件，二级企业需满足二级、三级必备条件，三级企业需满足三级必备条件。除满足必备条件要求外，还应满足对所有"AR"的项目执行限制扣分要求。

AR（Additional Requirements）项目指的是考评指标中申请相应达标级别的企业需满足的项目执行限制扣分要求。申请一级的企业的AR项目扣分分值不得超过该项分值的10%，申请二级的企业的AR项目扣分分值不得超过该项分值的25%，申请三级的企业的AR项目扣分分值不得超过该项分值的40%。所有一级必备条件，二、三级企业按照"AR"项要求执行；所有二级必备条件，三级企业按照"AR"项要求执行；所有评分项目中存在一项超过上述扣分要求的为达标建设不合格。

AR项目主要包括：企业定期召开安全生产委员会或安全生产领导小组会议，安全生产管理机构或下属分支机构每月至少召开一次安全工作例会；企业应建立安全生产责任制，明确安全生产委员

会（或安全生产领导小组）、安全生产管理机构、各职能部门、生产基层单位的安全生产职责，层层签订安全生产责任书并落实到位；企业应建立和完善各类台账和档案，并按要求及时报送有关资料和信息；等等。

（二）达标考评主要参与方及形式

1. 达标考评主要参与方

在达标考评工作中有多方参与，如交通运输主管部门、管理维护单位、评价机构、达标考评企业等，它们分工明确、责任清晰。

（1）交通运输主管部门　交通运输主管部门包括交通运输部、省级交通运输主管部门两级，它们分别负责对全国及其管辖范围内交通运输企业安全生产标准化建设工作的指导。

（2）管理维护单位　交通运输企业安全生产标准化建设评价及相关工作统一通过交通运输企业安全生产标准化管理系统（简称管理系统）开展。

（3）评价机构　交通运输企业安全生产标准化建设评价活动的组织实施和评价等级证明的颁发都是由评价机构负责的。该评价机构是指满足评价机构备案条件，从事交通运输企业安全生产标准化建设评价的第三方服务机构。

（4）达标考评企业　企业是推进企业安全生产标准化建设的责任主体，也是安全生产责任的主体。交通运输企业安全生产标准化建设按领域分为道路运输、水路运输、港口营运、城市客运、交通运输工程建设、收费公路运营六个专业类型和其他类型（未列入前六种类型，但由交通运输管理部门审批或许可经营）。

道路运输专业类型含道路旅客运输、道路危险货物运输、道路普通货物运输、道路货物运输站场、机动车维修和汽车客运站等类别。

2. 达标考评形式

交通运输企业根据自身条件或安全生产标准化建设具体情况可进行初次评价、换证评价和年度核查。

（1）初次评价　初次评价是指交通运输企业初次进行安全生产标准化建设评价。申请初次评价的企业应符合以下条件：具有独立法人资格；具有与其生产经营活动相适应的经营资质、安全生产管理机构和人员、安全生产管理制度；近一年内没有发生较大以上安全生产责任事故；已开展企业安全生产标准化建设自评，结论符合申请等级要求等。

初次评价包括的主要环节是企业自评、企业申请、评价机构核查、评价机构受理、现场评价、企业整改、评价机构审核、系统报备公示、评价机构发证、管理维护单位公布等。

（2）换证评价　换证评价是指已经取得安全生产标准化评价等级证明的企业在证明有效期满之前向评价机构申请换证评价。其评价流程、等级证明颁发方法等与初次评价一致。

（3）年度核查　企业取得安全生产标准化建设等级证明后，有效期内应按年度开展自评，在不超过12个月的时间间隔期内，企业通过向为其颁发安全等级证明的评价机构上报自评报告，进行核查。

交通运输企业安全生产标准化建设工作的核心是管理标准化、操作标准化和现场标准化。安全生产标准化是一项系统、全面、基础的长期工作，用科学的评价方法、标准化的指标进行对照考核，是合理管控道路客运企业风险的重要方法。

第四节 道路客运企业应急预案与演练

现在应急管理广受重视，应急预案与演练是应急管理工作的重要组成部分。道路客运企业应急预案与演练是其安全管理工作必不可少的组成部分。

一、概述

（一）突发事件与应急管理

2007年11月1日起开始实施的《中华人民共和国突发事件应对法》中规定，突发事件是指突然发生，造成或者可能造成严重社会危害，需要采取应急处置措施予以应对的自然灾害、事故灾难、公共卫生事件和社会安全事件。

突发事件的出现和发展相对较快，事件的发生破坏了正常的工作和生活常态，并可能造成人员伤亡、经济损失。这就要求各部门迅速采取行动进行救援和处理，在短时间内恢复正常运行。突发事件分为四类：

（1）自然灾害 自然灾害主要包括水旱灾害、台风、暴雨、冰雹、风雪、高温、沙尘暴等气象灾害，地震、山体崩塌、滑坡、泥石流等地质灾害，风暴潮、海啸等海洋灾害，森林火灾和生物灾害等。由于特有的地质构造条件和自然地理环境，我国自然灾害种类多、频度高、分布广、损失大，是世界上遭受自然灾害最严重的国家之一。

（2）事故灾难 事故灾难主要包括工矿商贸等企业的各类安全事故、交通运输事故、公共设施和设备事故、环境污染和生态破坏事件等。

（3）公共卫生事件 公共卫生事件主要包括传染病疫情、群体性不明原因疾病、食品安全和职业危害、动物疫情，以及其他严重影响公众健康和生命安全的事件等。

（4）社会安全事件 社会安全事件主要包括恐怖袭击事件、经济安全事件和涉外突发事件、重大刑事案件、大规模群体性事件等。

各类突发事件按照其性质、严重程度、可控范围和影响范围等因素，一般分为四级：Ⅰ级（特别重大）、Ⅱ级（重大）、Ⅲ级（较大）和Ⅳ级（一般）。预警标识按Ⅰ、Ⅱ、Ⅲ、Ⅳ级分为红、橙、黄、蓝四级。法律、行政法规或者国务院另有规定的，从其规定。

应急管理是指为了降低突发事件的危害，基于对突发事件的原因、过程以及后果的科学分析，有效利用各方面资源，运用各种手段与方法对突发事件进行有效的应对、控制和处理的过程。应急管理主要包括：临灾前的准备工作、灾害形成后的应对工作、尽快恢复受灾系统的工作以及减轻灾害的研究工作。应急管理面对的是突发事件发生后的状态，是在事件已经发生或损失已经造成后进行的应急处置，不能使状态完全恢复到从前，只能努力减少损失或终止事件的蔓延。

（二）应急预案的含义与分类

应急预案是根据法律法规和各项规章制度，综合以往的经验与实践积累，针对各种类型突发事件事先制订的一套能保证迅速、有序、有效解决问题的行动计划或方案。我国在突发事件应急管理方面已经形成了以"一案三制"为核心内容的应急管理体系，即应急预案、应急管理体制、应急管理机制和法制。

应急预案可分为综合应急预案、专项应急预案和现场处置方案。综合应急预案是类似于国家法规的综合性指导文件，主要包含应急组织机构、操作风险分析、预警及信息报告、应急响应等全过程的相关指导内容；专项应急预案根据综合应急预案进行细化说明，是针对特定类型的运营突发事件（例如火灾或大客流）制订的应急计划；现场处置方案是运营单位各生产部门根据突发事件具体场所、环境和应急人员岗位等因素而制定的应急处置措施，最具有针对性与操作性，是现场作业人员的操作指南。

（三）突发事件应急预案体系

突发事件应急预案体系由国家级、省级、市级和运营单位应急预案构成。城市人民政府、市交通主管部门以及运营单位应根据国家法律法规、部门规章制度，根据当地情况制订各级别的交通运营突发事件应急预案以及相应的演练计划。针对运营单位的应急预案的编制，主要包括综合应急预案、专项应急预案和现场处置方案。以某轨道交通运营单位为例，其构建的三级应急预案框架体系如图8-4。

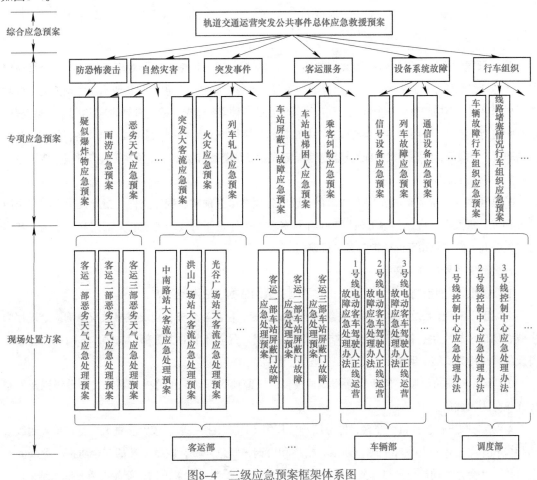

图8-4　三级应急预案框架体系图

（四）客运企业突发事件应急预案

国家级、省级以及道路运输企业突发事件应急预案内容结构相似，重点在于如何设计运营企业与政府、有关部门之间的应急关系，如何科学有效地做好应急管理中预警、响应、救援等各阶段工作。常见的客运企业突发事件应急预案的结构框架与内容见图8-5。

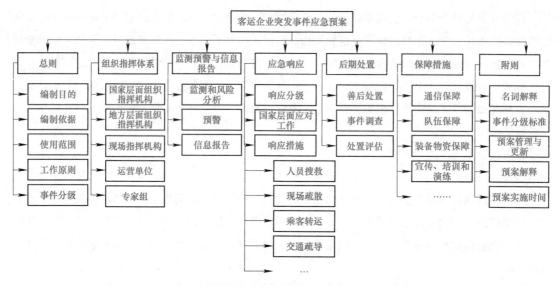

图8-5 客运企业突发事件应急预案结构图

二、应急预案的编制

应急预案的内容一般应包括预案编制的目的、依据、适用范围,以及对事件的分类、分级规定等,还包括组织体系、运行机制、应急保障、监督管理等。编制应急预案时要明确应急预案的主要功能,根据事前、事中和事后三个阶段,列出可能涉及的各种紧急情况,确定具体的响应措施和操作程序以及所使用的技术,要明确各级各类预案中相应措施的执行单位和指挥控制单位,细化各机构与参与人员的职责、权限等,并在预案中详细规定预案启动的时机、等级和类型,使预案更具有可操作性。

1. 应急预案编写要点

应急预案要形成完整的文件体系,企业级应急预案由总预案、程序文件、指导说明书和记录四部分构成。重大事故应急预案可根据2004年国务院办公厅发布的《国务院有关部门和单位制定和修订突发公共事件应急预案框架指南》进行编制。

应急预案主要内容应包括:

1)总则:说明编制预案的目的、工作原则、编制依据、适用范围等。

2)组织指挥体系及职责:明确各组织机构的职责、权利和义务,以突发事故应急响应全过程为主线,明确事故发生、报警、响应、结束、善后处理处置等环节的主管部门与协作部门;以应急准备及保障机构为支线,明确各参与部门的职责。

3)预警和预防机制:包括信息监测与报告,预警预防行动,预警支持系统,预警级别及发布(建议分为四级预警)。

4)应急响应:包括11个要素,即分级响应程序(原则上按一般、较大、重大、特别重大四级启动相应预案),信息共享和处理,通信,指挥和协调,紧急处置,应急人员的安全防护,群众的安全防护,社会力量动员与参与,突发公共事件调查分析、检测与后果评估,新闻报道,应急结束。

5)后期处置:包括善后处置、社会救助、保险、突发公共事件调查报告和经验教训总结及改进建议。

6)保障措施:包括通信与信息保障,应急支援与装备保障,技术储备与保障,宣传、培训和演习,监督检查,等等。

7）附则：包括有关术语、定义，预案管理与更新，国际沟通与协作，奖励与责任，制定与解释部门，预案实施或生效时间，等等。

8）附录：包括相关的应急预案、预案总体目录、分预案目录、各种规范化格式文本，以及相关机构和人员联系方式等。

2．应急预案编写过程

应急预案的编制一般可以分为五个步骤，即组建编制队伍、危险与应急能力分析、预案编制、预案评审与发布、预案的实施。

（1）组建编制队伍　预案从编制、维护到实施都应该有各级各部门的广泛参与。在预案实际编制工作中往往会由编制组执笔，但是在编制过程中或编制完成之后，要征求各部门和相关人员的意见，包括高层管理人员、中层管理人员、人力资源部门、工程与维修部门、安全、卫生和环境保护部门、邻近社区、市场销售部门、法律顾问、财务部门，等等。

（2）危险与应急能力分析

1）法律法规分析。分析国家法律、地方政府法规与规章，如安全生产与职业卫生法律、法规，环境保护法律、法规，消防法律、法规与规程，应急管理规定，等等。

调研现有预案内容（包括政府与本单位的预案），如疏散预案、消防预案、工厂停产关闭的规定、员工手册、危险品预案、安全评价程序、风险管理预案、资金投入方案、互助协议等。

2）风险分析。

①历史情况。本单位及其他兄弟单位、所在社区以往发生过的紧急情况，包括火灾、危险物质泄漏、极端天气、交通事故、地震、飓风、龙卷风等。

②地理因素。单位所处地理位置，如邻近洪水区域、地震断裂带和大坝等情况；邻近危险化学品的生产、贮存、使用和运输企业；邻近重大交通干线和机场；邻近核电厂；等等。

③技术问题。某工艺或系统出现故障可能产生的后果，包括火灾、爆炸和危险品事故，安全系统失灵，通信系统失灵，计算机系统失灵，电力故障，加热和冷却系统故障，等等。

④人的因素。人的失误可能是下列原因所造成的：培训不足、工作没有连续性、粗心大意、错误操作、疲劳等。

⑤物理因素。考虑设施建设的物理条件，如危险工艺和副产品情况、易燃品的贮存、设备的布置、照明、紧急通道与出口、避难场所邻近区域等。

⑥管制因素。彻底分析紧急情况，考虑如下情况的后果：出入禁区、电力故障，通信电缆中断，燃气管道破裂；水害、烟害，结构受损，空气或水污染，爆炸，建筑物倒塌，化学品泄漏等。

3）应急能力分析。对每一紧急情况应考虑：所需要的资源与能力是否配备齐全，外部资源能否在需要时及时到位，是否还有其他可以优先利用的资源，等等。

（3）预案编制　应急预案编制应以重大风险的分析结果，相对应的应急资源的需求和现状，以及有关的法律法规为基础。编制时应充分收集和参阅现有的应急预案。最大限度地减少工作量，避免应急预案的重复和交叉，确保相关应急预案协调一致。

编制时还应考虑：

1）合理组织，即合理组织预案章节，以便读者快速找到相关信息，避免交叉信息对读者的干扰。

2）连续性，即保证应急预案的各章节及组成部分在内容上互相衔接。

3）一致性，即保证应急预案的每个部分都采用相似的逻辑结构来组织内容。

4）兼容性，即应急预案的格式应尽量采取与上级机构一致的格式要求，以便更好地在同体系内兼容协调。

（4）预案的评审与发布　评审由本单位主要负责人组织有关部门和人员进行，必要时请上级应急机构评审。外部评审由上级主管部门或地方政府负责安全管理的部门组织审查。评审后，按规定报有关部门备案，并由生产经营单位主要负责人签署后发布。

（5）预案的实施　应急预案经批准发布后，其实施过程尤为重要。应急预案的实施包括：开展预案的宣传贯彻；组织预案的培训；落实和检查各部门的职责、程序和资源准备；组织预案的演练，并定期评审和更新预案。

三、应急过程分析

从应急过程来看，突发事件应急管理工作分为三个阶段，即：日常的监测预警和信息报告阶段，事故发生后的应急响应阶段，响应结束后的善后处置阶段。其中，应急响应阶段涵盖了制定应急决策，协调应急计划，指挥调度和执行应急计划的过程，是迅速应对突发事件并阻止其所造成危害进一步扩大的核心环节。

在监测预警和信息报告阶段，运营单位需要建立针对线路、车辆、设施和设备、环境状况的运营监控系统，并通过运营紧急风险分析来构建全面的预警系统。当事故发生后，作业单位必须及时向有关部门报告，并经核实后逐级上报。在应急响应阶段，根据突发事件的严重程度，启动相应的应急级别。运营单位应当采取早期处理措施，并配合有关部门采取现场疏散、旅客转乘、交通改道等措施。在响应结束后，有关部门应当组织实施安置等善后处理工作，以消除突发事件的影响。由调查小组确定事件的原因、人员伤亡和经济损失。运营单位和有关部门总结经验教训，形成应急评估报告，并提出整改方案。

不同于国家级、省级以及城市级应急预案的宏观性，运营单位级应急预案更加具体细致地明确了运营突发事件应急响应责任人、风险辨识、应急处置、人员疏散路线、应急资源等内容，在确保与上级应急预案一致的同时，也兼顾了运营环境的特殊性和应急方案的操作性。

在运营单位的三级应急预案体系中，综合应急预案相比于专项应急预案与现场处置方案更加宽泛，它着重于指导运营单位各个部门的应急组织和协调，并强调每个部门的职责。专项应急预案主要针对某一类型运营突发事件制订应急方案，例如火灾、恶劣天气以及大客流情况下的应急响应方案，具有专业性，专注于运营突发事件的风险分析，总结了该类运营突发事件发生的故障特征、严重程度和影响范围等，进一步阐明了各部门相关工作岗位的处置程序和具体处置措施。

根据综合应急预案和专项应急预案，各部门针对事件发生的具体位置、场所和应急人员岗位制订现场处置方案，包括运营突发事件可能发生的车站、区间、控制中心、车辆基地等不同地点下的应急响应措施，以及关键岗位人员（如控制中心调度员、车站行车值班员以及驾驶人等）的应急操作手册。

四、道路客运企业应急预案实施

（一）应急预案启动与终止

在各种应急预案中，应设定预案的启动条件，紧急情况的应急处理需要相应支持时，应满足计划中给出的要求。由于突发事件的多样性和不确定性，计划中应设置不同的启动条件，只要满足启动条件之一，就可以启动应急计划。同样，预案也规定了终止条件，即当紧急事件的发展状况已得到控制或已限制在一定范围内时，也就是说，可以通过一般对策来控制该事件，并可以在短时间内消除突发事件的影响时,则可终止应急预案的实施,同时撤销现场应急指挥机构,恢复正常的道路运输生产秩序。

(二)应急预案演练与培训

演练是通过特定程序执行的模拟练习,应急预案演练可以使道路交通紧急情况参与者了解紧急情况发生时做什么、何时做以及如何做,还可以使管理人员了解自己的职责以及了解如何协调各个部门人员的工作等。应急预案的培训可以使相关人员更好地了解预案的实施情况,不仅可以提高应急运输小组的整体应急能力,而且可以验证应急预案的有效性、适应性或发现其缺陷,从而提出修订建议。

(三)应急预案评估与修订

组织道路运输应急管理理论的专家、应急管理人员、应急运输参与者,共同对应急预案的内容、逻辑、操作性和法制等方面进行评估,从而进一步修改、完善应急预案,使其达到更高的要求。

此外,由于道路运输应急预案并不能够涵盖所有的可能性,在实际情况中,总有一些事件是无法预测、预防的,或是超出事先准备的能力范围的,因此突发事件应急处置不能够完全依赖现有的应急预案,而应当在选择合适预案的基础上,对预案进行修改并执行。

在事故发生后,地方政府、有关部门以及运营单位应协同开展应急处置工作。不同的机构和部门具有不同的职能。现场应急指挥机构要协调好运营单位与公安、安全监管、新闻宣传、通信、武警等部门和单位的协同合作,共同做好突发事件的应对工作。

拓展阅读 安全监控全过程,行车安全有保证

济南长途汽车总站是国家一级汽车客运站,曾连续10年创下国内汽车客运站售票收入、旅客发送量、发车班次三项全国第一,高峰时旅客日发量曾高达9.2万人次,有"中华第一站"的美誉。

行车安全是道路客运企业永恒的管理主题。为了保证行车安全,济南长途客运站从车辆进站到车辆运行,运用现代管理方法和技术手段对驾驶员、车辆及车辆行驶过程进行全面监控,从而最大限度地预防、避免和减少行车事故的发生。

每天车站的驾驶员报站处都忙碌而有序,在人脸识别器处,不时有驾驶员过来刷脸识别。所有营运车辆驾驶员的信息都会录入磁卡,驾驶员出车前需要刷脸识别,防止发生驾驶员顶替现象。检查完手续后,驾驶员要接受酒精浓度检测。接着当班的驾驶员要观看交管部门专门制作的安全行车宣教片,接受安全教育。

同时,车站还对营运车辆进行严格的发车前的安全例检,安全例检合格的车辆在取得安全例检合格通知单后进行发车报班。

出发后,车辆依然在车站的监控之下。在车站监控室内,值班人员密切关注场站内和行驶途中的车辆安全。路上行驶的车辆装有四个摄像头,若出现超载、违章超车、随意变道等现象,监控室的值班人员全部能够看到,车辆所属单位、线路、发车时间、时速等信息也一览无余。客运站正是通过这种方式保障车辆及旅客安全。

练习与思考

一、单选题

1. 2003年第十届全国人民代表大会常务委员会第五次会议通过了( ),这是我国道路交通安全领域的重要法律。

  A.《中华人民共和国道路交通安全法》 B.《中华人民共和国道路运输条例》

    C.《机动车运行安全技术条件》　　　　D.《营运车辆技术等级划分和评定要求》

2. 截至2018年，全国公路总里程接近（　　）万km。
    A. 350　　　　　B. 400　　　　　C. 450　　　　　D. 480

3. 以下说法中，不是运输组织安全管理的主要内容的是（　　）。
    A. 运营线路信息掌握　　　　　　　　B. 运输调度
    C. 隐患排查及事故处置　　　　　　　D. 安全标准化建设

4. 我国规定单程运行里程超过（　　）km、高速公路直达客运超过（　　）km的客运客车应配备2名及以上客运驾驶人。
    A. 200，400　　　B. 300，500　　　C. 400，600　　　D. 500，800

5. 道路客运企业安全生产标准化在我国的发展模式是（　　）。
    A. 因地制宜　　　B. 政府决策　　　C. 行业标准　　　D. 企业科研

6. 下列客运企业安全生产标准化体系中的安全生产影响因素分析，内容错误的一项是（　　）。
    A. 人员因素　　　B. 技术因素　　　C. 设施设备因素　　D. 管理因素

7. 应急预案的主要分类有（　　）种。
    A. 2　　　　　　B. 3　　　　　　C. 4　　　　　　D. 6

8. 应急预案的编制一般可以分为（　　）个步骤。
    A. 3　　　　　　B. 5　　　　　　C. 7　　　　　　D. 9

二、多选题

1. 影响道路客运安全的具体因素包括（　　）。
    A. 人员因素　　　B. 车辆因素　　　C. 道路因素　　　D. 环境因素
    E. 管理因素

2. 我国客运安全管理现状中道路客运安全管理存在（　　）问题。
    A. 安全机制不完善　　　　　　　　　B. 组织落实不到位
    C. 监控防范不合规　　　　　　　　　D. 资金投入力度不足
    E. 政府支持不到位

3. 客运企业安全管理主要针对以下（　　）方面。
    A. 驾驶人及乘务员的安全管理　　　　B. 车辆运行安全管理
    C. 运输组织安全管理　　　　　　　　D. 客运站安全管理

4. 驾驶人的安全风险因素表现在（　　）。
    A. 生理状态　　　B. 心理状态　　　C. 技术水平　　　D. 年龄
    E. 教育程度

5. 2008年全国安全生产标准化技术委员会将安全标准分为（　　）几个体系。
    A. 基本标准　　　B. 产品标准　　　C. 技术标准　　　D. 管理标准
    E. 方法标准

三、简答题

1. 请简要说明道路客运企业安全生产标准化系统指标设置的基本原则。
2. 请简要写出应急预案的应急响应过程。

第四篇

道路客运发展与信息化

第九章　现代道路客运

第十章　现代道路客运中的信息技术

第九章 现代道路客运

【学习目标】

1. 掌握旅客联程运输的概念和特点,熟悉旅客联程运输的相关术语和主要形式,了解旅客联运发展的条件。

2. 掌握绿色运输的含义及表现,了解运输引发的环境问题及发展绿色运输的措施。

3. 具备旅客为本、服务至上的职业素养。

> **案例导入**
>
> 2019年6月20日，河北保定交通运输集团有限公司开通保定市区往返阜平县、保定市区往返涞源县的城际拼车路线，为旅客提供"门到门"的定制客运服务。
>
> 保定城际拼车的车型为7座营运客车，每日运营时间为早上5：00至晚上20：00，单程票价为60元/座位。车辆配有卫星定位和消防等安全设备，驾驶人经交通主管部门严格培训后持证上岗，定期接受专业的线下安全驾驶培训。
>
> 旅客通过手机App实时呼叫或预约城际拼车，驾驶人将按照订单信息上门接送，旅客全程无须换乘。按旅客预约的出发时间准时发车，即使车内未载满旅客。旅客可以真正体验到"门到门"的专业即时客运服务。
>
> 请分析：互联网时代，人们对出行有了哪些新要求？如何满足人们出行的新要求？

第一节　旅客联程运输

旅客联程运输是通过对旅客不同运输方式的行程进行统筹规划和一体化运输组织，实现旅客便捷、高效出行的运输组织模式。旅客联程运输可充分发挥各种运输方式的比较优势，提高综合运输组合效率，改善旅客出行体验。

一、联运

（一）联运的含义

联运是合理运输的主要组织活动形式之一，随着现代化社会生产规模的日益扩大和专业化大分工而出现。联运也称联合运输，是指两个或两个以上的运输企业，根据同一运输计划，遵守共同的联运规章或签订协议，使用共同的运输票据或通过代办业务，组织两种以上的运输工具，相互接力，联合实现货物或旅客的全程运输。

联运是一个完整的旅客运输或货物运输过程，涉及两个或两个以上的运输企业，由联运经营人对该运输过程负责。客运上的联运称为"一票制"，即旅客联程运输；货运上的联运称为"一单制"，即多式联运。联运涉及的核心是运输过程涉及的经营主体利益共享与风险分担机制，其基本特征为全程性、简便性、代理性、通用性、协同性。

联运是按照社会化大生产客观要求组织运输的一种方法，用以谋求最佳经济效益，它对于充分发挥各种运输方式的优势，组织全程运输中各环节的协调配合，充分利用运输设备，加快车船周转，提高运输效率，加速港口、车站、库场货位周转，提高吞吐能力，缩短运达期限，加速资金周转，方便货主、旅客，简化托运和旅客乘车、船、飞机手续，活跃城乡经济，促进国民经济发展，提高社会经济效益，都具有明显的实效。联运是交通运输发展的必然趋势，是运输组织工作的发展方向，具有强大的生命力和发展前景。

（二）联运经营人

开展便捷、高效的联运必须由一个联运经营人对全程运输负总责。他是与托运人（或旅客）签订联运合同的当事人，是签发联运单证者，承担全程运输责任。他的经营资质须经相关部门批准。

联运经营人应达到的基本条件是:

1)联运经营人本人或其代表就联运的货物(旅客)必须与发货人(旅客)本人或其代表订立联运合同,而且至少使用两种运输方式完成全程运输。

2)从发货人(旅客)或其代表那里接管货物(旅客)时起即签发联运单证,并对接管的货物(旅客)开始负有责任。

3)承担联运合同规定的与运输和其他服务有关的责任,并保证将货物(旅客)交给联运单证的持有人或单证中指定的收货人(旅客)。

4)对运输全过程所发生的货物(旅客)灭失或损害,联运经营人首先对货物(旅客)受损人负责,并应具有足够的赔偿能力。

5)联运经营人应具有联运所需要的技术能力,确保自己签发的联运单证的流通性,并在经济上对有价单证有令人信服的担保能力。

二、旅客联程运输

联运与旅客联程运输

旅客联程运输是为方便旅客而采取的联运形式,在水路、铁路、公路、航空等客运企业签订旅客联运协议的基础上开展起来的。旅客联运业务既有国际联运,也有国内联运;既包括从发售客票,到旅客联运至终点并出站的运输全过程的旅客联运业务,也包括从受理、承运到交付的全过程的行李联运业务。

(一)旅客联程运输的概念及特点

1. 旅客联程运输的概念

旅客联程运输(简称旅客联运),即通过两种或两种以上运输方式完成的旅客连续运输,其典型特征为由单一旅客联运承运人或代理人为旅客及其行李全程负责,并全程使用一张客票。

2. 旅客联程运输的特点

真正意义上的旅客联程运输应具备一站式购票、一证式出行、一体化组织、无缝化衔接、人性化服务等特点。

一站式购票,即旅客通过一个购票平台或一个售票窗口,即可实现对行程中不同运输方式票证的一次性购买。

一证式出行,即通过一张身份证或其他资质凭证,即可实现行程中不同运输方式、不同区段的自由乘车。

一体化组织,即整个行程所涉及的各种运输方式,应由一个市场主体来统筹,或几个市场主体通过密切的市场合作达到一体化组织的程度。

无缝化衔接,即在时间和空间上,旅客都可实现便捷换乘。

人性化服务,即出行过程应尽可能让旅客体验到行李直挂(人与行李分离,解放旅客双手)等便捷、舒适的服务。

(二)旅客联程运输相关主要术语

1)旅客联运承运人:根据运输合同,完成旅客及其行李联运过程,并对其全程负责的运输企业、当事人。

2）旅客联运代理人：由承运人授权代办联运旅客客源组织、联运客票发售、联运客票检查、联运发车、联运运费结算等业务的自然人或代理机构。

3）国际或地区联运旅客：通过两种或两种以上运输方式出入境的旅客。

4）国内联运旅客：通过国内运输线路或国际运输线路国内段上进行两种或两种以上运输方式连续旅行的旅客。

5）直挂行李：在联运过程中，使用联程客票的境外始发或国内始发的旅客，在中转站无须再办理下一站登车票，也无须再办理行李提取或托运手续，直接托运到最终目的地的行李。

6）托运行李：由联运旅客交承运人负责转运的行李。

7）非托运行李：除旅客托运行李以外的由旅客自行携带的行李。

8）联运信息服务系统：由联运旅客信息、运营数据、联运流程等部分相互作用而成，具有为联运旅客进行系统注册及登录、联运信息查询、引导及制定联运最优路线、为联运企业提供旅客信息等服务功能的软件系统。

9）联运票务服务系统：在联运运输方式各方实现代码共享的前提下，将数据库处理及数学优化模型计算相结合，通过智能优化为联运旅客的出行制定最优决策，选择班次、车次、座位等辅助优化决策为联运旅客提供联运客票的预订、改签、退票，为联运企业提供票额分配等功能的软件系统。

10）联运行李服务系统：根据旅客的行程将行李分类放置，全程监控行李从交付地点到交接终点的运输活动，并进行自动跟踪和核对程序，为旅客提供行李查询、遗失行李申报等服务的软件系统。

（三）旅客联程运输的形式

联合运输兴起于20世纪50年代，我国是开展最早的国家之一。早期的旅客联运是在水路、铁路、道路客运企业签订旅客联运协议的基础上开展起来的，主要形式有：江海联运、江河联运，以及公路与公路、公路与铁路、铁路与水路之间的联运。

随着经济社会的迅速发展，高速铁路、航站楼、客运站等交通基础设施日益完善，旅客运输规模及需求层次不断提升，旅客联程运输市场需求日益旺盛，其范围不断扩大，形式不断增多。

1）空铁联运，将高速铁路和民航运输有效衔接，行成空铁一体化的运输链条，为旅客提供高效便捷的联运服务。

2）空巴联运，通过营运客车（机场大巴或班线客车）连接机场与旅客出行的起讫点，实现公路运输与航空运输的联运，提升机场对周边城市的辐射能力。

3）空海联运，将航空运输与船舶客运或邮轮运输相结合，为旅客提供跨航空与水路的联运服务。

4）公铁联运，是指将公路运输与铁路运输相结合的一体化运输模式，用班线客车接驳高铁运输，方便旅客及时换乘。

5）第三方联运，是由在线出行服务平台整合不同运输方式票务信息资源，为旅客提供客票信息查询、跨方式出行规划、联程客票销售、行李寄送等"一站式"出行服务的联运服务模式。

三、旅客联程运输发展的条件

规范有序的旅客联程运输体系能更好地满足旅客个性化、多样化、高品质出行需求，提供高效旅客联程运输服务需具备以下条件。

（一）完善的旅客联程运输服务设施

按照"统一规划、统一设计、统一建设、统一运营管理"的要求，统筹布局一体化综合客运枢纽。综合客运枢纽应具备各种运输方式共享共建的售票、取票、乘降、驻车换乘（P+R）等联运设施设备；设置封闭、连续的联运旅客换乘通道，在保障运输安全的前提下，跨方式安检互认，减少重复安检；具备完善的枢纽站场联运服务功能，根据需要在枢纽站场配设城市候机（船）楼、高铁无轨站、旅游集散中心等联运服务设施，开展摆渡服务，实现无缝衔接。

（二）良好的旅客联程运输市场环境

政府要重视对旅客联程运输市场的引导和监督，提高运输市场化程度，保证联运各方的共同利益，通过建立健全旅客联程运输经营主体信用评价体系来规范联运经营。培养专业化的旅客联程运输经营主体，鼓励成立旅客联程运输企业联盟，以强化旅客联运发展的资源保障。

（三）差异化的旅客联程运输服务

深入分析旅客特点，针对多样化、个性化的旅客需求提供差异化联运服务，以满足不同层次用户的出行需求。如不同运输方式企业发展"空铁通"、公铁联运等服务产品，为旅客提供"行李直挂"服务，创新旅游交通产品，促进"运游结合"，通过丰富运输产品和服务供给，切实增强旅客出行的幸福感。建立健全城市交通与城际交通协调联动机制，统筹开通公交专线、夜间班次，定制客运服务，提升旅客"最先和最后一公里"出行效率。

（四）互联互通的旅客联程运输信息网络

运输企业以及各类信息服务主体通过电子显示屏、微信等手段，向旅客及时公布旅客联程运输班次运行、换乘时间预估等信息，为旅客制订和调整出行方案提供便利。同时，运输企业间应实现信息的开放共享、数据交换与整合利用，为运输企业开展旅客联程运输服务组织提供支撑。综合客运枢纽建设统一的综合信息服务平台，实现枢纽内不同运输方式间实时共享公共客运服务信息。

（五）健全的旅客联程运输法规标准体系

完善的旅客联程运输法规标准体系包括综合运输服务相关法律法规、旅客联程运输法规规则、旅客联程运输标准体系等内容。健全的综合运输服务相关法律法规能明确旅客联程运输发展中各方的权利和义务；健全的旅客联程运输法规规则是旅客联程运输信息开放共享、联运设施衔接等相关工作开展的依据；健全的旅客联程运输标准体系，包括旅客联程运输信息代码、标志标识、服务质量要求等标准规范及相关团体标准。

第二节　绿　色　运　输

人类正面临着环境污染、人口膨胀、资源短缺三大危机，人们更加关注环境保护、资源节约等问题，可持续发展理念被广泛接受和认可。经济、社会、资源和环境保护要协调发展，在达到发展经济目标的同时，也应保护好自然资源和环境。这种绿色、可持续、健康的发展理念同样适用于运输活动，于是绿色运输应运而生。

一、绿色运输的含义

绿色运输，是指以节约能源、减少废气排放为特征的运输。绿色运输倡导在运输活动中采用环保技术，提高资源利用率，最大限度地降低运输活动对环境的影响。绿色运输要求在企业供应链中时时处处考虑环保与可持续性发展，采取与环境和谐相处的理念建立与管理交通运输系统。绿色运输协调发展主要表现在：

（1）与环境协调发展　交通运输对国民经济产生巨大贡献的同时，也给环境带来了负面影响，如大气、噪声污染等。绿色交通的发展要与环境相协调，强调生态环境的保护性发展和自然资源的合理利用。

（2）与未来协调发展　正确处理交通发展的长期战略和未来的发展方向是绿色交通的基础，合理布局规划，统筹考虑各种交通运输方式的增长需求与交通的协调发展。

（3）与社会协调发展　以人为本的发展模式，注重绿色、高效、安全、可靠和公众参与，实现交通与人本社会的互动协调发展。

（4）与资源协调发展　以资源节约与循环利用为前提，以资源的可持续发展为基础，用最少的资源获取最大的效益，从而减少对资源和生态环境的破坏。

通过发展绿色运输可实现共生型运输，即在提高现代运输效率的同时，不以牺牲生态环境为代价，采取有效的技术和措施实现运输与环境的共同发展。通过发展绿色运输，还可实现资源节约型运输，通过集约型的科学管理，合理配置企业资源，使企业所需要的各种资源得到最有效、最充分利用，减少、降低运输中造成的资源浪费。

通过实现共生型运输和资源节约型运输，企业发展目标和社会发展目标与社会发展、环境改善协调同步，才能走上企业与社会都能可持续健康发展的双赢之路，真正实现绿色运输既追求经济高效又追求节约资源、保护环境的可持续健康发展目标。

二、运输引发的环境问题

（一）环境污染严重

人们的生产生活离不开运输，现代化的交通网络和运输工具大大提高了运输速度。运输活动离不开运输工具的使用，这些运输工具会造成极大的环境污染。大部分运输工具的运行都需要消耗燃料，会排放大量有害气体，产生噪声污染，损害人类的健康，也损害道路周边植物的健康生存，加剧对生态平衡的破坏。在运输过程中，一些货物如储存运输不当会发生泄露，造成严重的环境破坏和人员伤亡。运输工具所引起的废弃物处理问题，如废旧轮胎、废弃机油、柴油等，如得不到及时有效处理，会渗入土壤和水体中，造成污染，等等。

运输引发的环境问题

（二）大量占用土地资源

土地是人类赖以生存和发展的物质基础及环境条件。在传统的运输方式中，随着运量的增加，运输规模的扩大主要是通过建设更多的交通基础设施来实现的，这不可避免地会占用大量的土地。

（三）频繁的交通事故且后果严重

交通事故的损害包括运输车辆发生事故导致人员伤亡和财产损失，也包括运输危险品和有毒物质时因发生泄漏而造成灾害。从统计数据来看，公路运输交通事故发生得最频繁，火车、飞机、轮船发生事故的频率虽然较低，但一旦发生往往后果相当严重。这些事故的发生会给人类生命、财产安全以及生态环境带来严重危害。

（四）大量不合理运输造成浪费

不合理运输是指在现有条件下可以达到的运输水平却没有达到，从而造成了运力的浪费、运输时间增加、运费超支等问题。当前运输行业中不合理运输包括：①运输效率不高，空载或者装载不足，对流运输或重复运输等现象普遍存在，浪费了人力和物力，导致运营成本的提高。②信息化管理水平不高，缺乏统一调度和对各项信息的实时监控，没有及时更新信息系统，造成信息滞后。③在整个运输过程中，运输方式的选择比较单一，缺乏根据各自具有的比较优势、供给特征及运输需求结构的变化，利用综合运输来优化运输方式的观念。

三、发展绿色运输的措施

绿色运输重点关注运输效率的提升，通过综合运输方式的集约化、高效化、绿色化发展，提高客货运输的里程利用率和实载率，从而降低运输活动的能耗水平。

（1）结构优化　加快推进我国铁路骨干运输通道的建设，进一步提升铁路运输的辐射能力，提高铁路运输的比重；加快推进干线航道整治，提升航道等级，充分发挥水运的优势；加快综合客货运枢纽的一体化衔接，提高运输方式的效率。统筹交通运输、地区、人口、产业以及生态环境，优化综合运输结构，充分发挥各种运输方式的整体优势和组合效率，完善整体集散和通达功能。

（2）制度完善　深入推进地方政府交通大部制改革，提高综合交通运输效益。重点整合交通运输行政资源，构建大部门体制；转变政府管理职能，优化职能结构；统筹交通运输主管部门及其专业管理机构改革。统筹协调公路、水路、城市客运、民航机场、地方铁路（包括城际铁路）等。

（3）标准建立　建立适合运输行业特征的多种运输方式能耗限值及评定办法，从源头上控制运输行业的高能耗发展。对交通运输企业开展能耗对标达标工程，基于运输能耗限值标准对运输企业进行对标考核。对于未达标的企业，在运力投入、线路审批等过程中予以限制。

（4）技术创新　①开展"公铁""公水"等多式联运，引导发展甩挂运输、零担快运、集装化运输等先进运输组织方式，重视发展特种货物运输、冷藏运输等专业化运输服务，鼓励货物运输集约化、规模化、网络化发展，提高货物运输效率。②创新道路客运运营组织与服务模式，满足多样化运输需求，提升客运服务品质。加强道路班线客运和城市公交资源整合，推进城乡道路客运一体化发展，鼓励条件适宜的农村客运和短途客运开展公交化运营。发展多样化农村客运组织方式。鼓励旅游客运与班线客运资源共享。加快发展汽车租赁网络化服务体系。③在高速公路和城市快速路上研究合乘专用道，通过经济手段鼓励合乘车辆，减少出行机动车数量。

拓展阅读　令人期待的全国"123"出行交通圈

你是不是在为每天上下班交通拥挤不堪而苦恼？你是不是在为长途旅行的舟车劳顿而烦闷？这些问题就要解决了，令人期待的全国"123"出行交通圈来了。

2021年2月8日，中共中央国务院印发的《国家综合立体交通网规划纲要》（以下简称《规划纲要》）提出，到2035年，实现国际国内互联互通、全国主要城市立体畅达、县级节点有效覆盖，建成"全国'123'出行交通圈"，即都市区1h通勤、城市群2h通达、全国主要城市3h覆盖。

不远的将来，我们的出行将更加便捷可靠，怎么实现呢？《规划纲要》给出了答案，即靠便捷顺畅、经济高效、绿色集约、智能先进、安全可靠的现代化高质量国家综合立体交通网实现。国家综合立体交通网具有以下特征：

1. 完善的国家综合立体交通布局

到2035年，构建70万km的以铁路为主干、以公路为基础，充分发挥民航和水运优势的综合交通网线，建设6主轴、7走廊、8通道的国家综合立体交通网主骨架，建设100个左右国家综合交通枢纽系统，完善面向全球的运输网络。

2. 统筹融合发展的综合交通

包括各种运输方式间的融合发展，交通基础设施网、服务网、信息网和能源网间的融合发展，各个区域间的交通融合发展，交通运输与旅游业、现代制造业、快递物流业、现代物流业间的统筹融合发展。

3. 安全智慧绿色的高质量发展的综合交通

《规划纲要》描绘出了未来交通发展的宏伟蓝图，需要各部门坚持不懈、协同作业才能实现，让我们携手努力，共同奋斗，迎接这一天的早日到来。

练习与思考

一、单选题

1. 联运是一个完整的旅客运输或货物运输过程，涉及（　　）运输企业，由联运经营人对该运输过程负责。

A. 两个 B. 两个或两个以上
C. 多个 D. 数量不限

2. （　　）是由在线出行服务平台整合不同运输方式票务信息资源，为旅客提供客票信息查询、跨方式出行规划、联程客票销售、行李寄送等"一站式"出行服务的联运服务模式。

A. 空铁联运 B. 空巴联运
C. 空铁巴联运 D. 第三方联运

3. 开展便捷、高效的联运必须由一个（　　）对全程运输负总责。

A. 承运人 B. 运输企业
C. 联运经营人 D. 运输协会

4. 在联运过程中，对于使用联程客票的境外始发或国内始发的旅客，从始发站直接托运到最终目的地的行李是（　　）。

A. 直挂行李 B. 托运行李
C. 非托运行李 D. 承运行李

5. 绿色运输重点关注（　　）。

A. 周边环境的破坏程度 B. 资源的利用程度
C. 成本是否降低 D. 运输效率的提升

二、多选题

1. 联运涉及的核心问题是运输过程涉及的经营主体利益共享与风险分担机制，其基本特征为（　　）。

A. 全程性 B. 简便性 C. 代理性 D. 通用性
E. 协同性

2. 联运服务系统包括（　　　）。
   A. 联运售票服务系统　　　　　　B. 联运客户服务系统
   C. 联运信息服务系统　　　　　　D. 联运票务服务系统
   E. 联运行李服务系统
3. 通过发展绿色运输可实现（　　　）。
   A. 共生型运输　　　　　　　　　B. 环境交互型运输
   C. 多元复合型运输　　　　　　　D. 资源节约型运输
   E. 以上都正确
4. 运输引发的环境问题主要有（　　　）。
   A. 空气污染　　　　　　　　　　B. 噪声污染
   C. 占用土地资源　　　　　　　　D. 交通事故影响生态环境
   E. 不合理运输造成浪费

三、简答题

1. 什么是旅客联程运输？这种运输形式的特点是什么？
2. 什么是绿色运输？绿色运输是如何协调发展的？

第十章 Chapter 10

现代道路客运中的信息技术

【学习目标】

1. 了解信息的概念、构成、形态和类型,熟悉信息技术及信息管理的概念、内容及制度,掌握现代道路客运信息技术的发展趋势及相关技术。

2. 了解道路客运运营管理信息技术中的车辆安全系统、网络通信及导航系统,熟悉道路客运联网售票系统。

3. 了解道路客运数据优化信息技术中的高级出行者信息系统、高级交通管理系统、高级公共交通系统和高级车辆控制系统的构成和功能,掌握电子收费系统的功能和特点。

4. 熟悉各种共享出行方式的内容、特点和优缺点,掌握定制客运"专车""专线"的特点、应用及存在的问题,了解定制客运相关案例。

5. 具备在道路客运领域认知、分析和应用相关信息技术的素养。

> **案例导入**
>
> 在北京召开的全国道路客运企业安全生产与转型发展研讨会上,中交出行科技有限公司正式发布"共享网约车牌照",这为全国客运企业网约车经营合作提供了可能。
>
> 一、新生力量蓬勃发展
>
> 2018年3月,美团打车在上海上线,在高额补贴助力下日订单破30万;高德地图推出顺风车业务,紧随其后;2018年4月,携程专车在天津获得网约车牌照。新生力量并非无懈可击。一方面,截至2017年年底,全国移动出行用户已达4.35亿,网约车市场规模高达2 678亿元,滴滴打车成功率仅约50%,市场需求还远未被满足;另一方面,价格杠杆因素虽然会一定程度上促进用户和订单增长,但这种增长并不是可持续的,不足以提升用户忠诚度。传统客运企业可以此为突破口进行反击。
>
> 二、客运企业重回舞台
>
> 《网络预约出租汽车经营服务管理暂行办法》出台以来,网约车市场变化巨大。首先,数十家互联网平台无法适应监管而悄然退场。其次,资本的集中走向推动行业整合加速。再次,传统客运企业本土优势显现,它们或自建或投资网约车平台,抢占本地市场,江西、云南、四川等地的多家客运企业均已取得网约车牌照。
>
> 三、合作共赢服务全国
>
> 传统客运企业在网约车巨头面前显得势单力薄,有行业人士认为,全行业的客运企业需加速联合共享资源,建设统一网络平台,制定统一服务标准,形成统一服务体系,实现主动转型。
>
> 请分析:现代道路客运所面临的形势如何?如何才能实现道路客运行业真正的转型?信息技术在其中扮演了何种角色?

第一节 概　　述

一、信息

(一)信息的概念

信息是非常普遍的,它是事物属性及其现象标识的集合。客观世界中充满着各种信息,自然演化离不开信息,生命进化也离不开信息,人类生活更离不开信息。缺少了信息,事物之间就缺少了联系,也就没有了大千世界的统一。

1. 数据

数据是用来表达客观事物的属性、性质相互关系的任何数字、字符和图形。例如"四辆中型客车",其中的"四"和"中型"就是数据。"四"表示客车的数量特征,"中型"反映客车的类型。在信息领域中,数据是记录客观事物的、能够鉴别的符号;数据既包含数字,还包含文字、图像及声音等。数据是原始记录的一种,它在没有经过加工前是粗糙和杂乱的,但它又必须是真实可得的,同时也必须有积累的价值。飞速发展的现代科技,使计算机能够处理数量庞大的各种数据,而那些经过计算机处理过的数据更被人们所关注,因为从中可以得到有用的信息。

2. 信息

根据不同的领域和不同的研究目的,人们对信息的定义也不同。比如:信息是数据加工处理的结果;信息是一种有用的知识;信息是对现实世界某一方面的客观认识;等等。

（二）信息的构成

信息是由五个方面构成的，如图10-1所示。

图10-1　信息的构成

1. 信息源

信息源是信息的来源或信息发生源。任何事物均可产生信息，因此任何事物均可以成为信息源。也就是说，客观事物的存在即该事物的信息源。

2. 信息载体

信息源生成信息时，一般均要以一种形式（图像、文字）或信号（电磁波、声波、光波）等表现出来，即信息载体。信息通过不同的载体，以各种形式传递出去。

3. 信息内容与编译码

信息内容是信息所反映的客观事实。编译码是根据传递方式的要求，把信息由一种信号或形式转换成另外一种信号或形式。编码按照一定的规则将信号排列成一定序列，编码过程就是信号编排过程，属于信道编码。

译码过程，也叫反转换过程。按性质来说，仍属于信道编码，只不过它是靠近输出端的信道编码。为了区别信道两端的这两种过程，将前者叫作编码，后者叫作译码。

4. 信息传输

信息传输要有传输路线，即传输通道，这种信息传输所经过的路线即为信道。信道是信息流动系统的干线，是通信系统的主要组成部分。一般而言，信道不只是担负信息的传输任务，而且有一定的储存作用。

信道的关键问题是信息容量，即单位时间内可以传输信息的多少，也就是以最大速率传输的信息量。信道容量与信道储存量成正比，因此，通信技术总是向着速度快、数量大、功能高的方向发展。

5. 信息的接收者

信息的接收者是指那些接收信息和使用信息的接收者。接收者可以是人，也可以是物，如机器。接收者接收信息是通过其感受器。收音机的信息感受器是无线的，人的信息感受器是五官、手、足和皮肤等感觉器官。随着科技的发展和进步，人们利用科学，不断研发各种仪器，从而感知和破译了之前不能或不易为人体感觉器官所接收或破译的信息，继而提高了人的信息接收能力。

（三）信息的形态和类型

1. 信息的形态

信息形态一般有四种：数据、文本、声音和图像。它们可以相互转化，例如，图像被传送到计算机，计算机就把图像转化成了数据。

2. 信息的类型

信息从不同角度可以进行不同分类，如图10-2所示。

1）按重要程度可分为：战略、战术和作业信息。

2）按应用领域可分为：管理、社会、科技和军事信息。

3）按加工顺序可分为：一次、二次和三次信息。

4）按反映形式可分为：文字、数字、图像和声音信息。

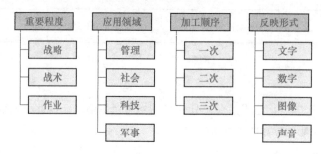

图10-2　信息的类型

二、信息技术

（一）信息技术的概念

信息技术（Information Technology，IT），是主要用来管理和处理信息的各种技术。信息技术主要是利用计算机科学和通信技术来开发、设计、安装和实施信息系统的应用软件，它也被称为信息和通信技术（Information and Communications Technology，ICT），包含通信技术、传感技术和计算机技术等。

（二）信息技术的内容

具体而言，信息技术包含以下四个方面：感测与识别技术、信息传递技术、信息处理与再生技术、信息施用技术。

1．感测与识别技术

感测与识别技术的作用是扩展人类获取信息的感觉器官功能，包括识别、提取、检测等技术。它们的总称是"传感技术"，这几乎可以延伸人类所有感觉器官的传感功能。遥感技术是传感技术、测量技术与通信技术相结合而产生的，进一步加强了人类感知信息的能力。信息识别包括文字识别、语音识别和图形识别等。

2．信息传递技术

信息传递技术的重要功能是进行信息快速、可靠、安全的转移。通信技术均属于这个范畴。广播技术同样也是一种传递信息的技术。存储、记录可以看成是从"现在"向"未来"或者从"过去"向"现在"传递信息的一种现象，因此也可视为信息传递技术的一种。

3．信息处理与再生技术

信息处理包含对信息的编码、压缩、加密等。在信息处理的基础上，可形成一些新的、深层次的信息，即为信息的"再生"。信息的处理与再生均依赖于现代电子计算机的强大性能。

4．信息施用技术

这是信息过程的最后环节，它包含控制技术和显示技术等。

三、信息管理

（一）信息管理的概念和特征

信息管理（Information Management，IM）是人们为了有效地利用和开发信息资源，以技术为手段，对信息资源实施计划、组织、领导和控制的活动。换句话说，信息管理即是人对信息资源和信息活动的管理。其重要特征有系统特征、要素特征和过程特征，即：信息管理是一个信息输入输出系统，它由人员、技术设施、信息、环境等构成；信息活动各要素的作用为人员的主体作用、技术的工具作用和内容的对象作用；信息管理过程特征是指信息活动的全过程是一个信息生命周期，信息资源的形成和利用过程是信息管理活动必然涉及的过程。

（二）信息系统与信息管理系统

信息系统是与信息的加工、传递、存储以及利用等有关的系统。它可以不涉及计算机等现代科技，甚至可以是纯人工的。但信息系统的处理能力确实因现代通信与计算机技术的发展而得到很大提高。各种信息系统中都需要现代通信与计算机技术，因此现代信息系统一般都是指人机共存的系统。

信息管理系统是收集、存储和分析信息，把有用信息传递给组织中管理人员的系统。其特点是面向管理工作，传递管理所需要的各种信息。现代管理工作是复杂的，因此信息管理系统一般均以电子计算机为基础。

因面向的管理工作的级别不同，信息管理系统可以分为面向操作层管理、面向中层管理和面向高层管理三种类型；按存取和组织数据的方式，信息管理系统可以分为文件使用系统和数据库使用系统两种类型；按作业处理方式，信息管理系统可以分为实时处理系统和批处理系统两种类型；按联系各部分之间的方式，信息管理系统可以分为分布式和集中式两种类型。

信息管理系统的特征基本是具有协助各级管理者的一个综合信息中心，具有结构化的信息组织和信息流动能力，可以按职能统一集中并处理电子数据，通常拥有数据库，具有较强的询问和报告生成能力。

（三）信息管理制度

任何高级方法和手段得以充分发挥作用的前提是具有完善的管理制度。为了保障信息管理系统的有效运转，必须建立整体信息管理制度，并将其作为章程和准则，从而使信息管理规范化。完善的信息管理制度包含：建立原始信息收集制度、规定信息渠道、提高信息的利用率，建立灵敏的信息反馈系统。

四、现代道路客运信息技术

（一）道路运输信息技术发展趋势

信息化是现代道路运输业的核心内涵和核心生产力，信息化建设与基础设施建设处于同等重点地位。

目前，铁路、民航、水路、邮政等均利用信息技术，提高了运输效率和服务水平，实现了高质量发展。相比这些运输方式，道路运输较为分散，集约化发展较为困难，整体信息化水平存在较大差距，因此生存业态挑战较大，转型升级相对较慢。在信息资源交换体系尚不健全、交换标准尚不统一、共享程度低、公共信息服务能力较薄弱、决策支持能力尚且不足的情况下，国家积极开展信息技术在道路运输行业的应用。

《物流业发展中长期规划（2014—2020年）》明确由交通运输部和国家发展改革委牵头，开发建设国家交通运输物流公共信息平台，推进实施物流信息化发展；2018年平台进一步更新调整为"省部共建，以部为主"，接下来将在全国范围展开大规模应用，为包括客运在内的运输体制降本增效服务。《推进运输结构调整三年行动计划（2018—2020年）》中明确提出要促进信息资源开放共享,加快建设多式联运公共信息平台。在多种运输方式协同发展、新旧动能转换的时机,这些信息化平台将更加充分发挥作用从而释放运输活力,为行业深层次的技术革命带来希望。

信息化在道路运输、客运服务等的转型中已经发挥了作用,要继续深化信息化理念,继续提高道路运输质量:一是要拥抱信息技术革命,建立新时代新技术促进新发展的理念,发展信息技术,推进新的道路运输方式;二是要面向创新发展新需求,建设道路运输信息化队伍,从部省市、企业多角度综合保障道路运输信息化的发展和建设;三是团结发展信息化平台,协同各行业共同打造各类信息平台,有效提高道路运输效率,有效提升服务水平,有效促进高质量发展。

(二)道路客运信息技术的分类

按照应用范畴来看,道路客运信息技术可以分为运营管理信息技术和数据优化信息技术。具体而言,运营管理信息技术主要包括车辆安全系统、网络通信及导航系统、道路客运联网售票系统等;数据优化信息技术主要包括高级出行者信息系统(ATIS)、高级交通管理系统(ATMS)、高级公共交通系统(APTS)、高级车辆控制系统(AVCS)和电子收费系统(ETC)等。

第二节 道路客运运营管理信息技术

道路客运运营管理信息技术主要包括车辆安全系统、网络通信与导航系统和道路客运联网售票系统等。

一、车辆安全系统

(一)自适应巡航控制系统

自适应巡航控制系统的功能是:车主设置自定义车速后,系统利用激光波束等方式扫描周围环境,探测前方路况,自动调节档位和节气门开关,保持安全跟车距离。该系统进一步发展的方向是公路和车辆的自适应同步,车辆和公路能够通过传感器和通信实现信息互动,从而使得驾驶人员实时掌握路面状况,及时改变行车速度和路线。

(二)防撞警告系统和撞车报告系统

防撞警告系统通过雷达等手段扫描行车路面状况,及时发出预示信息,通过手动或自动实施制动,防止车辆发生撞击。同时,系统可与定位系统联通运作,当车辆发生撞击后,撞车报告系统将生成撞击报告和定位信息,通过定位系统发送到急救中心,从而提高救援的效率。

(三)集成安全系统

汽车安全系统一般分为主动安全系统和被动安全系统,通过集成二者而形成的有机统一整体,即集成安全系统。集成安全系统综合运用了多项技术,对各个方面的驾驶安全配置,如自适应能量吸收转向柱、安全带预张紧和过张紧装置、帘式头部气囊、主动膝部护膝等,实施综合性感应和保护。大多数交通事故的统计结果显示,要降低交通事故和人员伤亡的数量,就必须采用新的安全战略。集成主动安全系统和被动安全系统为性能高度改进提供了可能,其中"传感器融合"起着重要的作用,即通过"传感器融分"可以将传感器信息提供给主动安全系统和被动安全系统。集成的主动安全系统主要用于交通事故的避免,而集成主动安全系统和被动安全系统则主要用于降低交通事故的严重性和后果。

（四）被盗车辆寻回系统

通过网络，车主可以设定车辆安全区域，开启报警系统发射机，对车辆的位置进行实时监控。如果发生盗窃，发射机能够报告车辆的位置信息和行驶信息，为警方处理案件提供了非常有效的信息。部分车辆也可以设置自动开启报警，在车辆离开安全区域后，自动发出报告和提醒。

二、网络通信及导航系统

（一）网络通信系统

车辆驾驶人在正常行驶时，通过转向盘的启动按钮，启动网络通信系统。以计算机为介质，网络通信系统将新闻、邮件等转化为语音传递给驾驶人，同样驾驶人也可以通过语音回复，或通过语音识别转为文本后发送。这使驾驶人能够在保持安全驾驶的状态下处理业务，充分利用网络服务。

（二）地理信息系统和定位系统

1. 地理信息系统

地理信息系统（Graphic Information System，GIS）是由计算机软硬件环境、地理空间数据、系统维护和使用人员四部分组成的空间信息系统，见图10-3。

GIS是一种特定的、十分重要的空间信息系统。它是在计算机软硬件系统支持下，对整体或部分地球表层（包含大气层）空间中的关于地理分布的数据进行采集、储存、管理、运算、分析、显示和描述的技术系统。GIS用来分析和处理在一定区域内分布的各种过程和现象，解决复杂的管理、规划和决策问题。

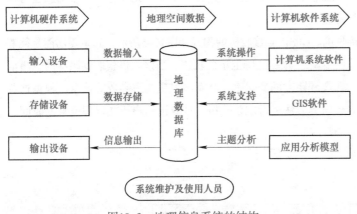

图10-3 地理信息系统的结构

地理信息系统和全球定位系统

2. 定位系统

（1）全球定位系统

全球定位系统（Global Positioning System，GPS）是由多个卫星组成的、在全球范围内提供高精度的定位和全天候导航信息的系统。

1）GPS的组成。GPS由空间卫星系统、地面监控系统和GPS信号接收机组成，可对监控对象进行动态的监控和跟踪。

① 空间部分——空间卫星系统GPS的空间部分是由24颗卫星组成的，位于距地表约20 200km的上空，这些卫星均匀分布在6个轨道面上，即每个轨道面4颗，轨道倾角为55°。另外，在轨道上运行的还有4颗有源备份卫星。这样的分布使得在全球任何地方、任何时间均可观测到4颗以上的卫星，同时保持较好定位解算精度的几何图像。GPS空间卫星系统卫星分布见图10-4。

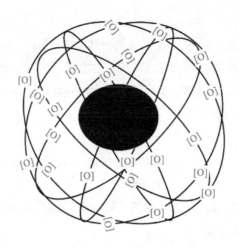

图10-4 GPS空间卫星系统卫星分布图

② 地面部分——地面监控系统。地面部分由1个主控站、5个监测站和3个控制站组成。监测站都配装有高精度的时钟和连续测量所有可见卫星的接收机。监测站将收到的卫星观测数据，包含电离层和气象数据，进行初步处理后，传送到主控站。主控站从监测站收集数据，分析并计算卫星的轨道和时钟数据，再将结果送到地面控制站。当每颗卫星运行至上空时，地面控制站再把这些导航数据及主控站指令发送到卫星。这种注入对每颗卫星来说是每天一次的，并在卫星离开控制站作用范围之前执行最后的注入。如果某些地面控制站发生故障，则在卫星中预先保存的导航信息还可使用一段时间，只不过导航精度可能会逐渐降低。

③ 用户设备部分——GPS信号接收机。GPS信号接收机的构成如图10-5所示，其主要功能是能够捕获到按一定卫星截止角所选择的待测卫星,并跟踪这些卫星的轨迹。当接收机获取到跟踪的卫星信号后，即可测量出接收天线至卫星的距离和距离的变化率，计算出卫星轨道参数等信息。根据这些信息，接收机中的微处理器就可按定位解算方法进行定位分析，计算出用户所在地理位置的时间、经纬度、高度、速度等信息。

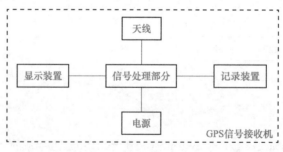

图10-5 GPS信号接收机的构成

2）GPS的原理及应用。GPS通过24颗地球同步卫星24h向地面发送授时和定位信号，它以高精度、全天候、自动化、高效益等特点，被广泛应用于工程变形监测、资源勘察、大地测量、工程测量、地壳运动监测、地球动力学、航空摄影测量、运载工具导航和管制等多种学科，给测绘领域带来一场深刻的技术创新。目前GPS技术在农业、林业、测绘、水利、军事、电力、通信、航空、交通物流、安全防范、城市管理等领域均有广泛应用。但要注意，如果想知道接收机所处的位置，至少要能接收到4个卫星的信号，GPS定位的基本原理如图10-6所示。

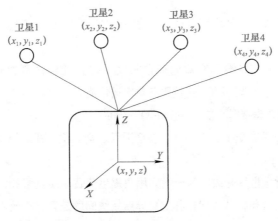

图10-6 GPS定位的基本原理

3）GIS/GPS在道路客运领域中的应用

GIS应用在道路客运分析中，主要是利用GIS强大的地理数据功能，完善道路客运分析技术，其在道路客运领域的应用可以实现对车辆等移动目标的位置的实时监控，并根据道路交通状况，实时向移动目标发出调度指令。而无线通信技术和GIS/GPS的有效结合，再加以最短路径模型、车辆路线模型、网络道路客运模型、设施定位模型和分配集合模型等，可以建立功能完善的道路客运信息系统，实时调度道路客运并且节约成本。GIS/GPS应用于道路客运企业的优势主要体现在以下几个方面。

① 打造数字道路客运企业，规范企业日常运作，提升企业形象。应用GIS/GPS将提升道路客运企业的信息化程度，促进企业日常运作数字化，企业拥有的道路客运设备或客户的任何一次托运等均能用精确的数字来描述，不仅能提高企业运作效率，同时能提升企业形象，还能够争取更多的客户。

② 通过跟踪运输设备导航，使车辆运作效率提高、客运费用降低，有效抵抗风险。

无线通信技术和GIS/GPS的结合，使得运行在不同地方的运输车辆变得透明且可以控制。根据道路客运企业的决策模型库、道路客运企业的实际情况及GPS获取的实时道路信息，可以分析出最佳道路客运路径，给运输车辆导航，使运行时间减少、运行费用降低。利用GIS/GPS可以实时展示车辆的实际位置，屏幕上的地图可任意缩放、还原，可以跟随目标而变化，使目标始终保持在屏幕上，利用该功能可对主要车辆和行包进行跟踪。对车辆施行实时跟踪、定位、通信、报警等技术，可以满足掌握车辆基本信息、远程管理车辆的需要，从而有效避免车辆的空载。同时通过互联网技术，客户也能了解自己在运输过程中的细节情况。客运作业中人的因素处处存在，而GIS/GPS能够方便地解决相关问题，能够有效地监控驾驶人的行为，还可以有效避免个别客运企业人员为了逃避过路费而绕远路延误时间、私自拉客拼客、途中私自停留等现象，对车辆的监控也就相应地规范了相关人员的行为。

（2）北斗卫星导航系统　北斗卫星导航系统（BeiDou Navigation Satellite System，BDS）是我国自行研制的全球卫星导航系统，是继美国GPS、俄罗斯GLONASS之后的第三个成熟的卫星导航系统。BDS和美国GPS、俄罗斯GLONASS、欧盟GALILEO，均得到了联合国卫星导航委员会的认定。

1）BDS的组成、重要功能及特点。

① BDS的组成。BDS由三部分组成，分别是空间段、地面段和用户段，可以实现全球范围、全天候和全天时为用户提供高精度、高可靠性的导航和授时服务，而且具备短报文通信能力，已初步具备区域授时/导航和定位能力，授时精度为10ns，定位精度为10m，测速精度0.2m/s。

② BDS的重要功能。

快速定位：BDS可为服务区域内用户提供定位精度20～100m的全天候、高精度、快速、实时定位服务。

短报文通信：BDS用户终端具有双向通信报文功能，我国及周边地区单次通信能力为约1 000汉字（约14 000bits），全球短报文通信服务单次通信能力约为40汉字（约560bits）。

精密授时：BDS具有精密授时功能，精度在20～100ns。

③ BDS的特点。BDS具有众多优良特点，如全天候、全方位、并发处理能力强、安全性好等，具体表现为开放性和自主性。

开放性：BDS系统对全世界开放，为全世界用户提供免费高质量服务，积极协同世界各国开展更加广泛而深入的交流与合作，共同促进各卫星导航系统间的兼容，有效推动卫星导航技术与产业的发展。

自主性：BDS是我国完全自主建设和运行的，可独立为全球用户提供服务。

2）BDS在道路客运领域中的应用。

① BDS客运车辆监控系统。

该系统根据北斗卫星定位、物联网、移动通信等先进技术，能实现网络无缝覆盖，从而获取客运车辆的实时位置、运行速度、运行方向及运输介质等各种状态信息，实现远程监控客运车辆，使运输安全和运输效益得到提升，实现对运输的有效管理。

整个系统主要由三个部分组成：无线通信网络、北斗车载终端、企业监控系统。

无线通信网络：是车载终端采集信息的通信载体，采用2G/3G/4G/5G等方式，将实时北斗车载终端采集信息传输到监控中心，同时把监控中心的消息及指令及时下发到北斗车载设备，而后外接设备通知驾驶人，规范驾驶行为。

北斗车载终端：是安装在"两客一危"（两客一危，是指从事旅游的包车、三类以上班线客车和运输危险化学品、烟花爆竹、民用爆炸物品的道路专用车辆）客运车辆上的北斗车载终端设备，将采集到的车辆行驶状态、行驶轨迹、视频等信息通过2G/3G/4G/5G等网络实时上传到企业、行业的监管平台，支持报警上传并接受企业监控系统的消息和指令。

企业监控系统：是符合"两客一危"行业标准的客运车辆调度监控系统。车载终端将采集的数据发送到该系统，企业通过该系统可以监控调度本企业的运输车辆，同时可以与"两客一危"行业监管平台实现信息交互，这也是交通运输部平台的数据共享共用的要求范围。

② 其他应用。

数据中心。BDS提供数据中心功能，以便监控。采集的实时统计数据通过可视化数据仪表盘进行展示。直观展现客运车辆监控的统计信息，有利于总体把握企业客运车辆的总体情况。另外，如需要了解具体车辆违规、状态等信息，则可以进一步查询明细。

车辆实时监控。客运车辆实时监控支持跟踪车辆、车辆拍照和报文发送等功能，并可进行反馈报文、车辆行驶记录及照片数据的历史查询；既可以监控单车，也可监控多车，并可显示其运行速度。

历史轨迹回放。历史轨迹回放的应用可以根据所需时间段，回放指定时间段内客运车辆的行驶轨迹，并在屏幕的地图上展示，还提供播放、暂停、快进、快退、拖拽、单步前进、单步后退等功能，控制轨迹播放速度，同时配有可视化的速度曲线。

超速报警。当车速达到最高限速并超过设置的持续时间时，超速报警功能产生报警，当车速未达所设置的最高限速时则不产生报警。超速报警的判断规则是速度连续1min大于速度阀值（白天6时到22时为100km/h，夜间22时到凌晨6时为80km/h）时启动；速度小于阀值时结束。

偏离线路监控。当车辆偏离客运车辆预设线路时，车载设备发出报警，并实时上传至监控中心。监控中心收到报警后，通过声光等方式提示车辆偏离线路。点击报警信息，就可以进入单车监控状态。

连续行驶疲劳驾驶。分析判断客运车辆疲劳驾驶情况，是按照交通运输部有关疲劳驾驶的规定，来判断客运车辆驾驶人是否疲劳驾驶的。如果满足条件，则进行报警提示。疲劳驾驶判断规则是：驾驶人刷卡时长大于4h开始，驾驶人签退20min后结束；驾驶人连续驾驶4h及以上时间后签退，如果签退时间和下次签到时间的间隔不足20min，则为疲劳驾驶；累计8h疲劳驾驶，在0点至23点59分59秒之间，刷卡总时长累计超过8h开始报警，签退后结束报警；再次签到则继续报警，直至23时59分59秒结束报警。

统计分析报表。以客运车辆监控的数据为基础，可以对车辆使用记录进行统计报表分析，方便监控人员更详细地了解车辆的使用情况。按时间分类，统计周期包含日报、周报、月报、年报以及任意时段的报表，统计分析结果可以文字和图表的形式展示，同时所有报表数据都可以导出为Excel文件。

（三）电子导航系统

定位技术的进一步发展是电子导航系统。经济和汽车制造技术的发展，使得汽车的运用范围越来越广，在提供便利的同时，也造成了拥堵和事故。扩建道路并不能从根本上解决交通阻塞的问题，而电子导航系统则从一定程度上解决了这个问题。电子导航系统接收卫星定位信息，精确定位汽车的位置以及行驶速度和方向，并通过显示器将这些数据显示出来。现在很多品牌的汽车，都已经将电子导航系统作为汽车的基本配置，在设计车型的时候，会预留出足够的显示器的位置。电子导航系统可以为驾驶人提供语音导航和准确的位置定位，计算最优行驶路线，帮助驾驶人顺利到达目的地。

三、道路客运联网售票系统

（一）道路客运联网售票系统的概念、意义及发展概况

1. 道路客运联网售票系统的概念

客运联网售票系统是行业信息化重大工程"公路水路交通出行信息服务系统"的重要组成部分，是为进一步提升道路客运服务水平、方便乘客购票、完善道路客运经济运行动态监测和优化出行信息服务等而专门规划设计的一套信息化解决方案。

为进一步提升交通运输服务水平，满足经济社会发展和人民群众对交通运输服务的需求，《交通运输部关于改进提升交通运输服务的若干指导意见》（交运发〔2013〕514号）对道路客运联网售票系统建设提出如下要求："推进全国客运联网售票。从改进服务、方便乘客角度出发，着力解决乘客购票不便等问题。整合各地客运售票资源，推进省域、跨省域客运联网售票系统建设，逐步推行电子客票，为乘客提供网上售票、电话订票、网点售票、自动售票机售票等服务，让乘客购票方式更多样、购票更便利。"

道路客运联网售票系统的基础是客运站站务系统及区域已建、在建的客运联网售票系统。道路客运联网售票系统将现有联网售票资源进行整合，建立全国及省域道路客运联网售票系统信息平

台,更好地为行业管理、企业经营和公众出行提供服务。道路客运联网售票系统的建设:能够有效整合道路客运基础信息与动态信息,构建多元化售票体系,提高道路客运售票服务信息化水平,为公众提供方便的售票服务;完善客流分析功能,为客运企业合理调配运力提供数据,促进企业经营成本降低,增强企业竞争力;为交通运输部门提供道路乘客运输经济运行动态信息,提高道路客运联网售票系统设计与应用部门规划与决策的科学性。

道路客运联网售票系统的建设任务可概括为"一个平台、六个系统"。一个平台,是指道路客运数据交换平台,实现道路客运数据整合、交互和共享的统一授权、监控和归口管理。六个系统及其作用如下:①道路客运联网售票服务系统,为公众出行服务,为广大公众提供网络售票、代售点售票、智能终端售票、自助终端售票等多元化售票服务。②道路客运信息监管与决策辅助系统,服务于政府行业监管,可以实现客运数据的实时上报与分析,实现行业安全监管。③客运站站务管理系统,提供客运站站务的实时、动态管理功能。④道路客运联网售票业务管理系统,实现客运企业对自身站务、车辆调度、售检票业务的管理,统一票据票源,完善营运监控。⑤道路客运联网售票清分结算系统,采用自动清分结算,实现自动化的票务结算,提高结算的实时性、准确性,为各类实体之间的经营往来提供直接的技术支撑。⑥小件快运管理系统实现了企业业务的拓展。

2. 道路客运联网售票系统建设的意义

随着时代的发展,乘客对便捷出行及服务质量的需求不断增多,所以道路客运联网售票系统的建设意义重大。

1)落实民生工程,方便公众出行。建设道路客运联网售票系统,可以:提升公众出行信息服务水平;及时准确获取动态交通信息,实现科学规划出行;降低购票隐形成本,满足购票方式多元化的需求。

2)提升企业管理服务水平,提高行业竞争力。建设道路客运联网售票系统,可以:完善客运企业生产和管理系统,实现企业管理和服务全面升级;拓展售票渠道,提升企业服务水平,降低经营成本;挖掘行业潜力,开拓小件快运市场,提升企业经济效益和竞争力;为企业提供统计分析功能,实现科学决策。

3)整合客运信息,提高综合运输服务能力。

4)增强社会福祉,促进绿色低碳出行。

3. 国内外道路客运联网售票系统建设与发展

(1)国外道路客运联网售票系统建设与发展　互联网技术的迅速发展,导致全球各国不断加强网络通信技术的研发与应用。其中,联网售票是目前应用最为成熟的领域之一,主要原因在于相比传统售票方式,联网售票成本更低且更方便、更快捷,更受大多数旅客青睐。据统计,在西方发达国家,中长途交通工具票务中85%可以通过互联网订购。联网售票方式更优越,在北美发展较早,很快传播到欧洲和亚洲。

道路及铁路、民航的联合售票,在给旅客的出行带来了极大便利的同时,在行业监管、企业高效运作等方面也发挥了很大的作用。联网售票系统的建设及运营管理主要有两种方式:以美国Greyhound长途客运、欧洲Euro Lines、德法铁路等为代表的纯市场化运作方式;以日本道路客运为代表的全部由政府实施管理的方式。美国Greyhound、欧洲Euro Lines、日本道路客运均与城市公共汽车线路形成了良好的合作关系，将经营线路延伸到城市的各个角落，充分体现了"城乡一体化"运输为旅客出行和换乘带来的便利。美国Greyhound公司、日本道路客运均充分利用交通诱导系统和卫星定位系统，既可以实时了解班车的位置和状态，方便行业监管，为旅客合理规划出行时间提供便利，又可以让驾驶人随时掌握道路交通路况，为旅客提供各种人性化的服务。

（2）国内道路客运联网售票系统建设与发展　我国道路客运的信息服务水平远远落后于民航和铁路的信息服务水平，公众无法提前对自己的整个行程进行规划，这严重妨碍了道路客运的发展。

随着道路客运信息化需求不断增多，国内近年来已建成部分联网售票系统。一些大中城市逐步推出了由政府行业管理部门主导的区域性道路客运联网售票系统服务。这些区域联网售票系统的建设，大力推动和促进了道路客运市场的发展与繁荣，使客运业的整体服务水平得到显著提升。

道路客运联网售票系统按照区域可分为局域联网售票系统、省域联网售票系统、区域联网售票系统和全国联网售票系统。

1）局域联网售票系统的发展。局域联网售票系统，其售票范围的重点在同一客运集团下属企业之间。从目前全国道路客运格局来看，局域售票的关键限制在地/市间。部分大型客运集团可覆盖至全省范围内重要大中城市，对未覆盖的地/市，则无法实现网售。局域联网售票系统的建设中企业行为是关键。

2）省域联网售票系统的发展。省域联网售票系统多在省域内二级及以上客运站（部分扩展到三级），通过网络等各种方式为公众提供余票、票价、班次、车辆、驾驶人等信息查询服务以及购票服务。省域联网售票系统的覆盖范围超过了局域联网售票系统的售票范围，使多家客运企业/集团之间互通互联，实现了省域范围内二级及以上客运站之间的网售，各客运站除可售本站票外，也可售异地票。省域联网售票系统的建设是一个综合工程，目前主要采用政府牵头、各大客运企业/集团配合的形式。

3）区域联网售票系统的发展。区域联网售票系统的售票范围涵盖多个省份，主要指地理上相邻或相近的省份间实现客票互售。跨区域售票，是信息化与经济化社会发展的必然结果。这种区域联网售票系统，联合现有的局域或者省域的联网售票系统资源，为区域内民众提供更多的跨区域性购票选择。以京津冀道路客运网售一体化平台建设为例：目前，京津冀地区正在规划区域联网售票系统建设，系统建成后，北京、天津、河北网售中心接入京津冀道路客运网售一体化平台，售票数据采用实时同步的方式汇聚到京津冀道路客运网售一体化平台，从而实现京津冀道路客运网售的统一化管理。京津冀道路客运网售一体化工程作为全国网售工作的基础和先导，将率先启动、尽快落实形成模式，将为全国道路客运网售信息系统的建设提供经验。

4）全国联网售票系统的发展。全国联网售票系统采用两级联网的模式，按照成熟一个接入一个的原则，将各省级联网售票系统逐步接入全国联网售票系统，在交通运输部汇集形成全国道路客运网售数据中心，实现全国范围内道路客运数据交换和分布式处理，并设立行业应用平台，组成道路客运行业级服务和应用体系，以有效推动和促进道路客运行业的发展。

（二）道路客运联网售票系统技术展望与发展方向

1. 技术展望

随着信息技术的飞速发展，道路客运联网售票系统将融合越来越多的新技术到其技术框架及技术体系中。其中，主流的应用技术有云平台、分布式计算、大数据等。

（1）云平台　云平台以云计算为基础。云计算是分布式计算的一种，指的是通过网络"云"将巨大的数据计算处理程序分解成无数个小程序，然后利用多台服务器组成的系统进行处理。云平台允许用户在"云"里运行程序，或直接使用"云"提供的服务，或既在"云"里运行程序又直接使用"云"提供的服务。这种新的应用支持方式有着巨大的潜力，对需要海量资源进行计算的道路客运联网售票系统来说，是一个非常合适的资源扩展方式。采用云平台可以有效解决如下问题：利用外部云计算资源来分担系统查询业务，根据高峰期业务量的增长速度按需及时扩充，一方面稳定地解决系统高峰资源不足的问题，使系统在票务高峰期正常使用，另一方面又可以节约大量投资。

（2）分布式计算　分布式计算是一种新的计算方式，和集中式计算是相对的。它在两个或多个软件之间共享信息，这些软件既可以在同一台计算机上运行，也可以在通过网络连接起来的多台计算机上运行。总体来看，平衡负载和共享稀有资源是分布式计算的核心思想，典型分布式计算技术主要涉及中间件、网格计算和Web Service等技术。有些应用需要非常强大的计算能力才能完成，若采用集中式计算，则耗时相当长，适合采用分布式计算。分布式计算使用多台计算机同时处理任务，从而节约整体计算时间，提高计算效率。

（3）大数据　大数据技术是所需的数据量规模巨大到无法通过目前一般软件工具，在合理时间内达到爬取、管理、处理，并整理成为能够帮助企业经营决策更积极目的的信息。大数据技术具有"4V"特点，具体如下。

1）规模性（Volume）：大数据从TB级别跃升到PB级别，数据体量巨大。

2）高速性（Velocity）：大数据服从"1秒定律"或秒级定律，一般要在秒级时间范围内给出分析结果，对处理速度有较高要求。这个速度要求是大数据技术和传统的数据挖掘技术最大的区别。

3）多样性（Variety）：大数据包含网络日志、地理位置信息、视频、图片等数据类型，数据类型繁多。

4）价值性（Value）：大数据商业价值高但价值密度低。在连续不间断视频监控过程数据中，有用的数据可能仅涉及1~2s。

大数据在道路客运联网售票系统预测和分析方面可起到良好的效果，比如预测客流高峰时段、实时交通信息、运力调配、客运班车的排班、驾驶人驾驶行为分析、主动安全和车辆安检分析等。车站可以依据出行旅客多元化购票方式的数据，优化各种售票方式中资源的投入；车站还可以依据行驶方向车票紧张程度、地区旅客购票数量、时段售票紧张程度等用户行为，合理调配资源和运力。

2. 道路客运联网售票发展方向

（1）综合运输体系构建　通过道路、铁路、航空联网售票系统的建设，以及强化火车站、航站楼、异地航站楼与客运班线之间的对接，逐渐实现客运"一站式""一票制"联程服务。合理布局各种运输方式的网络规模、经营结构和线路走向，重点建设大中城市间以铁路、民航网络为主的，中小城市、县乡之间以道路网络为主的，各种运输方式高效衔接、优势各异、紧密配合、特色鲜明的运输综合网络，从而促进综合运输体系建设。

（2）行业转型升级发展　道路客运服务市场资源比较紧张，运输效率和服务质量都不高。道路客运联网售票系统的发展将较大程度上提高管理的效率，尤其是通过应用大数据、云计算等新一代信息技术实现行业转型升级。通过大数据掌握客运行业客流量、流向、车辆实载率等相关数据，更加合理地调控客运运力，更加科学地优化线路、调整站点等；通过大数据分析，可消除存在于客运服务供需双方间的信息不对称问题，有效推动客运服务对公众出行的敏捷反应，有效推动运输服务组织网络化；信息的动态化、实时化，可以有效推动运输服务的监督，加快运输管理模式改革和组织方式转变，从生产增长导向往服务质量导向转变，有效提升运输服务的集约化、规模化、组织化、专业化水平。

（3）运输服务改进提升　随着经济社会的快速发展，人民群众对出行舒适性、便利性和安全性的要求越来越高，需要及时、便利地掌握客运班线、班次及票价等信息。道路客运是人们出行的重要方式，但目前道路客运领域信息化水平仍然不高。民航已完全实现了电子客票，铁路车次信息也已基本实现全国联网，但道路客运班车信息目前还未能实现互通互联，这严重制约了道路客运行业的发展。而且，道路客运行业也未能像高铁、航空那样为旅客出行提供足够便捷的服务。道路客运联网售票系统的广泛应用将有效解决上述问题。道路客运与航空客运、铁路客运系统的对接将为公众提供一个满足个性化、多样化出行需求的信息服务平台，让公众感受到更加广泛的服务领域、更加丰富的服务内容、更加优质高效的服务质量、更加经济便捷的服务方式。通过信息动态交换共享，全面实现经济社会需求与运输服务的按需对接和实时匹配，消除人民群众、客运企业与行业管理部门间运输服务信息的不对称，增强交通运输对社会服务的透明度，让公众切实享受到改善运输服务所带来的便利。

（三）我国道路客运联网售票系统的构成

我国道路客运联网售票系统主要由数据交换管理系统、业务管理系统、售票服务系统、清分结算系统和客运信息监测系统构成，如图10-7所示。

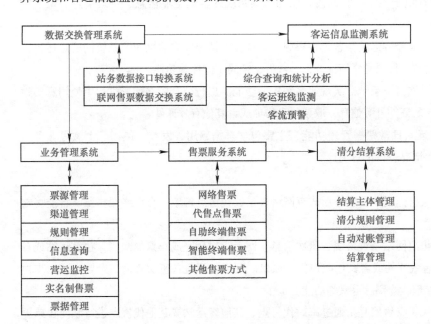

图10-7　我国道路客运联网售票系统的构成

道路客运联网售票系统

1. 数据交换管理系统

数据交换管理系统包括站务数据接口转换系统和联网售票数据交换系统。

（1）站务数据接口转换系统　按照联网售票相关标准规范的要求，转换客运站现有站务数据系统接口，开发数据同步和票务服务等相关接口，以便提供联网售票数据交换管理服务，实现网售数据的交换共享。

票务服务接口：应包含售票接口、余票查询接口、锁定座位接口、解锁座位接口、退票接口、订单查询接口、废票接口、取票接口等。

数据同步接口：应包含道路客运网售数据中心之间客运班次、线路、车辆等数据的同步接口和站务系统接口。

（2）联网售票数据交换系统　联网售票数据交换系统是进行数据交换与共享的基础平台，汇集与管理客运信息资源，逐步建立联网售票数据中心。联网售票数据交换系统应根据相关数据交换标准制定统一的接口标准，从而实现联网售票数据中心与客运站、客运企业以及其他业务系统间的数据交换与共享。

2. 业务管理系统

业务管理系统为联网售票运营机构服务，用来协调各类联网售票机构。该系统提供统一的联网售票，支撑售票服务系统。

（1）票源管理　客运站应与省级道路客运网售数据中心实时共享全部票源信息，联网售票运营机构可以配置各接入渠道（如网站、代售点等）的可售票源信息，票源站售票不受配置限制。

（2）渠道管理　渠道管理用来管理各类接入联网售票系统的代售点和第三方代售机构，包含可售班次管理、售票额度管理等主要功能。

（3）规则管理　规则管理用来管理各类联网售票规则，主要包含购/订票及支付、取票、废票、退票、锁票等功能。

（4）信息查询　可在电子地图上查询接入联网售票系统的客运企业信息、发班信息、班次信息、售票量信息、上座率信息等。

（5）营运监控　实时监控客运站与各类售票服务系统接入情况，为联网售票系统的稳定运行提供保障，主要包含出票监控、售票异常情况监控、数据交换同步监控等功能。

（6）实名制售票　联网售票系统需实现实名制售票功能。出行公众应在购票过程中使用真实姓名、身份证号或者其他有效证件号等信息，取票凭身份证或者其他有效证件。

（7）票据管理　客运站日常票据管理功能，主要包含票据领用、发放、使用、上缴等业务功能，并能够根据票据使用情况进行汇总统计。

3. 售票服务系统

售票服务系统为公众出行服务，服务形式有网络售票、代售点售票、自助终端售票、智能终端售票及其他售票方式。

（1）网络售票　从售票网站查询班线、班次信息，网上支付后完成车票的购买，在客运站或自助终端可通过身份证等有效证件或者其他取票凭证取票。网络售票包含班次查询、余票查询、支付管理、订单管理、账户管理、购票、退票等功能。

（2）代售点售票　代售点售票是指通过邮政代售点、其他客运站或其他代售点进行联网售票服务，包含班次查询、购票、支付、取票、余票查询、退票等功能。

（3）自助终端售票　自助终端售票是指通过自助终端提供班次购票、取票、查询等服务，支持刷卡和现金支付，可通过身份证取票，有效缓解高峰时段的售票压力。

（4）智能终端售票　智能终端售票是指通过主流的智能终端平台提供售票服务，包含班次查询、余票查询、购票、退票、订单管理、账户管理、支付管理等功能。

（5）其他售票方式　其他售票方式如电话售票等，提供客运班次查询、购票/订票、支付、退票、余票查询等服务。

4．清分结算系统

清分结算系统可保障"T+N"的结算服务（$N \leqslant 7$），包含结算主体管理、清分规则管理、自动对账管理和结算管理等功能。

（1）结算主体管理　结算主体管理包含结算主体基本信息管理、结算主体关系管理、结算主体账户管理等功能。

（2）清分规则管理　清分规则管理功能管理不同结算主体之间的清分比例，管理和维护生成清分规则的费率、线路、区域数据、票款组成、车票类型等信息，校验规则的有效性，模拟清分的执行结果。

（3）自动对账管理　自动对账管理包含自动对总账管理、对账结果调整、明细账对账管理等功能。

（4）结算管理　结算管理功能根据结算周期、结算公式等结算规则对客运站、客运企业、代售点等单位的对账结果实施结算。其结果可查询和统计分析。

5．客运信息监测系统

客运信息监测系统提供统计分析、综合查询和监测预警等功能，可给不同角色分配不同权限，实现监测不同范围的道路客运信息。

（1）综合查询和统计分析　对不同区域、不同客运站的旅客发送量、运力组织情况、班次运行情况的综合查询和统计分析功能，有助于交通运输部门掌握客运站运行实时情况。

（2）客运班线监测　对客运班线的客流量、售票量、上座率、发班正晚点率等班线运行情况进行监测，从而支撑客运班线审批。

（3）客流预警　分析历史统计数据，结合联网售票系统的发班情况和售票情况，对未来一段时期内的客流，特别是高峰等情况进行预警提示。

第三节　智能客运系统

从微观的角度来看，道路客运运营管理信息系统确实为道路客运企业提供了基础的数据和信息源，使其能够有效应对运营方面的各种问题。但从宏观的角度来看，如何将这些散杂的信息充分加以利用、分析、整合，让信息为道路客运企业所用显得更为关键，所以需要在数据分析、数据优化和分析结果应用方面进一步深入。智能交通，也称智慧交通，它采用物联网、云计算、大数据、移动互联网等新技术，着眼于提高交通设备的运行效率和促进交通信息的广泛应用与服务：为交通管理部门缓解交通拥堵和保障交通安全提供数据和决策支持，提高交通管理的效率；为民众提供迅捷的交通信息，提高民众对交通拥堵，交通事故的应变能力。下面从智能交通的角度出发，详细地介绍智能客运系统的基本组成和基本功能。

一、高级出行者信息系统

1980年以来，美国、日本和欧洲各国为缓解公路交通拥塞而开展的研究中，产生了以个体出行者为服务对象的综合交通信息系统，其可与交通信息中心进行双向信息传递，从而使出行者始终行驶在最短路径上（时间或距离），避开阻塞路段、事故路段或不良环境地段，减少延误，缓解交通拥挤状况。这种系统通常称为高级出行者信息系统。

高级出行者信息系统是借助计算机技术、通信技术、传感器技术和控制技术等，为出行者提供公交信息、道路信息和其他出行重要信息，它有助于出行者选择出发时间、出行方式和出行路线，它也能够诱导和控制车辆的运行，使交通的诸多问题得到有效解决。高级出行者信息系统被认为是智能运输系统的核心部分之一，是智能运输系统的基础。高级出行者信息系统在美国、英国、德国、法国、日本均已经得到大量的研究，它的目标是减少燃油消耗和空气污染、减轻交通拥挤、提高交通安全性、改善驾驶效率。

高级出行者信息系统能够以文字、语音、图形等形式向出行者发送相关出行信息，使出行者在出发前、途中直至到达目的地的整个过程中，及时获取交通状况、行程时间、所需费用、最佳换乘方式以及目的地等各种信息，以此指导出行者选择合适的交通方式和路径，从而以最高的效率和最佳方式出行。

高级出行者信息系统按照出行者收到信息服务的时机进行分类，可以分为：出行前信息系统、驾驶人在途信息系统、出行者在途换乘信息系统。

按照信息系统所发送的信息内容的不同，高级出行者信息系统可以分为：路径诱导系统、交通流诱导系统、停车场诱导系统、个性化信息系统等。

（一）系统组成

高级出行者信息系统（Advanced Traveler Information System，ATIS）由交通信息中心、通信系统和车载设备系统组成。

1. 交通信息中心

交通信息中心是高级出行者信息系统的主控中心，它集交通信息采集、处理和发送于一身；其重要功能有数据库的建立与更新、其他信息源通信、车载设备的通信、数据的分析和处理等；其硬件系统是由计算机和各种信息设备组成的。

2. 通信系统

通信系统主要负责道路交通信息的数据传输，以及车辆与交通信息中心的数据交换。社会服务公共信息、道路交通信息通过光纤网络发送到交通信息中心进行进一步处理。双向动态无线数据传输可以完成车辆与信息中心之间的数据交换：一方面，车辆借助接收器可以从交通信息中心获取实时交通信息，比如当前路段通行时间预估、堵塞或事故发生的具体地点等；另一方面，车辆又是交通信息的流动探测器，通过车载装置把当前的交通信息（实时路段通行时间）反馈给交通信息中心。无线通信常用方式有无线数据广播、集群通信和蜂窝移动通信等。

3. 车载设备系统

车载设备系统由车载导航计算机、定位系统设备、车辆通信设备和显示装置等构成。车载导航计算机负责处理和储存交通信息，给驾驶人提供一个良好的人机界面，方便其输入信息和获得信息。

高级出行者信息系统能够使驾驶人实时、准确地了解各种道路和车辆信息。定位系统模块包含方向和车轮速度传感器以及GPS接收器，这些都用来为导航提供精确的时间和地理位置数据，跟踪道路网络中车辆的位置，它所使用的数据源包括传感器数据、GPS信号和数字地图数据库。在车载设备系统中，人们越来越重视能够快速、清晰展示交通信息的显示装置，车载显示装置包括液晶显示、HUD显示（Head-up Displays）、真空荧光管显示和显像管显示。车载显示装置包含乘客显示屏和驾驶人界面。乘客显示屏用来向乘客提供各种服务和换乘信息，驾驶人界面用来为驾驶人提供路段拥堵情况、行驶最优路径以及一些道路公共设施等信息。

（二）系统的服务功能

高级出行者信息系统为人们提供全方位的信息服务，通过实时公交、气象、交通、道路等信息，让出行者在出发前就开始计划自己的行程。高级出行者信息系统主要提供以下方面的信息服务：出行前交通信息服务，行驶中驾驶人信息服务，途中公共交通信息服务，路线诱导及导航信息服务，与目的地相关的信息服务。

1. 出行前交通信息服务

出行前交通信息服务可向出行者提供实时的道路施工、交通事故信息和公交信息等，让出行者在汽车里、家里、单位或者其他作为旅行出发地的场所可以获取多种出行相关信息。该服务让出行者在出发前就可以选择目的地和路线，选择内容包含出行时间、出行的路径，出行者可以输入或选择目的地。高级出行者信息系统可提供历史或实时的拥挤情况、优化的出行路径和预测的行程时间。

2. 行驶中驾驶人信息服务

行驶中驾驶人信息服务通过路边的广播信息或无线通信，实时地向途中的出行者发送行驶环境信息，诸如道路构造信息、路面状况信息、道路灾害信息和路网条件信息等。

（1）道路构造信息　向驾驶人预先提供如收费站、道路线形、隧道、纵坡、路宽、交叉口等前方道路几何构造信息。提供的方式有视觉（如车载液晶显示屏）的，也有听觉（如路侧广播系统）的，听觉提供方式对危险路段更为有效，可以有效地提高行车安全性。

（2）路面状况信息　交通管理人员可以在道路沿线设置路面冻结检测器等各种气象传感器或者电视摄像系统，采集并检测路面破损（包含结构性破坏或功能性破坏）、积雪、冻结、潮湿等路面状况信息，再由道路侧面信息显示设备，向驾驶人发布上述实时信息。这可以有效减少交通事故的发生。

（3）道路灾害信息　交通信息中心收集灾害区域内以及灾害区域外其他交通信息中心发送来的自然条件状况，立即向驾驶人提供有关雨、雾、风、雪和突发洪水等造成道路损坏的信息，交通信息中心可根据具体灾害状况选择相应的方案，通过可变情报板和车载装置提供交通管理控制信息。

（4）路网条件信息　可提供路网内发生交通事故路段情况、道路施工养护情况、交通中断情况、交通拥堵情况和交通管制情况等实时信息，以此帮助出行者选择最佳出行路线和出行方式。

出行者在旅行途中最重要的需求是身处窘境时，如处在严重交通阻塞、天气恶劣等情况下，能准确、及时地获取天气情况、安全行驶速度、交通危险地区、行车线路改变的建议等信息，以及遇到危险时希望能够得到及时的救助信息等。

3. 途中公共交通信息服务

途中公共交通信息服务通过提供实时途中换乘信息、公共交通信息，倡导人们以合乘或公共交通等出行方式代替自驾车出行。发布公共交通信息是为了帮助选择公共交通的出行者决策出行时间、出行路线和换乘路线,从而提高出行者的高效性和便利性。通过家中或办公室内的便携装置、车载装置、路边和车站等地的个人终端,出行者可以查询公共交通运输实时的票价、行车时刻、运行路线、换乘站点、停车泊位、搭载合乘公交拥挤状况等信息。

4. 路线诱导及导航信息服务

路线诱导及导航信息服务通过不断提供最新的交通事件信息和路况信息,在车载电子地图上展示车辆运行轨迹,并能够以文字、语音、简单图形显示诱导信息,用来满足路上行驶车辆修正驾驶路线和路径选择的需求。路线诱导及导航信息服务的另一个任务是提示驾驶人是否正行驶在计划的路线上,若已处在错误的地点,它便能够为驾驶人提供最优的、新的路径。路线导航服务将根据实时运输系统信息为驾驶人提供抵达目的地的方向和行驶路线。

5. 与目的地相关的信息服务

与目的地相关的信息服务提供沿途及目的地的加油站、汽车修理厂、停车场、医院、宾馆、饭店以及天气状况等服务机构的电话和地理位置等信息。

二、高级交通管理系统

智能客运系统在全球范围内兴起,使传统交通管理、人们的思想观念发生了根本性改变。也推动了高级交通管理系统的产生。高级交通管理系统借助通信技术和计算机技术将车辆和交通系统作为一个整体考虑,用于控制、调度、优化、管理和监测公路交通,在驾驶人、道路和车辆之间建立了通信联系的桥梁。高级交通管理系统的目标是改进现有路网运行状况,有效提高道路的有效利用率和交通流量,降低道路的交通拥挤程度、交通事故的发生率,缩短因交通拥挤、事故等延长的行驶时间,不断减少油耗、废气排放等。

高级交通管理系统为交通管理者提供了高级控制及管理的方法,同时也提高了管理效率,还使交通参与者中的驾驶人和行人均能感觉到拥堵减少、通行效率提高所带来的便捷。高度集成化是该系统的主要特征,它借助计算机、自动控制、高级通信和视频监控等技术,按照系统工程的方法和原理进行集成,使得交通信号控制、交通检测、交通工程规划、交通电视监视、交通事故的救援等信息系统有机结合,利用计算机网络系统,进行对交通的实时指挥与控制管理。高级交通管理系统的另一个特征是快速信息处理与信息高速集中,高级交通管理系统因运用了高级网络技术,获取信息实时、快速、准确,而使控制的实时性得到了提高。通过应用城市高级交通管理系统,交通参与者与道路之间、车辆与车辆之间的关系变得更加和谐、稳定,旅行时间缩短,城市的交通变得更加有序。

高级交通管理系统是智能运输系统中的主要部分,其研发和应用受到高度重视。高级交通管理系统的研究方向主要有以下几方面:

1)城市道路中心式的交通控制信号系统(CTSCS)。
2)高速公路管理系统(FMS)。
3)交通事故管理系统(EMS)。
4)车辆排放管理与监测系统(EMMS)。

高级交通管理系统是智能客运系统的重要组成部分,也是智能客运系统中最基础的部分。高级交通管理系统完成了交通信息的采集、传输、存储、分析、处理和应用,使得交通管理由简单静态管理转变为智能动态管理,静态及动态交通信息在最大限度、最大范围内被驾驶人、出行者、系统管理者、交通研究人员等所共享和利用,即实现了大交通系统的动态运行优化,充分满足了公众不断扩大的交通需求。

（一）系统组成

高级交通管理系统（Advanced Transportation Management System，ATMS）是由信息采集系统、通信系统、信息处理系统、信息提供系统所组成的。

1. 信息采集系统

信息采集系统主要应用多种传感器获取交通信息、气象信息、道路信息，给交通管理及控制提供基础数据，是高级交通管理系统的信息输入部分。系统可以根据不同的需要对数据做初步处理，从而得到符合不同要求的有价值信息。确保能够准确、及时地采集基础交通信息，这对于高级交通管理系统实现系统功能是至关重要的。

2. 通信系统

通信系统（信息传输系统）通过微波、光纤、电缆等介质，在交通控制中心与终端之间传输语音和图像等数据信息。

高级交通管理系统的通信系统包含专用短程通信、广域网通信、车车通信，其中前两者是高级交通管理系统的主要通信方式。

3. 信息处理系统

信息处理系统主要对语音、图像等数据信息进行分析和处理，生成交通运输信息数据库并不断更新，从而得出交通控制方案，并通过专用设备进行相关路段交通流的管理与调度。

4. 信息提供系统

信息提供系统是交通控制方案得以实施的工具，主要通过可变情报板、交通广播等向出行者或管理人员提供有关交通运输情报，主动调节交通流。信息提供系统主要是向出行人员或管理人员提供交通运输信息（如交通、气象、事故和道路情报），发布命令或建议（如限速、关闭匝道），向交通拥挤地段的驾驶人提供建议路径等，以促使出行人员选择合理的出行方式及路线，使道路交通流量分布均匀，以提高道路利用率等，达到控制与管理交通的目的。

（二）基本功能

高级交通管理系统的重要目标是实现城际高速公路与城市道路的综合网络一体化监控管理。对于目前正在实施的一些高级交通管理系统的功能关键在于在实时信号自适应控制系统、动态交通分配，以及根据这两者的事故检测与反应等。实时交通分析、动态交通分配、实时自适应信号控制、事故检测与反应是高级交通管理系统的四个基本功能。

1. 实时交通分析

实时交通分析模型是实时交通分析的核心，也是交通分析软件的基础。实时交通分析模型包含对实时交通参数的计算以及对交通信息的处理，这些交通参数包含交通量、车速、旅行时间、车队长度等。该模型要求在短时内对目前及未来道路交通状况有全面的掌握。它还需提供交通阻塞所需要的预测数据，从而使得交通管理控制有相应的反应时间，防止交通问题的真正产生或尽量减少交通问题的影响。

2. 动态交通分配

动态交通分配是对路网各路段上动态、实时交通流量进行分配，动态分配模型可分为用户最优均衡和系统最优均衡两类。

1）用户最优均衡：整个路网总的出行成本最低。
2）系统最优均衡：实际使用的路径出行成本相等，并小于任何未使用路径上的出行成本。

动态交通分配的研究方法可以分为三类：①计算机模拟法；②数学规划法；③最优控制论法。

动态交通分配系统的重要功能如下：

1）车辆道路诱导，引导车辆行驶在最佳线路上。
2）旅行者出发时间与方式选择。
3）诱导系统与交通控制系统互联。

3. 实时自适应信号控制

在高级交通管理系统中，交通信号控制的重要目标是区域实时信号控制。监控区域内所有交通信号，把其作为一个控制中心下的整体系统进行控制，即由单交叉口信号、网络信号和干线信号组成的综合区域控制系统。

高级实时自适应信号控制系统是集控制技术、电子计算机和现代通信于一体的综合系统。中央控制计算机处理分析交通数据，并对路网交通信号进行控制。它既无须事先储存任何既定配时方案，也无须事先准备一套确定的配时参数与交通量的选择对应关系。实时模拟是借助于储存于中央控制计算机中的交通模型，对反馈的交通数据进行分析，再对配时参数做调整优化。配时参数优化，以拥挤程度、延误时间、停车次数、油耗等综合目标函数的预测值为根据，可保证整个路网在任何时候均在最佳配时方案下运行。

4. 事故检测与反应

交通控制的一个主要功能是事故处理，也就是需要协调事故检测和控制，以便尽快恢复正常的道路运营。事故检测功能对公路检测与监视数据进行分析，当发现交通状况异常时，自动提醒可能要发生的事故。比如，交通检测器检测到速度突然下降或交通量突然下降，这说明可能发生事故，管理人员则需利用视频监视系统对这种情况进行可视化确认。一旦确定事故，中央控制计算机立刻提出一套处理方案，以缓解交通堵塞，如：可通过高速公路可变情报板将前方道路发生的事故和路况通知后续的出行者，从而减少高速公路进入匝道的车流量；通过公路电话查询台和路侧广播来通报交通事故；采用平行道路疏导交通或调节道路交叉口的红绿灯时间等。

事故处理功能包含迅速对事故做出反应并联系各相关机构，如与警察局、医疗急救中心、消防队、有毒废品排放处理小组联系。另外，事故处理功能还需协调各相关机构之间的工作。

三、高级公共交通系统

发展公共交通已经成为解决城市交通问题的重要途径。不少西方发达国家在经过了小汽车发展带来的交通堵塞、环境污染等难以排解的问题之后，重新认定了公共交通的地位，转而选择"公交优先"的交通模式，公交优先已经成为全世界认同的城市交通可持续发展战略重点之一。

高级公共交通系统就是利用信息技术有效改进公交服务，它将高级电子技术应用到使用效率高的公共汽车、轨道交通以及车辆的全程使用与运行当中，从而使其发展、完善、智能化。从更广泛的意义上讲，高级公共交通系统就是要使出行者更多地选择公共交通方式出行。

作为智能客运系统中的一个重要子系统，高级公共交通系统的主要目的是改善公共交通的效率（包括公共汽车、地铁、轻轨、城郊铁路和城市间的公共汽车），提供便捷、经济、运量大的公交系统。除公交优先控制系统外，高级公共交通系统还包括电子收费系统、公交运营智能调度系统、乘客信息服务系统等子系统。高级公共交通系统利用智能客运系统提供的强大功能平台，集成各个子系统，提高整个公交系统的运营管理效率和服务水平。

高级公共交通系统是通过信息技术实施公共交通优先发展战略的工具，可以促进公共交通在城市客运交通中拥有较大的运量分担比例，以便实现城市土地空间资源和能源的高效使用。应用高级公共交通系统的益处如下：

（1）提高经济效益　高级公共交通系统可大大提高交通效率，从而节省大量的时间和燃料，可减少交通事故，从而降低因事故而造成的经济损失。这有益于改善交通和提高公共交通企业经济效益，继而提高社会各企业的经济效益。

（2）提高社会效益　因高级公共交通系统而省下的时间可提高公众的生活质量，交通事故的减少会让人们生活得更舒适与安全，从而带来社会效益的提升。

（3）改善环境　公共交通效率的提高，可以有效减少堵车所造成的废气排放量，也可以减少人们为方便出行而使用小型汽车的数量，从而改善空气质量。

（4）促进城市发展　公共交通的便利，可以促使城市人口向郊区及远郊区方向流动，人们的居住地将距离城市中心越来越远。这也能够促进当地经济的发展，加快城乡一体化进程，增强城市吸引力，扩大城市影响力。

（一）系统结构与特点

高级公共交通系统（Advanced Public Transportation Systems，APTS）主要包括七个逻辑模块，如图10-8所示，即车辆运营及管理模块、线路规划与时刻管理模块、车辆维修计划编制模块、运营协调与安全维护模块、司售人员配班模块、车载收费管理模块和乘客信息服务模块。

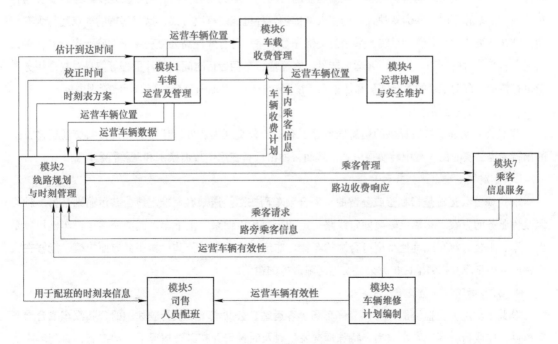

图10-8　高级公共交通系统的构成

1. 车辆运营及管理模块

车辆运营及管理模块提供运营车辆的当前状态信息，以及车辆运营状况与时刻表的对照。

2. 线路规划与时刻管理模块

线路规划与时刻管理模块提供线路网规划管理、常规运营服务和应答服务。

3. 车辆维修计划编制模块

车辆维修计划编制模块根据车辆运营及管理模块提供的运营数据及各种车辆的详细维修指标，编制运营车辆的维修计划，并为维修人员进行任务分配。

4. 运营协调与安全维护模块

运营协调与安全维护模块用于处理运营车辆或设备的紧急故障。

5. 司售人员配班模块

司售人员配班模块用于管理司售人员的活动，司售人员的分配根据一定的标准，包括先前的经验、在以前任务分配下的表现，以及个人的优先权等。所有活动由管理者监控并及时更新。

6. 车载收费管理模块

车载收费管理模块实现在车内对乘客收费，用于当前的公共交通服务以及未来的其他服务。这种收费可以在车辆运行过程中穿插进行，或在车辆到达方便地点时进行批量处理。

7. 乘客信息服务模块

乘客信息服务模块设置在路边的某个位置如车站，为乘客提供信息或付费服务。

（二）系统功能

1. 公共运输辅助管理

公共运输辅助管理是指通过计算机技术对公共交通车辆及公共设施的服务水平和技术状况进行实时计算，实现公交系统运营、管理及规划功能的自动化。借助实时分析，可以发现实际运行状况与行车计划的偏差和原因，并为驾驶人和调度人员提供各种可能的解决方案，这对车辆的准点运行大有帮助。结合高级公共交通管理系统，采用公交优先等策略，可有效提高公交利用率，确保出行者在多式联运中转换乘时的便利。另外，客运周转量、客运量、车辆运行时间和累计里程等信息对提高服务质量也有帮助。自动记录的运行信息和任务完成情况检查则可以加强公交系统的行政管理力度。

2. 提供公共运输信息

高级公共交通系统所提供的信息服务除了有助于公交利用者外，还可为通过公共交通运输方式的出行者提供实时的车载中转换乘信息，从而帮助出行者在途中按需换乘和调整行程计划。

3. 非定线或准定线公共运输

非定线公共运输是指私营或公营的小型合乘车辆按需接送乘客。准定线公共运输则是另一种可以改善服务的方案，车辆可驶离固定线路一定的距离，以便乘客上下车。此类公共运输车辆可以是出租车、小公共汽车或其他小型可合乘的车辆。非定线或准定线公共运输服务方便快捷，能够在人口密度较小路段及相邻地区扩大公共交通运输服务的覆盖面。

4. 公共运输的安全监测

公共运输的安全监测服务可以为停车场、客运站、公共汽车站及行驶途中的公共汽车或合乘车辆提供工作或行驶环境安全监测，特殊情况发生时及时预警并在必要情况下自动控制，直到解除危险，以此提高驾乘人员的安全系数。

四、高级车辆控制系统

汽车化的快速发展，导致道路供需矛盾日益严重，交通安全形势将会日趋严峻，交通事故尤其是恶性交通事故呈现不断上升趋势，道路交通安全受到越来越广泛的关注。车辆智能化技术的研发，可提高车辆的驾驶与控制水平，保障车辆行驶的高效、畅通和安全。所以，很有必要研究高级车辆控制系统，由传感器来获得行驶环境信息并加以分析判断，必要时自动对车辆行驶进行控制，从而避免事故发生。

高级车辆控制系统利用车载设备及路侧设备来检查和测量周围行驶环境的变化情况，进行完全或部分的自动驾驶控制，从而达到增强道路通行能力和安全行车的目的。其本质在于在车辆道路行驶系统中，把现代化的交通流理论、通信技术和控制技术加以集成，搭建一个良好的驾驶辅助环境，在一定条件下，车辆会在自动控制下安全行驶。高级车辆控制系统利用自动控制、辅助控制等措施的运行可达到以下目的：

1）减少或避免交通事故的发生。
2）进一步提高道路的利用效率。
3）进一步提高驾驶人的方便性。
4）适当减轻驾驶人的负担。
5）完全实现车辆的安全高效行驶。

综上所述，高级车辆控制系统是集成了计算机、车载控制系统、传感器以及车道控制系统的一个自动系统，它能够提供辅助驾驶、预警甚至在危险行驶条件下自动驾驶。它是智能客运系统中最复杂也是最难实现的部分。

（一）系统结构及原理

一个完整的高级车辆控制系统（Advanced Vehicle Control System，AVCS）由一系列车路通信系统和车车通信系统组成。通信电缆沿线连续设置，车道中央路表埋设有磁性标记，它们和路面一起组成专用车道。在每台车辆上，装备有数个磁性传感器用于探测路表磁性标记，一个距离传感器（即雷达探测器）用于测定车自身与前车或障碍物间距，一个图像传感器（即CCD相机）用以辨别和区分道路与障碍，一个天线及处理系统用来与通信电缆通信、接收并处理信息，以及其他一些设备，如轮速传感器等用于测量车辆自身行驶状态；每台车辆上还配备了其他各种传动装置以实现自动控制。

车辆自动驾驶是高级车辆控制系统的核心功能，因而需要车辆能自动控制行驶方向与行驶速率。对于控制速率，高级转向控制系统往往是对一个车队进行控制的，由通信电缆传递的指令控制头车的行驶速率，后续车辆则需要保持与前后车辆之间的距离（车间距大小的决定因素是头车的控制速率），从而控制进入专用车道的整个车队。该系统中各车的行驶速率不是固定的，车辆行驶速率大小的决定因素是汽车驶入专用车道后的实际间距，以及从通信电缆传送的速率控制指令。方向控制的关键是调整行驶过程中车辆发生的偏移，这种控制需要综合考虑磁性标记参考线与车辆中心线的相对位置，以及当时由通信电缆传送至车辆的道路线形信息。当某些磁性标记丢失或损坏时，方向控制则借助CCD相机获取相关区域行驶数据，并将处理后的数据用于辨别和区分道路与障碍，继而生成适合于车辆行驶自动控制的区域地图。当不正常情况发生时，如车辆与路侧设备通信中断，车辆本身会发送预警信息，车辆行驶状态则由自动转为人工。

（二）系统功能

智能化的车辆控制系统延伸了驾驶人的视觉、感官和控制功能，从而使道路交通的安全性得到显著提高。因此，车辆的智能化发展与交通安全关系密切，为了改善交通安全状况，保障其高效、畅通和持续发展，智能车辆控制技术将是未来车辆技术的核心。高级车辆控制系统的重要研究方向包含纵向碰撞预防、横向碰撞预防、碰撞前驾乘人员的安全保护、危险预警、自动化公路、交叉路口碰撞预防以及改善视野防撞等。

（1）纵向碰撞预防　借助车辆前、后方的传感器，同时探测前、后方潜在碰撞风险或即发碰撞事故，自动控制车辆的加减速以保持适当安全车距，同时为驾驶人提供及时的回避操作指令，从而防止车辆与车辆、车辆与行人或车辆与其他物体之间的正面或追尾碰撞。比如，雷达能测试和判断驾驶人的车辆与前方车辆间的距离和相对速度，当车辆间距达不到安全距离时，则用亮灯或声音警告，或自动制动以保持车辆之间的安全车速和距离。此项功能的目的在于避免车辆相撞，它是自动车辆控制系统研究的一个方向。

（2）横向碰撞预防　借助车辆左、右两侧的传感器，同时探测车辆两侧的路况，为驶离道路或改变车道的车辆提供碰撞警告，甚至自动控制车辆转向盘或加减速系统来保持适当的侧向安全间距，防止车辆间发生侧撞，也防止驶离道路的车辆与路侧障碍物间发生侧撞。

（3）碰撞前驾乘人员的安全保护　如果车辆即将发生碰撞，则该功能会收集所涉及的车辆或物体的位置、质量、数量、方向、速度以及其他一些主要的物理参数。在发生碰撞的瞬间，依据这些参数，立即启动相应的安全措施，展开横摇稳定杆和启动安全气囊并使其压力处于最佳值等。

（4）危险预警　车载设备会对车辆关键部位、路况及驾驶人进行监测，当车辆关键部件功能故障、路面湿滑或急转弯、驾驶人困乏或身体不适等情况发生时，及时向驾驶人发出警告。比如，检测到驾驶人体温下降，这表明驾驶人困乏并可能已经开始打瞌睡，这时预警设备就会发出报警，提醒驾驶人注意，并采取主动措施保证车辆安全行驶。车载设备还可对汽车主轴转速、轴温、轮胎气压、燃油状况、尾气排放等汽车相关性能参数进行监测、分析及调整，必要时向驾驶人发出警报信号，以此来提前阻止事故的发生。危险预警使很多原来需要由人工关注的信息改由计算机、传感器关注并收集，大大提高了汽车运行安全度。

（5）自动化公路　高级车辆控制系统的最终目标是自动公路系统，车辆转向盘和速度可以被自动控制并自动导航，从而减轻驾驶人的负担，进一步提高乘车品质。

（6）交叉路口碰撞预防　在车辆通过或驶近有信号控制的交叉路口时，借助通信系统及传感器获取的信息，判断是否有碰撞的危险，按需对车辆进行控制，从而保证行车安全。

（7）改善视野防撞　改善视野对增强行驶环境的可视性有较大帮助，可以提高汽车驾驶人对路况的判断能力和观察能力，从而更好地遵守交通标志与信号。此功能需要车载式传感通信设备，如摄像机等，这些设备能处理监测信息并以适当的方式显示相关信息。

五、电子收费系统

电子收费系统应用了计算机、无线电通信、自动控制等技术，借助路侧设备与车载电子标签进行无线通信，在无须停车的情况下，自动完成收费。

电子收费系统的收费过程流通的不是传统的现金，而是电子货币。电子化收费是电子收费系统的一个主要特征，电子收费系统的另一个重要特征是完成了公路的不停车收费。使用电子收费系统的车辆只需按限速要求驶过收费站，收费过程自动完成。

电子收费系统与传统收费方式不同，它省去了驾驶人在收费站的停车交费环节，可有效降低车辆在收费站的交费及停车等待时间，避免了因收费而造成的延误与拥堵。有统计数据显示，不停车收费车道的通行能力可达到2 500辆/h，效率是人工收费的5倍以上，其总量相当于增加5条人工收费通道。因此，电子收费系统在有限空间内有效地提高了利用率，使公路收费站的通行能力得到提高，也让因停车收费所造成的收费站堵塞问题得以解决。

（一）系统组成

电子收费系统（Electronic Toll Collection System，ETC）根据收费站收费中的检测、识别、扣费操作，将收费过程按先后次序简单划分为检测、通信认证、交易核实、监控放行、结算五个模块。

1. 检测

当车辆驶近收费站时，收费站车道控制系统开始工作，交通信号及标志引导车辆正确驶入ETC车道。当车辆进入ETC车道，安装在车道路面的车辆检测器将检测到的车辆信号传输给路侧设备（Road Side Unit，RSU），以便对车辆进行通信准备。

2. 通信认证

激活的路侧设备通过广播信息搜寻电子标签；电子标签在接收到信息后被唤醒并自行初始化，它基于特定通信碰撞机制向路侧设备发送自身相关配置信息；接着路侧设备向车载单元（On Board Unit，OBU）的电子标签发送读取车辆信息指令，电子标签收到后读出所记载的信息并发往路侧设备，其中对于敏感数据信息需要双向安全认证控制，认证的目的在于确定通信双方的有效性、完整性、合法性，以便进行下一步有效安全的收费操作。

3. 交易核实

认证后，路侧设备对安装在车辆上的电子标签通过专用短程通信（DSRC）技术进行读写操作，以获得电子标签中存储的道路使用者信息、既定车型和余额查询。如果账户无效或余额不足，则向显示设备发出命令，通过显示设备告诉驾驶人由MTC车道（公路半自动车道）通过。如果账户和余额都没有问题，则自动车型分类系统对当前车辆类型进行自动判别，并与电子标签内置的车型数据进行核对。如果一切正常，交易核实模块根据车型分类库提供的收费标准对车辆实施收费，并确认交易是否成功。如果交易不成功，则通知硬件设备再次进行收费操作。当车辆已经通过通信区仍然没有完成交易，则将收费不成功信息发送给中心服务器，以便在下一个收费站或者出口收费。如果交易成功，则报告给账户管理数据库，由账户管理向中心服务器报告此次收费操作细节。整个过程全部自动完成，电子收费系统用户通过收费口时，不再需要停车收费。

4. 监控放行

交易成功后，升降栏杆升起让车辆驶出收费车道，此次收费交易完成。如果交易不成功或车辆出现违规（如闯关），则监控摄像头进行抓拍，提取出车牌号以备追缴。

5. 结算

在特定时刻，专营公司的收费管理计算机系统与结算中心开始进行数据传输，结算中心根据专营公司上传的电子收费用户消费记录进行结算操作，最终在用户的电子收费系统账户上生成前一日的消费记录，专营公司也得到结算中心的资金划拨。专营公司的服务中心可根据结算中心的用户账户内容为用户提供资金使用查询服务和通行费扣款的明细清单。当用户的电子收费系统账户资金余额不足时，需及时补充。图10-9是典型组合收费站设计图。

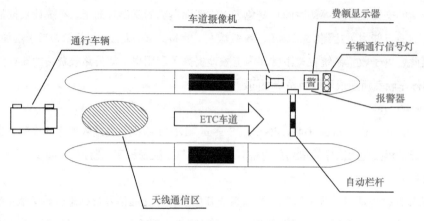

图10-9 典型组合收费站设计图

(二)系统功能与特点

1．系统功能

电子收费系统作为取代人工操作的信息化系统,采用了现代高新技术,尤其是电子方面的技术,涉及无线电通信、计算机、自动控制等多个领域。不停车、无人工操作、无现金交易是电子收费过程的三个主要功能。电子收费系统的作用在于将人的眼睛识别车型、手动计算费款、口头传达费率调整等操作进行机器运作的自动化、智能化处理,同时解决了人工收费效率低以及停车所造成的油耗和污染问题,实现了车辆有效、安全、经济地通过收费站。

2．系统特点

1)减少车辆在收费站处的停车和收费等环节,缩短了车辆在收费站处的交费和停车的等待时间,收费所造成的交通堵塞现象得到缓解。

2)不必在收费站直接支付现金,避免了各种舞弊和误用现象。

3)在不建造额外收费设施的情况下,提高车流量,减少收费人员的数量,减少收费成本。

4)减少在收费广场的怠速车辆,也减少了汽车尾气的排放,降低了大气污染。

第四节 道路共享客运典型案例

当今世界互联网技术不断发展,得到广泛应用,人们时刻享受着互联网发展带来的便利,从手机软件打车,到现在常见的共享单车,均给道路客运交通的发展提出了新的思考。

一、共享出行

共享出行正在改变出行方式。在近十年来,共享出行模式得到井喷式发展,一定程度上有利于提高出行公平性。实时叫车、租车平台等为人们的出行提供了新的选择,特别是方便了儿童、老人、残障人士的出行。共享出行在促进闲置资源利用、引领绿色低碳生活的同时,在一定程度上也减少了不必要的排放与浪费,缓解了城市拥堵状况。

(一)共享单车

共享单车是在公交站点、校园、商业区、居民区和公共服务区设置的可供使用的自行车,它是现阶段共享经济发展下的产物。

1. 共享单车优势分析

共享单车操作方便、快捷、高效，办卡、定位、借车、锁车、缴费等过程均可以在手机上完成。共享单车有效解决了"最后一公里"的难题，更能满足短途交通出行需求。对于那些工作场所与居住地距离比较近，开小汽车浪费资源但步行又有点远的情况，共享单车非常适用。在易拥堵路段，共享单车可以更好地发挥出骑行的优势，降低拥堵给城市客运交通带来的效率损失。

共享单车的快速发展可以更好地解决环保问题，减少空气污染，改善大气环境。共享单车的快速发展对于有效缓解城市交通拥堵的情况，满足人们安全、快捷、舒适的出行需求，有着十分重要的意义，可以说共享单车有效地解决了城市机动车保有量急剧增加所造成的道路拥堵难题。

共享单车的租车费用相对于公共汽车、巡游出租车、网络预约出租车等，非常低廉，对于普通居民来说，更容易接受。特别是对于上班距离比较近的居民来说，单独购买一辆自行车是一种资源浪费，在小区内停放自行车也可能比较困难，共享单车的出现大大节省了购买自行车的成本，同时也显著降低了交通出行的费用。

共享单车的快速发展有效地打击了城市"黑出租""黑摩的"等非法营运，改善了城市交通市场经营秩序，减少了城市客运交通安全事故的发生。

2. 共享单车存在的问题

共享单车乱停乱放的情况比较多，使用的秩序比较混乱。虽然政府部门在禁止停车的地方树立了告知牌，但还是不能完全杜绝乱停乱放行为。这不仅扰乱了城市空间，同时也影响了城市的文明形象。

个别人为了独自占用共享单车，将共享单车存放在家中或者单位内，严重影响了共享单车的使用效率。

共享单车的使用者大部分是年轻人，老年人由于对智能手机的使用不太熟练而较少使用共享单车，共享单车的使用年龄层次覆盖面相对较窄。

3. 共享单车的发展前景

国家政策的支持和互联网技术的迅猛发展，进一步推动着共享单车的快速发展，真正实现了"互联网+交通"的完美呈现，对更好地解决城市居民"最后一公里"交通出行需求，具有显著效果，受到了城市居民的广泛好评，未来发展前景广阔。

共享单车是城市交通的一个组成部分，但这种"互联网+交通"的创新出行方式，还需要政府部门加强规范和指导，需要企业承担管理责任、提升服务水平，也需要公众文明出行。

（二）共享汽车

共享汽车实质上是汽车租赁的范畴。共享汽车又称为"分时租赁"，是利用移动互联网等信息技术构建平台，为用户提供短时、自助式服务为主的汽车租赁服务新模式，是传统汽车租赁行业在服务模式、技术、管理上的创新。它改善了用户体验，为城市居民出行提供了一种新的选择。

相比公共汽车、地铁等大容量公共交通，分时租赁作为个性化的小汽车出行方式，在城市道路资源占用等方面具有负外部性，也就是说，单独出行占用道路资源多，能源消耗大。

为此，在坚持公交优先发展战略的前提下，研究探索共享汽车在当地城市交通中的合理定位，在将共享汽车与城市公共交通、出租汽车等方式结合，形成科学、合理出行体系的基础上，促进共享汽车创新、有序、规范发展。同时，相关企业也应遵守各城市现行有关政策规定和市场规则，提升线上线下服务能力，确保租赁车辆安全状况良好，以更好地满足社会公众出行需求。

二、定制客运

（一）概述

一直以来，面对国内道路客运的发展形势，很多道路客运企业紧密结合自身特点和优势，谋求多元化发展，加强与铁路、民航等方面的融合发展，在客运市场中逐步找到新出路。其中，定制客运成为很多客运企业转型的出路之一。

定制客运是依托互联网技术，通过网站、手机App、微信等在线服务方式，将道路客运行业中具备一定资质的企业、车辆、驾驶人等信息进行整合，为乘客提供个性化、集约化出行的定制客运服务。

市场上开展的定制客运业态有城际用车（城际约车、城际约租、定制包车）、机场巴士、景区巴士、校园巴士等。定制客运可以分为两类：

第一类是"专车"。其重要特点是：车主要用乘用车，定点变成"点到点、门到门"，定线变成"随客而行"，定时变成"随客时间"或者多个时间供乘客选择。目前市场上的城际用车、城际约租、定制包车、城际约车等基本均属于这种形态。目前面临的主要问题：需解决车辆、人员安检问题，企业需切实承担起安全监管主体责任；线路、站点、班次、运行方式等均有较大改变，急需行业管理部门进行政策创新，放松规制。

第二类是"专线"。"专线"重点解决综合运输体系中联程运输不便利、在某些人群密集点无法提供客运服务的问题。其主要特点是：车主要用客车，也可用乘用车；定点，但一般一端为校园、景区、火车站、机场等人流密集点；定线、定时。目前市场上的机场巴士、校园巴士、景区巴士等基本均属于这种形态。目前面临的主要问题：需解决车辆、人员安检问题，企业需切实承担起安全监管主体责任。

（二）"专车"——网约车

1. 滴滴小巴

2016年，滴滴小巴业务正式上线，该业务着重满足城市主干道之外的"最后三公里"出行需求，实现用户与公交站点、地铁站点的行程接驳。开通地区的用户可通过手机客户端App来呼叫小巴，小巴会智能计算乘客上车点和下车点，乘客选择确认后，就会通知用户和小巴"约会"的时间和地点。

滴滴小巴有三大特色，即智能计价、虚拟站点和最优路径规划。滴滴小巴根据站点、线路、时间以及实时供需等30多个影响因素进行智能计算报价，线路热度越高，同行人共同分摊成本，单个用户成本下降，让5元内专座出行成为可能。滴滴小巴将顺路用户聚集到同一个上车点，即虚拟站点。虚拟站点是根据滴滴大数据，通过热力图挖掘出的高覆盖、密集的上车点。据悉，所有虚拟站点的设立均要易于车辆停靠，并且易于乘客找到。

数据显示，大约70%的出行需求集中在3km内，人均每天3km出行频次约为两次，可见短途出行是一个高频需求，市场空间广阔。我国城市人口密集，道路资源极为有限，可以预见，城市公共交通的运力缺口将持续扩大。汽车共享出行模式能够使大量车辆在原本行程期间或空闲时段搭载乘客，扩大了单位车辆的载客量。

2. 美团打车

美团打车是一款打车软件。南京市政府要求美团打车按照国家七部委联合发布的《网络预约出租汽车经营服务管理暂行办法》《关于加强网络预约出租汽车行业事中事后联合监管有关工作的通知》以及南京市《网络预约出租汽车管理暂行办法》等文件规定，合法合规开展网约车经营活动。

2019年，美团打车在南京上线"聚合模式"，一键可呼叫多个不同平台车辆。美团打车业务源自美团点评用户需求驱动，美团点评日活跃用户中的30%有出行需求。这也就意味着，美团打车仅自有平台便存在千万级活跃用户的巨大潜在市场。美团点评希望通过美团打车来满足平台用户的出行需求，为用户提供一站式"吃喝玩乐全都有"的服务体验。美团打车业务是一个比较偏平台属性的业务，平台方提供一个交易平台，提供信息撮合。

3. 携程专车

2015年年初，携程专车就开始搭建平台，并引入了许多全国知名的网约车品牌。深耕三年，携程专车收集了长久以来用户反馈的问题，结合平台运营经验，正式推出自营的专车服务。

携程专车表示，网约车市场规模庞大，行业前景光明。现在已经从"拼补贴"的时代进入"拼服务"的时代；用户更乐意为好服务买单，一味地补贴只会损失服务质量，损失口碑，最终损失用户。

2018年，携程专车正式获得天津市交通委代交通运输部颁发的《网络预约出租汽车线上服务能力认定》，也就是俗称的"网约车牌照"。这就意味着，携程专车具有了网络预约出租车线上服务能力，可在全国范围通用。

（三）"专线"——定制班车

现阶段，发展定制客运需要在线上、线下、车辆等多方面解决问题。

一方面，线上要有一体化的线上平台技术支撑，以全省道路客运联网售票平台为基础，实现定制客运线上预约，并利用平台移动互联网、云计算、大数据等现代信息技术，提供集汽车票网上预订、定制客运网上预约、运力安排网上调度、出行过程网上记录、对账结算网上实现、服务质量网上评价等功能。

另一方面，线下要充分发挥市场机制作用，调整长途客运运力配置，采取客运班线剩余运力"大改小"，剩余运力有序开通机场巴士、火车站巴士、校园巴士、景区巴士等，使道路客运形成差异化、阶梯化、定制化格局。

目前具备定制专线、定制班车功能的平台主要有以下几个：

1. 12308全国汽车票网

12308全国汽车票网，是由中国道路运输协会和全国站场工作委员会合作共建的，服务于全国旅客公路客运出行的互联网平台。通过网站及移动客户端的全平台覆盖，随时随地为旅客提供国内公路客运信息、汽车站、线路时刻的查询及汽车票预订服务，帮助旅客更高效地安排行程、便捷出行。

2. 巴士管家

巴士管家是一款在线预订汽车票和用车的软件，是中国道路运输协会官方互联网售票合作伙伴，目前巴士管家已形成汽车票、城际定制快车、公务用车、定制巴士、校园巴士、机场巴士、火车票等业务板块。

3. 中交出行

中交出行协同云平台是一个客运互联网服务平台，服务范围覆盖班线客运、定制班车、包车、旅游班车、网约车、城际约租车等多个业务板块。通过为更多的客运企业服务，与客运企业开展合作，构建更完善的客运模式，形成"客运+移动互联网"生态圈，推动"互联网+便捷交通"发展，帮助传统客运企业转型升级，实现旅客门到门、多式联运、一站式便捷服务。

拓展阅读　透过汽车客票看道路客运的发展

汽车客票是旅客乘车的凭证，是旅客支付运费的证明，是客运合同。随着道路客运业的发展，客票的形式也发生着变化，经历了一个从无到有，并全面实现"无纸化"的过程。客票形式的变化是与客运需求发展、科学技术进步密切联系在一起的。

最早的时候，旅客出行乘车时并没有车票，由旅客与承运人协商一致，旅客付费，承运人完成运输即可。但由于旅途中各种可控的、不可控的因素多发，导致旅客与承运人纠纷频发，同时客运需求不断上涨，为维护旅客与承运人双方利益，他们约定了运输事项来共同遵守，形成了纸质票据并不断完善起来。早期的客票需要人工填制，后来演变为印制好的纸板票，"纸板票"堪称"爷爷辈儿"车票，使用时间最长，从20世纪40年代开始一直到20世纪90年代结束。

21世纪初，"纸板票"被印有防伪条码的"软纸票"取代。

10余年后，"刷身份证进站"的无票时代来临，并且很快实现了人脸识别进站乘车。这个世界变化真的太快了！

电子客票可实现在线客票查询、预订、支付票款、改签与退票等，给旅客带来了更加方便快捷的运输服务，而且不再担心车票遗失。电子客票节省了纸张，减少了运输企业的运营成本，减少了能源的消耗，为环保做出了贡献。

练习与思考

一、单选题

1. 信息管理就是人对信息资源和信息活动的管理，其重要特征不包含（　　）。
   A. 系统特征　　　　B. 要素特征　　　　C. 位置特征　　　　D. 过程特征
2. （　　）是现代道路运输业的核心内涵和核心生产力。
   A. 柔性化　　　　　B. 信息化　　　　　C. 规模化　　　　　D. 国际化
3. 以下不属于道路客运运营管理信息技术的是（　　）。
   A. 车辆安全系统　　　　　　　　　　B. 网络通信及导航系统
   C. 道路客运联网售票系统　　　　　　D. 电子收费系统
4. 集成安全系统主要集成了（　　）。
   A. 主动安全系统和被动安全系统　　　B. 内部安全系统和外部安全系统
   C. 远程安全系统和近程安全系统　　　D. 乘员安全系统和行人安全系统
5. 道路客运联网售票系统建设任务中的"一个平台"是指（　　）。
   A. 信息公共服务平台　　　　　　　　B. 道路客运数据交换平台
   C. 网络交易服务平台　　　　　　　　D. 站场合作共建平台
6. 道路客运联网售票系统中涉及非常复杂的线路计算问题，特别是在参与的线路及站点越来越多的情况下，可以采用的技术是（　　）。
   A. 中间件技术　　　B. 网格计算　　　　C. Web Service技术　　　D. 区块链技术
7. 以下不属于道路客运数据优化信息技术的是（　　）。
   A. 道路客运联网售票系统（RPNS）　　B. 高级出行者信息系统（ATIS）
   C. 高级交通管理系统（ATMS）　　　　D. 高级公共交通系统（APTS）

8. 以下不属于定制客运"专线"定点一般范围的是（　　）。
   A. 机场　　　　　B. 景区　　　　　C. 火车站　　　　　D. 集市

二、多选题
1. 信息的构成包含（　　）。
   A. 信息源　　　B. 信息载体　　　C. 信息内容与编译码　D. 信息传输
   E. 信息的接收者
2. 信息技术主要包含（　　）等方面的技术。
   A. 感测与识别技术　　　　　　　B. 信息传递技术
   C. 信息处理与再生技术　　　　　D. 信息施用技术
   E. 信息检索技术
3. 关于国家积极推进信息技术在道路运输行业的应用时遇到的问题，描述正确的有（　　）。
   A. 信息资源共享程度低　　　　　B. 交换体系不健全
   C. 交换标准不统一　　　　　　　D. 公共信息服务能力薄弱
   E. 决策支持能力不足
4. 道路客运联网售票系统的建设任务可以概括为（　　）。
   A. 一个平台　　B. 三大服务　　C. 四个方面　　D. 五点要求
   E. 六个系统
5. 道路客运联网售票系统的建设意义有（　　）。
   A. 落实民生工程，方便公众出行
   B. 提升企业管理服务水平，提高行业竞争力
   C. 整合客运信息，提高综合运输服务能力
   D. 增强社会福祉，促进绿色低碳出行
   E. 提高车辆运作效率，降低客运费用，抵抗风险
6. 大数据技术的"4V"特点是（　　）。
   A. 可视（Vision）　　　　　　　B. 规模性（Volume）
   C. 高速性（Velocity）　　　　　 D. 多样性（Variety）
   E. 价值性（Value）
7. 以下属于电子收费系统特点的是（　　）。
   A. 减少车辆在收费站处的停车和等收费环节
   B. 不必在收费站直接支付现金，避免了各种舞弊和误用现象
   C. 提高车流量，减少收费人员数量，减少收费成本
   D. 减少排向大气的汽车尾气，降低了大气污染
   E. 减轻驾驶人员的负担，提供安全、舒适的乘车品质
8. 定制客运业态可以分为（　　）。
   A. 专人　　　　B. 专区　　　　C. 专时　　　　D. 专车
   E. 专线

三、论述题
1. 请任选一种共享出行方式，阐述其概念、优势和存在的问题。
2. 请阐述定制客运可以分为哪几类，各类定制客运的重要特点、主要应用和问题。

参考文献

[1] 朱晓宁. 旅客运输心理学[M]. 北京：中国铁道出版社，2018.

[2] 杭州长运运输集团有限公司. 道路旅客运输服务与管理[M]. 北京：人民交通出版社，2013.

[3] 刘长利. 现代汽车站务管理[M]. 北京：机械工业出版社，2004.

[4] 王凌艳. 公路客运站务管理[M]. 北京：机械工业出版社，2014.

[5] 交通专业人员资格考评中心. 汽车运输调度员[M]. 北京：人民交通出版社，2012.

[6] 道路旅客运输及客运站管理规定解读编写组. 道路旅客运输及客运站管理规定解读[M]. 北京：人民交通出版社，2005.

[7] 曾宪培. 道路交通法规[M]. 3版. 北京：机械工业出版社，2018.

[8] 陆久平. 道路旅客运输站乘人员培训教材[M]. 哈尔滨：黑龙江人民出版社，2006.

[9] 杜文. 旅客运输组织[M]. 成都：西南交通大学出版社，2006.

[10] 王甦男，贾俊芳. 旅客运输[M]. 北京：中国铁道出版社，2018.

[11] 徐吉谦，陈学武. 交通工程总论[M]. 北京：人民交通出版社，2011.

[12] 张超，李海鹰. 交通港站与枢纽[M]. 北京：中国铁道出版社，2004.

[13] 赵晨. 美国道路交通安全发展经验及启示[J]. 劳动保护，2019（4）：59.

[14] 王强. 德国道路交通安全管理现状概述及思考[J]. 汽车与安全，2016（4）：88.

[15] 田子强. 关于日本"道路交通法"制定的历史沿革[J]. 汽车与安全，2015（7）：92-93.

[16] 交通运输部公路科学研究院. 《道路旅客运输企业安全管理规范》释义[M]. 北京：人民交通出版社，2018.

[17] 苏田田. 我国旅客联程运输发展初探[J]. 交通世界，2018（9）：158-159；168.

[18] 陈硕，汪健，闫超，等. 我国旅客联运发展必要性及推进路径研究[J]. 综合运输，2017（7）：22-27.

[19] 胡洪. 绿色运输：物流战略发展的新趋势[J]. 铁路采购与物流，2015（9）：56-58.

[20] 章玉，黄伟宏，胡兴华. 我国绿色交通的发展路径及策略[J]. 综合运输，2015（12）：7-10；16.

[21] 张子晗. 共享单车的快速发展对于改善城市客运交通的思考[J]. 珠江水运，2017（21）：78-80.

[22] 林榕. 道路客运联网售票体系系统设计与应用[M]. 北京：人民交通出版社，2016.

[23] 陈文. 物流信息技术[M]. 北京：北京理工大学出版社，2017.

[24] 杨兆升. 智能运输系统概论[M]. 北京：人民交通出版社，2015.

[25] 高利. 智能运输系统[M]. 北京：北京理工大学出版社，2016.